海洋科技出版工程

U0645284

国际航运中心建设实务

袁炎清　刘　蓉　陈建平　编著

哈尔滨工程大学出版社
Harbin Engineering University Press

内 容 简 介

本书将理论与实际相结合,从城市、贸易、港口、航线、船舶、园区、湾区、物流、电商、金融、经纪、口岸、邮轮、展示、信息、指数、法律、科技、教育、文化和政府等 21 个方面介绍了它们与国际航运中心融合发展的内在机理、典型样本,梳理出了国际航运中心建设的一些有益经验和启示。

本书可作为交通运输类、港航管理类、国际贸易类、物流类本科专业通识课程以及相关专业课程教学用书,亦可作为港航企业、外贸企业相关人员从事研究、教学、培训用书。

图书在版编目(CIP)数据

国际航运中心建设实务 / 袁炎清,刘蓉,陈建平编著.—哈尔滨:哈尔滨工程大学出版社,2021.9
ISBN 978 – 7 – 5661 – 3157 – 7

Ⅰ. ①国… Ⅱ. ①袁… ②刘… ③陈… Ⅲ. ①国际航运 – 航运中心 – 建设 – 研究 Ⅳ. ①F552.3

中国版本图书馆 CIP 数据核字(2021)第 191791 号

国际航运中心建设实务
GUOJI HANGYUN ZHONGXIN JIANSHE SHIWU

选题策划 史大伟   薛 力
责任编辑 张林峰
封面设计 李海波

出版发行 哈尔滨工程大学出版社
社　　址 哈尔滨市南岗区南通大街 145 号
邮政编码 150001
发行电话 0451 – 82519328
传　　真 0451 – 82519699
经　　销 新华书店
印　　刷 北京中石油彩色印刷有限责任公司
开　　本 787 mm × 1 092 mm　1/16
印　　张 14
字　　数 364 千字
版　　次 2021 年 9 月第 1 版
印　　次 2021 年 9 月第 1 次印刷
定　　价 75.00 元
http://www.hrbeupress.com
E-mail:heupress@ hrbeu.edu.cn

前　　言

　　随着经济全球化和市场一体化进程的快速推进,国际航运中心建设已成为业界和学界广泛研讨的话题。目前世界各国正通过建设国际航运中心抢占航运市场、打造航运强国,推动国家经济发展和综合实力提升。根据 2020 年发布的《新华·波罗的海国际航运中心发展指数》报告综合排名结果显示,新加坡、伦敦、上海、香港、迪拜、鹿特丹、汉堡、雅典、纽约－新泽西、东京位列全球航运中心城市综合实力前 10 名,新加坡继续保持领先态势名列第一,上海首次跻身前三强。10 强中,亚洲 5 个、欧洲 4 个、美洲 1 个;20 强中,中国的上海、香港、宁波－舟山、广州、青岛、深圳、天津榜上有名。中国作为世界第二大经济体,2020 年GDP 达 1 015 986 亿元,全年货物进出口总额 321 557 亿元,中国的发展变化正深刻影响国际政治经济格局,国际航运中心完成了从"西欧板块"向"北美板块"再向"东亚板块"的空间演变,"东移"趋势明显。

　　伴随着交通强国、海洋强国、航运强国战略的实施,我国一大批港口城市逐步走上国际航运中心的舞台,形成了各具特色充满活力发展迅速的航运中心和国际化城市。在世界处于百年未有之大变局中,经济全球化、新一轮科技革命和产业革命大规模快速发展,使得世界正在形成新的政治、经济、社会、文化生态,未来国际航运中心也会在规模、结构、服务对象、技术创新、治理体系等方面发生新的变化。国际航运中心是一个庞大的体系,涉及要素众多、内容丰富。为了更好地适应国际航运中心发展对人才的需求,我们组织学校教师撰写了《国际航运中心建设实务》,从城市、贸易、港口、航线、船舶、园区、湾区、物流、电商、金融、经纪、口岸、邮轮、展示、信息、指数、法律、科技、教育、文化和政府等方面系统介绍了它们与国际航运中心融合发展的内在机理、典型样本,梳理出了国际航运中心建设的一些有益经验和启示。

　　本书写作分工情况:袁炎清,第一、十六、二十一章;金晓宸,第二章;易燕,第三章;屠琳桓,第四章;陈建平,第五章;刘卫华,第六章;宋旭琴,第七章;刘蓉,第八章;杨国亮,第九章;唐宋元,第十章;张敏,第十一章;胡勇军,第十二章;杨素梅,第十三章;杨郁,第十四章;夏新海,第十五章;郭晓莉,第十七章;李伯棠,第十八章;尹伶俐,第十九章;马英明,第二十章。

　　本书为广州航海学院"创新强校"学术资助项目,撰写和出版工作得到了广州航海学院领导的关心和指导,得到了哈尔滨工程大学出版社的支持和帮助,在此表示衷心的感谢。在本书撰写过程中,比较多地参阅和引用了一些有关国际航运中心方面的文献资料,包括许多网络资料以及政府规划,在此一并致谢。

　　由于作者的理论水平和实践经验有限,书中不当之处敬请读者批评指正。

袁炎清

2021 年 6 月于广州

目　　录

第一章　城市与国际航运中心

　　本章介绍了非港口城市、港口城市和国际航运中心的基本概念,分析了港航业与城市融合发展的内在机理以及国际航运中心城市典型样本,梳理出国际航运中心建设的一些有益经验和启示。

第一节　城市与港口城市

一、城市

(一)城市含义与类型

　　城市是"城"与"市"的组合词。"城"主要是为了防卫,用城墙等围起来的地域;"市"则是指进行交易的场所。关于城市,可以从地理学、社会学、经济学、城市规划学等角度予以定义或解释。地理学上的城市,德国地理学家拉采尔(Ratzel)认为,城市是指地处交通方便、且覆盖有一定面积的人群和房屋的密集结合体。英国城市经济学家巴顿(Button)认为,城市是一个坐落在有限空间地区内的各种经济市场——住房、劳动力、土地、运输等相互交织在一起的网络系统。按照社会学的传统,城市被定义为具有某些特征的、在地理上有界的社会组织形式。《辞源》一书中,城市被解释为人口密集、工商业发达的地方。《城市规划基本术语标准》中,城市指非农牧业,以二、三级产业人口为主要居民时,就称为城市。我国《城市规划法》第三条规定:"本法所称城市,是指国家按行政建制设立的直辖市、市、镇。"城市的法律含义,是指直辖市、建制市和建制镇。

　　一般而言,人口较稠密的地区称为城市(city),一般包括住宅区、工业区和商业区并且具备行政管辖功能。城市的行政管辖功能可能涉及较其本身更广泛的区域,其中有居民区、街道、医院、学校、公共绿地、写字楼、商业卖场、广场、公园等公共设施。

　　城市划分有多种标准,如按城市人口规模、城市影响力、城市职能等。

　　按城市聚居人口多少划分,联合国将2万人作为定义城市的人口下限,10万人作为划定大城市的下限,100万人作为划定特大城市的下限。这种分类反映了部分国家的惯例。我国分类标准为:城区常住人口50万以下的为小城市,50万~100万的为中等城市,100万~300万的为大城市,300万~1 000万的为特大城市,1 000万以上的为超大城市。

　　以城市影响力可划分为世界城市、国际化城市、国际性城市、区域中心城市、地方中心城市。世界城市:指能在全世界(或全球)配置资源的城市,也称"全球化城市",城区人口1 000万以上、城市及腹地GDP总值达世界3%以上的城市,纽约、东京、伦敦已为世界城市。国际化城市:指能在国际上许多城市和地区配置资源的城市,也称"洲际化城市",其特点为城区人口500万以上、城市及腹地GDP总值达3 000亿美元以上的城市,芝加哥、大阪、柏林、首尔等已是国际化城市。国际性城市:指能在国际上部分城市和地区配置资源的城市。区域中心城市:主要指能在周边各城市和地区配置资源的城市。地方中心城市:指主要在本城市、本地区配置资源的城市。

在我国,按城市的行政级别可划分为直辖市、地级市(各省级行政中心或省的经济中心)和县级市。按城市职能可分为具有综合职能的城市(即政治、经济、文化中心,如首都北京、各省级行政中心城市等)、以某种经济职能为主的城市、具有特殊职能的城市(如旅游城市桂林,革命历史名城延安等)。目前还有一种流行说法,就是依据政治地位、经济实力、城市规模、区域辐射力等将城市分为一、二、三、四线城市,比较典型的一线城市是指北(京)上(海)广(州)深(圳);二线城市包括各省省会及沿海城市;三线城市是指比较发达的中小城市;剩余的所有城市被认为是四线城市。

(二)城市的功能与作用

城市的出现是人类走向成熟和文明的标志。农耕时代,人类开始定居,伴随工商业的发展,城市崛起和城市文明开始传播。城市功能是城市存在的本质特征,是由城市的各种结构性因素决定的城市的机能或能力,是城市系统对外部环境的作用和秩序。城市功能可以分为基本功能和特殊功能。基本功能指任何城市都具有的功能,表现为载体功能、经济功能、社会功能。城市载体包括自然物质载体和人工物质载体两个部分。前者如土地、水源、山林、河湖、矿藏、自然环境等;后者如住宅、道路、桥梁、供水、排水、供热、供气、交通、通信、人工环境以及文体卫教、娱乐等。城市之所以成为人类生产生活最为集中的场所,完全是依赖于城市的载体功能。经济功能是城市核心功能之一,体现一个城市在不同空间范围内具有的经济效能和发挥的经济作用,如生产功能、服务功能、管理功能、协调功能、集散功能、创新功能等。城市满足市民社会活动的功能就是其社会功能。特殊功能体现为某个(类)城市特有的功能,如石油城市、煤炭城市、钢铁城市、旅游城市、港口城市等。城市功能是城市发展的动力因素。一个具体城市的功能会随着城市地位、要求的变化而变化。城市功能具有整体性、结构性、层次性、开放性特征。

城市的作用是城市功能和整体效益在城市与外部联系中的发挥和体现。城市的作用主要表现为城市的中心作用,具体包括城市的经济中心作用、城市的政治中心作用、城市的军事中心作用、城市的文化中心作用、城市的交通中心作用、城市的生活中心作用等。就城市的交通中心作用而言,是因为城市往往位于水陆空交通便利的地理位置上,交通网路使其所在区域与各地能有效联系起来。城市多种交通方式的有机衔接能进一步增强城市的经济、政治、文化中心的功能。

(三)城市化

随着社会经济形态变迁,城市演变大致可以分为初步发展阶段(前工业社会阶段)、快速发展阶段(工业社会阶段)和转型发展阶段(后工业社会阶段)。20世纪50年代,世界上有86个城市人口超过100万,2018年人口超1 000万的就有33个(其中中国达到14个),包括中国在内的全球城市化速度不断加快。

关于城市化可以从不同角度表述。地理学意义上城市化指农村地区或者自然区域转变为城市地区的过程;人口学则认为农村人口转化为城镇人口的过程为城市化;生态学认为城市化过程就是生态系统的演变过程。一般来说,城市化(urbanization)是指在一定的历史条件下,在一个国家或地区范围内产生的,以人口的非农业结构比重的增加和城市人口比重的提高以及城市规模的扩大为主要标志的一种经济、社会和人口的发展过程。表现为由以农业为主的传统乡村型社会向以工业(第二产业)和服务业(第三产业)等非农产业为主的现代城市型社会的逐渐转变,故城市化也称为城镇化。通常城市化内涵包括人口城市化、经济城市化(主要是产业结构的城市化)、地理空间城市化和社会文明城市化(包括生活方式、思想文化和社会组织关系等的城市化)等。

1979 年美国地理学家诺瑟姆(Northam)研究发现,各国城市化进程轨迹表现为一条"S"形曲线。据此诺瑟姆提出城市化的三阶段理论如下:

城市化初期阶段:该阶段城市化水平较低,一般在 30% 以下,农业人口占绝对优势,工业生产力水平较低,工业可提供的就业机会有限,农村剩余劳动力释放缓慢,需要经过几十年甚至上百年城市化水平才能够达到 30% 。

城市化加速阶段:该阶段城市化水平达到 30% ~70% 时,城市工业基础雄厚,经济实力明显增强,农业劳动生产率大幅度提高,大批农业人口转为城市人口,城市化水平可在较短时间内突破 50% ,进而上升到 70% 。

城市化稳定阶段:该阶段城市化水平超过 70% 后,农业现代化基本完成,农村人口相对稳定,城镇人口的增加渐趋缓慢甚至停滞,最终城镇人口比重稳定在 90% 以上的饱和状态,后期城市化不再表现为农村人口向城市人口的转移,而是第二产业向第三产业转移,同时也出现了逆城市化的现象。

二、港口城市

(一)港口与港口城市

一般来说,港口(port)指位于江、河、湖、海或水库沿岸,具有水路联运设备以及条件的供船舶安全进出和停泊的运输枢纽,是水陆交通的集结点和枢纽,以及工农业产品和外贸进出口物资的集散地,船舶停泊、装卸货物、上下旅客、补充给养的场所。港口具有明确的水域和陆域范围,包括航道、港池、锚地、码头、货场、仓库、各种作业设备(运输、加工、修理设备等)、导航系统、通信系统和其他相应的管理与服务系统等,现代港口还需要经济腹地相配套。

位于江河、湖泊、海洋等水域沿岸,拥有港口并具有水陆交通枢纽职能的城市称为港口城市。港口城市的形成和发展,在很大程度上受自然地理条件、社会经济条件以及国家经济政策等的影响和制约。

(二)港城互动关系

港城关系就是港口城市与其辖区内港口之间的相互需求、相互影响和相互制约的关系。港城关系的性质、规模、范围、特点处于动态变化之中,在政府与市场的共同作用下,港城关系不断调整,以适应港口城市及所在区域经济发展的需要。港口的发展与城市发展密切关联。一方面,港口作为城市的重要基础设施和对外贸易窗口,对城市和周边区域经济的发展有强大推动作用;另一方面,城市作为港口的载体,通过外向型经济等也促进了港口发展。港城关系主要包括经济关系、地理关系、管治关系与文化关系。经济关系是指港口与城市为实现各自的经济利益而结成的关系;地理关系是指港口与城区的空间布局关系;管治关系主要指港口城市对港口主体及其经济活动的管辖及管理关系;文化关系是指港口文化与城市文化的相互渗透、相互影响、相互碰撞、共同成长的关系。"建港兴城、城以港兴;港为城用、港以城兴;港城相长、衰荣共济",是世界范围内港口城市演变的普遍规律。

港城一体化理论比较好地描述了港城关系,即港口－腹地城市之间存在着互为依托、相辅相成、共同发展的关系。港口是城市发展的引擎,腹地城市是港口发展的动力依托。在区域一体化格局下,新的港城关系要求港口和腹地之间具有高度的协同性、整合度和一体化。港城一体化的实质是根据港口和城市的内在联系,通过建立协调机制,在一定程度上,将各自独立的经济实体整合为协同有序、相互共生的利益共同体的过程,其包括港口与所在城市战略目标一体化、港口与城市其他交通方式一体化、港口与相关城区布局一体化、港口与相关城区项目一体化。港城一体化实施的重点在于临港产业发展、物流化营运和建立港城整合机制三个方面。发展临港产业是"港城联动"的核心;物流化运营是实现港城一体化的基本路径;制度创新、区域合作机制、管理体制整合、运营模式重组和监管运营机制协调是制度保障。

(三)港口城市竞争力

港口城市竞争力是指港口城市在经济、社会、科技、环境等综合因素作用下与其他城市相比较所具有的争夺利用优势资源、促进经济良性增长、持续创造社会财富、全面改善居民生活的竞争优势,体现为比其他城市具有更强、更为持续的发展能力和发展趋势。港口城市竞争力从空间的角度看,其实质是集聚和辐射能力。表现为:

(1)人才竞争力

人才竞争力指标由人力资源数量指数、人力资源质量指数、人力资源配置指数、人力资源需求指数和人力资源教育指数综合而成。

(2)金融资本竞争力

金融资本竞争力指标由资本数量指数、资本质量指数、金融控制力指数和资本获得便利性指数构成。

(3)科技竞争力

科技竞争力由科技综合实力、科技创新能力和科技转化能力三类指标组成。

(4)结构竞争力

结构竞争力的指标构成包括产业结构高级化程度指数、经济结构转化速度指数、经济体系健全度指数、经济体系灵活适应性指数、产业聚集程度指数。

(5)基础设施竞争力

基础设施竞争力指标由对外基础设施指数、信息技术基础设施指数、基础设施成本指数构成。

(6)综合区位竞争力

综合区位竞争力指标由自然区位便利度指数、经济区位优势度指数、资源区位优势度指数、政治文化区位优势度指数组合而成。

(7)环境竞争力

环境竞争力指标体系包括城市环境质量指数、城市环境舒适度指数、城市自然环境优美度指数和城市人工环境优美度指数四个方面。

（8）文化竞争力

文化竞争力指标体系包括价值取向指数、创业精神指数、创新氛围指数、交往操守指数。

（9）制度竞争力

制度竞争力指标体系由产权保护程度指数、个体经济决策自由度指数、市场发育程度指数、政府审批与管制指数和法制健全程度指数五个指标组成。

（10）政府管理竞争力

政府管理竞争力指标体系包括政府规划能力指数，政府推销能力指数、政府社会凝聚力指数、政府财政能力指数、政府执法能力指数、政府服务能力指数和政府创新能力指数。

（11）企业管理竞争力

企业管理竞争力指标体系包括管理应用水平、管理技术和经验、激励和约束绩效、产品和服务质量、企业管理经济效益五个方面。

（12）开放竞争力

开放竞争力指标体系包括经济国际化程度、经济区域化程度，人文国际化指数和社会交流指数四个方面。

通过科学合理设置港口城市竞争力评价指标体系，能够建立起港口城市竞争力评价模型，进而测定综合得分值，就可以评价港口城市的竞争状况。

第二节　港航业与城市融合发展

一、港口成为城市经济发展增长点

（一）港口对城市的推动作用

港口在城市发展上具有先导作用和带动作用，港口的功能由单一向多元转变，为城市经济发展注入了强大生机与活力，随着港口发展，其经营活动的前后联系强度越来越大，并通过乘数效应拉动城市及周边地区的经济发展。

港口作为一个开放系统，是对外通道和各种联系交流的交汇点，物质、能量、人员、信息交流广泛而频繁，成为城市正常运转的重要物质前提和必要条件。

港口是城市的重要基础设施，关系城市利用外地资源，包括国内外资源的范围和程度，有利于加快城市及区域经济的发展。港口也在推动人际交往、促进科技发展和思想文化交流方面发挥着重要作用。

（二）城市对港口的促进作用

城市为港口发展提供要素支撑，如港口城市是港口最直接的经济腹地。城市为港口发展提供经济与政策支持，如港口发展所需要的人力资源、土地、集疏运条件等硬件设施以及相关的金融、贸易等软件环境，离不开港口城市的组织、协调和服务等。城市为港口转型发展提供支持，如老码头改造、港区功能转变、港口布局优化等。

二、国际航运中心是重要的港口城市

(一)国际航运中心演变

从远古的独木舟到现代的运输船舶,航运大体经历了舟筏时代、帆船时代、蒸汽机船时代和柴油机船时代。具有国际意义的重大航运事件主要是地理大发现时代的航运,其中包括郑和下西洋和哥伦布发现新大陆。在国际航运发展的基础上,第一次工业革命则催生了全球第一个国际航运中心——伦敦。工业革命发源地伦敦凭借优越的地理位置和港口条件,成为当时世界第一大港,港口吞吐量占全球的50%,在其发展过程中逐步形成了一整套关于国际海上贸易、海上货物运输的法律体系,伦敦国际航运中心地位基本形成。第二次工业革命浪潮中,美国成为新的世界经济中心。经济的高速发展推动了国际贸易的兴旺,促进了北美地区航运业的快速发展,加速了美国沿海港口城市走向繁荣,最具代表性的为纽约。纽约成为当时全球最大的国际金融、贸易、经济中心,作为美国的主要海港一度承担了全美外贸海运量的40%,也成为这一时期新兴的国际航运中心。伴随着第三次工业革命浪潮,亚太地区经济快速增长,国际航运地位明显上升,催生出一大批在国际航运界具有重要地位的大港,诸如东京、新加坡、香港、高雄、上海。在第三次工业革命时代,数字制造技术、互联网技术和再生性能源技术不断创新与融合,国际航运作为区域连接的重要手段,通过使用零排放的可再生能源而成为一个生态运输系统;港口成为密切区域内物资联系的集散、分拨和配送中心;航运中心成为贯通物流服务供应链的重要通道、满足个性化需求的柔性运输组织方式、信息高度集成的智慧港城。

(二)航运中心城市化效应

随着航运服务价值网的全球化发展趋势,企业发展跨国经营,增加了航运中心之间吸引这些国际化企业入驻的竞争趋势。同时,航运业是一项依托于贸易的国际化业务,航运中心的建设与发展,与城市的金融产业环境、贸易产业环境等紧密相关。

由于航运中心的城市化效应,强调城市自身的发展水平和实力,政府在航运中心建设与发展过程中就会扮演非常重要的角色,如何营造良好的城市软环境,吸引航运要素集聚,是政府在航运中心建设过程中的重点任务。例如,伦敦国际航运中心的特点是市场化程度较高,通过市场化的发展吸引了相关要素集聚。但近些年,随着部分航运服务产业的东移,为了保持伦敦航运中心在全球的领先地位,英国政府依然为维持和增强当地航运服务业,特别是高端航运服务业的长期竞争优势而采取了积极的措施。

(三)国际航运中心是重要的港口城市

关于国际航运中心的认识,初期阶段主要着眼于"港本位",发展阶段是实现向"航本位"的转变。现代国际航运中心更是以综合实力较强的港口城市为依托,它既是货物运输中心,又是区域综合物流中心、金融中心、贸易中心,是一个城市概念,故国际航运中心是一个重要的港口城市。自然条件、经济条件、集疏运条件、技术条件、体制及政策条件等是国际航运中心形成的基本条件。

第三节　全球国际航运中心城市典型样本分析

一、国际航运中心的内涵界定

一是认识的初期阶段，主要着眼于"港本位"。如《上海：迈向国际航运中心》中所定义：国际航运中心指以集装箱枢纽港为核心，有充足的集装箱货源、发达的国际航运市场、接近国际主干航线的战略性地理位置、优良的水深航道和港口、完备的后方集疏运系统以及国际金融和贸易中心城市支撑。

二是认识的发展阶段，实现向"航本位"的转变。如上海航交所将国际航运中心阐述为：国际航运中心指某个拥有或聚集着雄厚的航运及航运相关资源或要素，且通过规范、透明、高效的市场机制在全球范围内合理配置这些资源，以创造显著经济和社会效益的国际知名城市。

三是认识的深化阶段，提出了特色化"航本位"。鉴于现实中不存在"全能型"发展的国际航运中心，任何国际航运中心都只具有某一类型的突出功能，由此提出特色化"航本位"的国际航运中心定义。如茅伯科将国际航运中心定义为：国际航运中心指在一定的国际航运活动区域内，某些航运要素的集聚度、国际影响力和市场占有率最突出的港口城市。徐杏、孙光圻等学者定义为：国际航运中心是具有航线稠密的集装箱枢纽港、深水航道和集疏运网络等硬件设施，同时能够为航运业提供金融、贸易、信息服务等软件支持的综合性航运枢纽。王杰认为，国际航运中心是指在市场经济条件下，某一国际都市圈或大城市带范围内，具有航线稠密的集装箱枢纽港等硬件设施和发达的航运市场等软件设施，取得公认的国际航运枢纽地位，并以国际航运产业作为核心纽带，带动所在和相关区域经济系统发展，促进相关产业合理布局，实现相关资源最佳配置的国际化港口大都市。

可以看出，国际航运中心概念在不断发展与完善。基于上述认知，国际航运中心应是以优质的港口设施、发达的物流体系、关键的地缘区位为基础条件，以高度完善的航运服务为核心驱动，在全球范围内配置航运资源的重要港口城市。

在历史的演变中，国际航运中心主要分为三类：一是以市场交易和提供航运服务为主，最典型的是伦敦；二是以腹地货物集散服务为主，如鹿特丹、纽约；三是以货物中转为主，如新加坡、香港。

二、伦敦国际航运中心

模式：服务型，即以市场交易和提供航运服务为主。

航运服务：拥有国际海洋联合会（ISF）、欧洲及日本船东协会（CENSA）、国际航运公会（ICS）、国际货运装卸协会、国际油轮船东防污染联合会等国际性行业，国际船检社（IACS）、劳氏船级社、国际海事组织（IMO）、国际海事卫星组织、经合组织海上运输委员会等国际海事组织；超过140家船舶经纪人、330家船舶或货运代理行，经纪与代理50%的油轮租船业务、40%的散货船业务；超过560家银行从事航运金融业务，船舶融资规模达18%左右；世界20大保险、再保险公司提供范围广泛、种类齐全的各种海上保险服务；拥有海事技术人员

14 000 余人、中介机构 4 000 余人、银行和保险业 3 760 余人、仲裁和律师 2 700 余人;拥有德鲁里航运咨询公司、海洋运输咨询公司、劳氏海运信息服务公司、克拉克森等航运信息咨询机构以及 12 家教育与培训机构、6 家媒体与出版机构。

政府政策:自由港政策,以商业记录检查为主的口岸监管措施,海关仓库优惠政策。

财税制度:吨位税制度,灵活的折旧政策。

体制机制:伦敦港由伦敦港务局负责管理、运营。港务局具有商业经营与公共管理双重角色,为政企合一机构。

三、鹿特丹国际航运中心

模式:腹地型,即以腹地货物集散服务为主。

航运服务:炼油、化工、食品等临港工业发达;货代、内河运输、班轮代理、船务经纪、金融、咨询、服务业规模大,人才与技术储备丰富。

政府政策:自由港政策,造买船实行补贴政策,24 h 通关服务且企业可选择合适的通关程序。

财税制度:远洋船舶免增值税,远洋造船的原料免关税,法人所得税可选择吨位税,雇主雇佣荷兰船员征收的雇佣税可提高减免幅度,船舶折旧方式可灵活运用直线或全额递减折旧法。

体制机制:鹿特丹港为典型的地主型港口,港口的土地、岸线和基础设施的所有权属于市政府,市政府下设鹿特丹港务局对港区的土地、码头、航道和其他基础设施进行统一开发,出租给私营企业经营。港务局主要进行航运管理、发展规划与战略研究以及促进港口的各项商业活动。

四、新加坡国际航运中心

模式:中转型,即以货物中转为主。

航运服务:主要集中于船舶管理与代理,船舶经纪,船舶融资,海上商业保险和保赔保险,海事法律服务和仲裁服务。

政府政策:自贸区采用境内关外制度,口岸实行"一线放开、二线管住",自由港政策,设立航运中心基金,对造船提供信贷扶持政策。

财税制度:不断调低所得税率,新公司免征所得税政策,免征船员个人所得税,优惠的金融计划等众多的税收优惠政策。

体制机制:实行政企分开的管理体制,对港口实行一级管理。新加坡海事及港务管理局是新加坡海事、港口和航运的管理机构,其职责包括促进港口的使用、改善与发展,管理港口产业经济行为,管理新加坡商船队。

五、香港国际航运中心

模式:中转型,即以货物中转为主。

航运服务:主要包括船舶管理、船舶注册、航运金融、航运保险、海事法律与仲裁、船舶检验、船务经纪以及航运人才培养。

政府政策:自由港政策,开放式保税仓库逐步取代现场监督。

财税制度:实现避税港式的税制格局,税收优惠政策,避免双重征税双边协定运用。

体制机制:由运输和房屋局下设机构管理,海事处负责制定香港一切航行事务和所有等级、类型船只的安全标准,港口发展局负责制定港口发展策略及港口设施规划,航运发展局负责对发展香港的航运服务制定措施和拟定计划。

六、上海国际航运中心

模式:致力于建设服务型航运中心。

战略层面:国家战略。到2020年,基本建成航运资源高度集聚、航运服务功能健全、航运市场环境优良、现代物流服务高效,具有全球航运资源配置能力的国际航运中心。以海、空枢纽港吞吐量和航运企业、机构等为代表的要素集聚程度保持国际领先地位;具备完善的航运、航空配套服务功能,对外辐射能力较强,服务市场达到一定规模;政府监管、服务高效,法治环境优良;集疏运体系合理,口岸综合效率达到国际先进水平,全程物流服务便捷。

重点建设任务包括以下几个方面:一是全力打造世界先进的海空枢纽,包括完成洋山四期工程后续工作,加快推进外高桥港区八期工程建设;建设浦东机场三期、虹桥机场T1航站楼、浦东机场第五跑道工程,推进浦东机场总体规划修编;发展机场旅客中转业务,扩大旅客过境免签政策适用国家范围;推进吴淞口国际邮轮码头后续工程建设;优化完善枢纽港集疏运体系;推动江海直达运输;建设临港集卡服务中心;推进轨道交通引入浦东综合交通枢纽;加快岸电设施推广和应用,推广LNG动力内河船舶应用;完善国际贸易单一窗口,打造长江口深水航道E航海示范区,建设跨境贸易管理大数据平台和长江集装箱江海联运综合服务信息平台;推进集装箱设备交接单、提货单电子化;打造浦东、虹桥机场全流程自助服务候机楼;推进外高桥危险品堆场工程等。二是全面提升现代航运服务能级,包括打造上海航运金融产业集聚区,深化北外滩"航运服务总部基地"建设;打造虹桥临空经济示范区;建设吴淞口邮轮总部基地;推动船用保税油许可制度创新;完善国际船舶登记服务;建成洋山国际船员服务中心;建设国际海事司法中心;深化航运保险注册制改革;完善融资租赁登记、查询和配套司法服务;打造"上海航运指数"品牌;打造具有全球影响力的航运智库;打造上海中国航海博物馆等。三是合力提升全球航运资源配置能力,包括强化长三角区域港航协同发展机制;鼓励机场之间构建联盟体;发挥长江经济带航运联盟作用;建立21世纪海上丝绸之路港航合作机制;开展与"一带一路"沿线国家在法律服务、海事人才培养等领域的合作等。

第四节　发展经验与启示

一、强化港城联动

城因港而立、港因城而兴——浓缩了城市与港航业相伴相生的关系。港口奠定了城市发展的基础,城市也为港口的发展提供了支持和经济腹地。围绕航运做大贸易,围绕贸易繁荣金融,港口城市通过建设大港口、构建大通道、发展大物流,汇集物流、人力流、资金流、信息流等要素,提升城市的产业发展能级、区域辐射力和国际竞争力,为城市经济发展插上了腾飞的翅膀。

经济基础既是港口城市自身建设的保障,也是腹地经济货源的基地;综合交通是港口城市聚集要素的支撑;港口条件是港口城市能否成为国际航运中心的前提条件和重要基础性因素;航运服务是国际航运中心发展的核心驱动力,决定着航运资源要素的全球聚集和配置;综合环境是港口城市航运发展的商业经济环境与政策配套等措施,是国际航运中心发展的重要条件。

有关资料显示,全球 35 个国际化的城市,其中有 31 个是因为有港口而发展起来的。前 10 名的城市几乎都是港口城市,全球财富的 50% 也集中在沿海港口城市。

二、争取政府支持

从国内外航运业发达地区的发展实践来看,政府的重视程度、合理规划、支持政策、优化营商环境对航运业的发展起到了关键的引领作用。自由港政策是港口参与国际经济贸易活动非常重要的制度安排,能够促进航运物流的高度集中,促使货物的高效集散和中转。

三、完善集疏运体系

从世界级国际航运中心的发展经验来看,广袤的经济腹地和发达的集疏运体系是国际航运中心建设的重要基础和支撑。以新加坡、鹿特丹、上海和香港等为代表的国际航运中心不仅拥有完善的海运系统和广阔的航运市场,而且还具有高度发达的集疏运网络系统,包括铁路、公路、沿海、内河及航空等,形成了网络化水陆空立体运输通道,各种货物源源不断汇集到航运中心及其服务区域进行销售、加工、储存和转运等。完善的集疏运体系能够充分带动其所在区域发挥集聚效应和扩散效应,强化区域经济活动的集中,提供更有效的专业化服务。

四、创新航运科技

要着力打造高科技高附加值的新型航运产业链,大力发展高端航运服务业。港航业发达城市基本都在发展航运基础服务的同时,确立了基于国际航运与金融兼容的核心竞争力,致力于科技创新,致力于发展航运金融、保险、结算、经纪、法律服务、资讯以及各类航运衍生品等增值服务,形成全产业链的控制和服务,通过物流实现人力流、资金流、信息流的集散中心。

五、重视人才建设

金融、法律及人才环境的完善是航运服务业发展的保障。从伦敦、香港、新加坡国际航运中心的发展历程可以看到,成为国际航运中心的核心是具有制定国际航运营运规则的能力,而这种能力,不仅需要丰富的航运实践,更需要培养和吸收各类航运服务高端人才。要提高在国际海运行业的话语权,建设真正意义上的海运强国,人才的培养与集聚是根本。

六、提升国际"话语权"

航运业国际化特征明显,经济全球化、市场一体化使得国际惯例、行业风俗、航运组织的影响无处不在,国际航运业的营运规则深刻影响着航运业的发展。国际贸易、国际航运的地位主要取决于一国在世界经济中的地位和作用,取决于港口所在城市的综合实力,发展国际航运业要在适应国际规则的同时,善于创新规则,提升话语权。

七、融入智慧城市建设

"智慧城市"是指通过互联网、物联网、云计算、大数据和网格化管理等技术的创新应用,实现深层次信息共享和业务协同,促进城市规划、建设、管理和公共服务的精准化、智能化、便捷化和高效率,进而提升城市综合发展能力,形成安全与服务水平的城市发展新形态。简单地说,就是通过信息共享和连接,提高大家在城市中的生活品质和质量,促进城市的和谐、可持续成长。例如,上海全面推进面向未来的智慧城市建设,泛在化、融合化、智敏化水平显著提升。

智慧港口、智慧航运要积极融入智慧城市建设与发展中,要加快现代信息、人工智能等高新技术与港口航运要素的深度融合,培育和发展智能港口航运新业态,创新赋能传统港航业,更好地服务产业转型升级,推动新技术与港航业深度融合,由依靠传统要素驱动向更加注重创新驱动转变,实现以智慧促港航业高质量发展。

第二章　贸易与国际航运中心

本章介绍了国际贸易的含义、分类以及国际贸易相关指标,分析了贸易与航运中心融合发展的内在机理,并以上海为样本,分析了国际贸易中心与国际航运中心的联动发展,梳理了贸易中心与航运中心建设的经验与启示。

第一节　国际贸易相关概念与指标

一、国际贸易的含义

国际贸易(International Trade)是指不同国家(和/或地区)之间的商品和劳务的交换活动,是各国或地区国际分工地位的体现。

国际贸易由进口贸易(Import Trade)和出口贸易(Export Trade)两部分组成,故有时也称为进出口贸易。从一个国家的角度看国际贸易就是对外贸易(Foreign Trade);如果从各国或地区间交易关系的整体角度来看,则称为国际贸易(International Trade);如果从世界的角度来看,则把各国对外贸易的总和称之为世界贸易(World Trade)。

二、国际贸易的分类

国际贸易按照不同的标准可以分为不同的种类:

(一)按商品移动的方向,国际贸易可划分为进口贸易、出口贸易和过境贸易

进口贸易(Import Trade)是指将其他国家的商品或服务引进到本国市场销售。出口贸易(Export Trade)是指将该国的商品或服务输出到其他国家市场销售。进口贸易和出口贸易是就每笔交易的双方而言,对于卖方而言,是出口贸易,对于买方而言,就是进口贸易。此外输入该国的商品再输出时,称为复出口(Re-export Trade);输出国外的商品再输入该国时,称为复进口(Re-import Trade)。

过境贸易(Transit Trade)是指货物通过一国国境,不经过加工运往另一国的贸易活动。例如甲国的商品经过乙国境内,不经过加工,运至丙国市场销售,对乙国而言这笔交易就是过境贸易。

(二)按商品的形态,国际贸易可划分为货物贸易和服务贸易

货物贸易(Goods Trade)又称有形贸易(Visible Trade),是指国家(地区)之间有实物形态的商品交换或流动。例如,机器、设备、家具等都是有实物形态的商品。

服务贸易（Service Trade）是不同国家之间所进行的服务交换活动。服务贸易狭义的概念是指传统意义上国际货物贸易服务的运输、保险、金融以及旅游等无形贸易。而广义的概念还包括现代发展起来的、除了与货物贸易有关的服务以外的新的贸易活动，如承包劳务、卫星传送和传播等。世界贸易组织《服务贸易协议》中规定，服务贸易分成四种类型："从一参加方境内向任何其他参加方境内提供服务，称为过境交付；货物贸易在一参加方境内向任何其他参加方的服务消费者提供服务，称为境外消费；一参加方在其他任何参加方境内通过商业机构提供服务，称为商业存在；一参加方的自然人在其他任何参加方境内提供服务，称为自然人流动。"

（三）按生产国和消费国在贸易中的关系，国际贸易可分为直接贸易、间接贸易和转口贸易

直接贸易（Direct Trade）是指商品生产国与商品消费国不通过第三国进行买卖商品的行为。贸易的出口国方面称为直接出口，进口国方面称为直接进口。

间接贸易（Indirect Trade）是指通过第三国或其他中间环节，把商品从生产国运销到消费国的贸易活动。

转口贸易（Entrepot Trade）是指一国（地区）进口某种商品不是以消费为目的，而是将它作为商品再向别国出口的贸易活动。间接贸易中的生产国称为间接出口国，消费国称为间接进口国，而第三国则是转口贸易国，第三国所从事的就是转口贸易。从事转口贸易地区或城市大多地理位置优越、交通便利、贸易限制少、信息灵通，例如新加坡、鹿特丹、中国香港等。

（四）按国境和关境，国际贸易可以分为总贸易和专门贸易

总贸易（General Trade）是指以国境为标准划分进出口而统计的国际贸易。凡进入国境的商品一律列为总进口；凡离开国境的商品一律列为总出口。在总出口中又包括本国产品的出口和未经加工的进口商品的出口。总进口额加总出口额就是一国的总贸易额，它反映了一国在国际流通中所处的地位和所起的作用。美国、日本、英国、加拿大、澳大利亚、中国、俄罗斯、东欧等国都采用这种划分标准。

专门贸易（Special Trade）是指以关境为标准划分进出口而统计的国际贸易。只有从外国进入关境的商品以及从保税仓库提出进入关境的商品才列为专门进口。当外国商品进入国境后，暂时存放在保税仓库，未进入关境，不列为专门进口。从国内运出关境的本国产品以及进口后经加工又运出关境的商品，则列为专门出口。它反映了一国作为生产者和消费者在国际货物贸易中的地位。德国、意大利等国采用这种划分标准。

（五）按经济发展水平，国际贸易可以分为水平贸易和垂直贸易

水平贸易（Horizontal Trade）是指经济发展水平比较接近的国家之间开展的贸易活动。例如，发达国家之间展开的贸易以及发展中国家之间所展开的贸易活动。由于发展中国家大多处于南半球或北半球的南部，发达国家多处于北半球，一般用"南"指发展中国家，"北"指发达国家，所以水平贸易也可分为南南贸易、北北贸易以及区域集团内的国际贸易。

垂直贸易（Vertical Trade）是指经济发展水平不同国家间开展的贸易活动。这两类国家国际分工地位往往相差甚远，如发达国家与发展中国家间进行的贸易，即南北贸易大多属于这种类型。

此外,国际贸易还可按照货物运送方式、清偿工具、参与国数量等标准进行多种分类。

三、国际贸易相关指标

1. 对外贸易值与对外贸易量

对外贸易值(Value of Foreign Trade)也称为对外贸易额,是以货币表示的贸易金额。一定时期内,一国从国外进口的商品的全部价值,称为进口贸易总额或进口总额;一定时期内,一国向国外出口的商品的全部价值,称为出口贸易总额或出口总额。两者相加为进出口贸易总额或进出口总额,是反映一个国家对外贸易规模的重要指标。对外贸易值一般用本国货币表示,也有用国际上习惯使用的货币表示。联合国编制和发表的世界各国对外贸易值的统计资料,是以美元表示的。把世界上所有国家的进口总额或出口总额用同一种货币换算后加在一起,即得世界进口总额或世界出口总额。

对外贸易量(Quantum of Foreign Trade)是以货币所表示的对外贸易值,经常受到价格变动的影响,因而不能准确地反映一国对外贸易的实际规模,更不能将不同时期的对外贸易值直接比较。为了反映进出口贸易的实际规模,通常以贸易指数表示,其办法是以一定时期的不变价格为标准来计算各个时期的贸易值,用进出口价格指数除进出口值,得出按不变价格计算的贸易值,便剔除了价格变动因素,就是贸易量。以一定时期为基期的贸易量指数同各个时期的贸易量指数相比较,就可以得出比较准确反映贸易实际规模变动的贸易量指数。

2. 顺差、逆差与贸易平衡

顺差、逆差与贸易平衡是贸易差额的三种形式。贸易差额(Balance of Trade)是指一定时期内一国出口总额与进口总额之间的差额,用以表明一国对外贸易的收支状况。当出口总值大于进口总值时,出现贸易盈余,称"贸易顺差"或"出超"(Trade Surplus)。当进口总值大于出口总值时,出现贸易赤字,称"贸易逆差"或"入超"(Trade Deficit)。通常,贸易顺差以正数表示,贸易逆差以负数表示。贸易平衡(Trade Dalance)是指一国在特定年度内外贸进出口总额基本上趋于平衡。纵观世界各国(地区)政府的外贸政策实践,这种现象并不多。一般来说,一国政府在对外贸易中应设法保持进出口基本平衡,略有结余,此举有利于国民经济健康发展。

一般来说,贸易顺差表明该国在对外贸易中处于相对有利地位,但也并不是越多越好,过高的贸易顺差意味着经济的增长对外贸的依存度过高。国际收支的巨额顺差会产生不利的经济影响,主要表现在:外汇储备过多会造成资金的闲置浪费,不利于本国经济发展;储备货币汇率下跌时,外汇储备会遭受损失;一国的外汇储备增加,本币发行也必然相应增加,从而产生潜在的通货膨胀压力;本币若是可兑换的货币,贸易顺差将使外汇市场上对本国货币求大于供,易受抢购冲击;本国货币被迫升值,使出口处于不利的国际竞争地位。

3. 对外贸易商品结构与国际贸易商品结构

对外贸易商品结构(Composition of Foreign Trade)又称进出口商品结构,是指一定时期内各大类商品或某种商品在该国整个国际贸易中所占的比例。它是根据各类商品或某种商品的贸易额与该国国际贸易总额相比来建立的,以比重表示。一个国家对外贸易商品结构主要是由该国的经济发展水平、产业结构状况、自然资源状况和贸易政策决定的。

国际贸易商品结构(Composition of International Trade)是一定时期内各大类商品或某种商品在整个国际贸易中的构成。即各大类商品或某种商品贸易额与整个世界出口贸易额之比。国际贸易商品结构可以反映出整个世界的经济发展水平、产业结构状况和科技发展水平等。

4. 对外贸易地理方向与国际贸易地理方向

对外贸易地理方向(Direction of Foreign Trade)亦称"对外贸易地区分布或国别结构"，是指一定时期内各个国家或区域集团在一国对外贸易中所占有的地位，通常以它们在该国进出口总额或进口总额、出口总额中的比重来表示。对外贸易地理方向指明一国出口商品的去向和进口商品的来源，从而反映一国与其他国家或区域集团之间经济贸易联系的程度。一国的对外贸易地理方向通常受经济互补性、国际分工的形式与贸易政策的影响。

国际贸易地理方向(Direction of International Trade)亦称国际贸易地区分布，用以表明世界各洲、各国或各个区域集团在国际贸易中所占的地位。计算各国在国际贸易中的比重，既可以计算各国的进出口额在世界进出口总额中的比重，也可以计算各国的进出口总额在国际贸易总额(世界进出口总额)中的比重。

第二节　航运与贸易发展

国际贸易的实现是以商品在国与国之间的流动为基础的，国际物流完成了国际贸易从一纸合同到贸易标的在空间和时间上的转换，只有通过国际物流，商品的使用价值才能顺利让渡，国际贸易才能完成。国际贸易运输有远洋运输、航空运输、铁路运输、公路运输、国际多式联运等多种运输方式，其中以远洋运输运量最大。当前全世界仍有80%以上的国际贸易是用船舶来运输的。

一、航运在国际贸易中的优势

1. 为国际贸易的进行提供了无限容量的通道

航运，尤其是海运，不像铁路、公路、管道运输那样受道路、轨道的限制，具有较强的通行能力，且可以根据情况随时调整和改变航线以达成运输任务。

2. 能够满足大宗商品的贸易运输需求

航运的载运量非常大，远远大于铁路运输、公路运输的载运量，一艘万吨轮船的载运量可抵200节50 t的火车车厢运量，一艘8 000个左右标箱的中等货轮，相当于6 000节火车的运量。目前巨型油轮的运载量可达50万 t以上。

3. 为国际贸易提供相对低廉的运费

国际贸易中，运价是买卖双方必须要考虑的成本，过高的运价会削弱进口商品的竞争优势，抑制贸易发展。航运大多采用的是天然形成的航道，且港口码头多为政府修建，使用费用较低。船舶的运输量大、使用时间长、运输里程远，分摊到每批货物的运费相对来说较为低廉。

4. 能够满足国际贸易各类型货物运输的需要

国际贸易的货物种类非常丰富，航运的船舶基本都可以满足其运输的需要，例如多用途船、杂货船、集装箱船、冷冻船、散货船、油船、滚装船、载驳子母船等。航运对笨重、长大件的特种货物也有较强的适应性。

二、航运对国际贸易的影响机制

航运业务发展对国际贸易的影响机制主要从时间要素、成本要素等方面加以考察。

1. 通过时间要素对国际贸易产生影响

时间是影响贸易量、贸易结构、国际生产方式、国际运输方式的重要因素。从比较优势的角度,时间可以被看作是一种技术要素;从区位优势的角度,各生产环节之间的运输时间会影响企业的区位选择。航运中的运输时间不但属于贸易成本,更是一种服务水平的体现,过长的运输时间可能会发生货物的物理损耗和过期,增加企业成本和经营风险。

2. 通过成本要素对国际贸易产生影响

国际贸易从来不是"零成本交易",运输成本是国际贸易价格的重要组成部分。如果产品运到国外的物流成本足够低,进行国际贸易可获得更多收益,厂商就会把产品运到国外市场销售,从而产生了国际贸易。反之,如果两国之间的物流成本上升较高,使厂商失去了利润,甚至无利可图,原来出口的商品也可能转为国内销售,从而抑制了国际贸易发展。物流成本也会影响国际贸易伙伴的选择,一般而言,对于实际价格和质量差别不大的商品,买方更倾向选择物流成本低的一国进行贸易,以节约成本。此外,物流成本通过对价格的影响间接对国际贸易量产生重要作用。

三、航运基础要素对国际贸易的影响

1. 港口货物吞吐量对国际贸易额的影响

港口是物流的一个节点,是市场的通道,以其便利的水陆条件降低了货物的交易成本,使跨地区和国家的交易得以发生。港口货物吞吐量是衡量港口生产能力的最重要指标,反映了港口在国民经济和社会发展中的地位、企业经营管理水平和港口设施建设的综合状况。不断完善的港口基础设施使港口可停靠船只的数量大幅提升,合理的港口布局、配套的服务设施、强大的港口综合实力使船舶入驻量和航线密集度增加,进而引起物流成本降低,促进贸易发展。

2. 集装箱吞吐量对国际贸易额的影响

集装箱吞吐量是指某港口一段时间内进口和出口集装箱数量的总和,通常以 TEU 为单位。港口吞吐量通常是以吨为单位,港口吞吐量总量包括散装、液体货物、集装箱吞吐量等。随着国际物流标准化运作系统的不断发展,集装箱运输方式渐渐成为国际物流运输中最主要的运输方式。目前,国际贸易中的绝大部分商品都是通过集装箱运输的。通过事先把要运输的零散货物装在集装箱里,这样便于机械化装卸,大大缩短了船只在港口停泊的时间和货物在仓库里存放的时间,加快了货物运送的速度,降低了运输费用。集装箱规格统一,在同容积船上装的货物也多,增加了运输量。通过运量增加、费用降低,以及运输效率的提高,集装箱吞吐量提高大大降低了物流成本从而降低了国际贸易成本,促进贸易增长。

3. 港口有效泊位数对国际贸易额的影响

港口码头泊位数,是指港口码头可同时靠泊船舶的数量。一个泊位是港口装卸作业的一个基本单元。一座码头可能由一个或几个泊位组成。其数量视其布置形式和位置而定。港口泊位数的多少直接决定港口吞吐能力的大小,同时还会影响船只在港的状况和船只在港费用。港口有效泊位数增加会吸引更多船公司将港口作为停靠点,促使网络航线的扩张。当货运进入进出口旺季时,充足的泊位数意味着来往船只无须在海上排队等待,从而节省了时间成本、运输成本,也在一定程度上降低了意外风险发生的可能性。因此,充足的港口有效泊位数能够促进国际贸易的发展。

第三节　国际贸易中心与国际航运中心的联动发展

一、国际贸易中心的内涵

国际贸易中心一般是指:一国出于参与全球分工、分享全球市场和资源、确保其工业化可持续发展的国家战略需要,经过国家层面的战略规划,选择一个或若干个具有比较优势的本土城市作为全球资源配置的前哨战略平台。在这一平台上集中了国家的主要资源,使其成为国家参与全球竞争的主要载体,承担了国家的战略任务,服务于国家战略目标的实现。

国际贸易中心以城市作为载体,其建设本质就是将这一城市作为国家战略平台的功能加以建设。通过国家意志使其成为全球或区域商贸要素高度聚合、商贸环境开放宽松、法律环境公正严密、金融和航运及配套服务业高度发达、本土跨国公司总部密集、国际跨国公司地区总部数量众多、对外贸易辐射全球、零售服务吸纳国际、商贸经济总量全球居前、人文环境等国际化程度高的世界性著名大都市。

一般来说,国际贸易中心城市应具备如下特征:

1. 优越的地理区位和港口条件

从纽约、伦敦等著名国际贸易中心的区位条件来看,它们均是有着得天独厚地理条件的港口城市,并且有着纵深广阔的腹地。由于港口城市的水路交通方便,出于交易方便,最初吸引了资本要素、人才、技术要素的集聚,推动了港口城市的经济以及产业先于其他城市快速发展,为今后国际贸易中心城市的形成创造了有利的条件。

2. 良好的产业基础

国际贸易中心城市的形成离不开其发达的产业基础。目前世界主要贸易中心均是在已有的产业基础之上,根据贸易形势的变化,适时进行产业结构调整,在促进大量要素流入后进而形成高端的服务业。发达的产业分布状况为各地区的城市功能从简单的物质生产中心向为生产和流通服务的金融中心、信息中心、流通中心等多功能中心转变提供了基础保障,使其最终发展成为贸易中心城市。

3. 完善的基础设施

国际贸易中心城市往往拥有港口天然优势,并适当进行港口扩建以降低周边地区消费者和制造商的购买成本,从而刺激贸易发展;各地政府也会加快港口周边地区的基础设施建设,使得各项商贸要素迅速在这些商业楼宇中集聚,促进了商务区的形成。

4. 良好的制度条件

国际贸易中心的形成需要建立发达的航运制度,以促进国际贸易中心城市的港口辐射以及聚集功能;国际贸易中心城市也需要金融监管制度的完善以及金融制度的自由化,以方便资金的流动。此外,强大的金融体系为各个国际贸易中心城市的发展提供有力的资金支持,而自由化的贸易制度则促进了各地区国际贸易以及国际物流的发展。

二、国际贸易中心城市的分类

国际学术界根据国际贸易中心城市的辐射力和吸纳力等综合影响力,将其分为全球性国际贸易中心城市和区域性国际贸易中心城市两大类。目前,世界公认的全球性国际贸易中心城市以美国曼哈顿地区、英国伦敦市、日本东京市等为代表;区域性的国际贸易中心城市则以新加坡和我国的香港特别行政区等为代表。

1. 全球性国际贸易中心城市

全球性国际贸易中心城市主要是指某一国家为实现全球化战略,而设置的辐射全球市场的本土辐射源城市。这些城市承担着一国实施资源全球化、市场国际化的全球化战略的任务。在这些城市中,大量聚集着为本国利益服务的本土跨国公司,从事着在全球范围内配置资源和将商品销往各国市场的繁忙工作。作为基础产业的商贸产业,在这些城市中高效运行,带来了对配套服务业的大量需求,由此带动了配套服务业的繁荣发展。金融业与商贸业的互动,不仅吸引了世界各国的金融业,而且还大大加快了金融产品的推陈出新,使金融业成为商贸业与航运业的保障性产业。商贸产业与配套服务业互相作用,大大提升了这些城市的国际竞争力。配套服务业的不断完善与发展,也使这些城市不仅成为了本土跨国公司的孵化基地,同时也使这些城市在全球范围内的吸纳能力不断加强。全球性国际贸易中心城市是国家实现全球化战略的前哨城市,本土跨国公司是实施全球化战略的市场主体,具有全球战略眼光的各类 CEO 精英人才,是实施全球化战略的得力干将。由此可见,全球性国际贸易中心城市中聚集着各种商贸服务业要素,在配合实现国家战略意图中发挥着重要的作用。

2. 区域性国际贸易中心城市

区域性国际贸易中心城市一般是指随着贸易距离在全球范围内的不断延伸,发达工业国为实现资源全球化、市场国际化的国家战略目标,为向某一地区的市场进行广泛的渗透,而选择这一地区中具有良好的区位优势、具有较强辐射力和吸纳力的国家或地区,建立的地区级的前哨平台。通过这一平台,向这一地区中的各国市场实现渗透。发达国家的跨国公司一般都在这些国家或地区中建立起地区总部。不仅如此,为了提高商贸效率,其本土服务业也往往抱团进入,在本国政府外交和经济政策的有力支持下,这些被开发出来的前哨平台逐渐形成贸易环境开放自由、服务配套完善、服务设施齐全的资源配置型和市场拓展型的庞大产业集群,并通过这一区域性国际贸易中心城市不断增强的商贸产业功能,对周边国家和整个地区的商贸活动甚至于经济和产业,发挥出重大的影响力,实现为本国利益服务的目的。我国的香港特别行政区和新加坡所形成的以转口贸易为特征的国际贸易中心就是典型的区域性国际贸易中心。

三、国际贸易中心与国际航运中心联动发展的样本分析——上海

1996 年国务院决定建设上海国际航运中心,此后上海以洋山深水港区为主要标志的基础设施建设和以集装箱运输为主要内容的港口运营取得了积极成效。2009 年 4 月,国务院又发布了《关于推进上海加快发展现代服务业和先进制造业,建设国际金融中心和国际航运中心的意见》,规划至 2020 年,将上海基本建成具有全球资源配置能力的国际航运中心。

2001 年 5 月,国务院正式批复了《上海市城市总体规划(1999—2020 年)》,该总体规划

要求上海到2020年基本建成现代国际贸易中心,形成以高度开放、便利、符合国际惯例的贸易发展环境和贸易运行机制为基础,以发达的深水港、航空港和信息港为依托,实现内外贸融为一体、服务贸易优先发展、服务业高度发达、货物贸易结构进一步优化的贸易格局。

经过多年的发展,上海已发展成为全球重要的航运中心和贸易环境最佳的世界级贸易城市之一。上海的国际贸易与航运中心建设充分体现了"两个中心"的联动发展主要表现为:

1. 上海国际贸易与航运中心建设在目标模式上互为条件

"两个中心"的建设是上海市"十一五"规划纲要中建设四个中心的主要内容之一,从政策意义上来讲两者具有同等重要的地位。世界级腹地型的国际贸易中心是上海国际贸易中心的建设目标。而为其他三个中心提供条件恰恰就是上海国际航运中心建设的目标之一,因此上海国际贸易中心的建设目标决定了上海国际航运中心应形成以腹地型为主的基本模式。

2. 上海国际贸易与航运中心的建设同步进行、资源共享

上海若想成为世界级的国际航运中心,加速建设深水港是需要解决的一大核心问题。洋山深水港建设的顺利启动加快了上海国际航运中心建设的步伐,同期上海也加快建设了海港购物中心等大型物流贸易园。建设网络化的流通体系是上海国际贸易中心建设的重要环节,而物流基地的建立及配送体系的形成又是以上海国际航运中心建设为前提,没有国际航运的繁荣和大量物资的进出,物流基地及配送体系的功能发挥就无从谈起。因此,从这层意义上来讲,上海国际贸易与航运中心的建设又是互为前提、相辅相成的。

3. 上海推动国际贸易与航运中心建设的举措政策相得益彰

为了加速"两个中心"的建设与发展,政府推出了一系列有针对性的措施,且都产生了一定的正外部性。例如,作为国际贸易中心重要的组成部分,跨国采购中心的建设集商流、物流、资金流和信息流于一体,整体流量,特别是物流量的大幅增加必然对航运和与航运相关的物流业的发展提出了更高的要求,只有创造更多的商机,才能实现制造成本、物流成本、信息搜寻成本及与贸易相关的服务成本叠加的交易成本最低化。再比如,港口电子数据交换系统(EDI)的建设与更新可以说是现代国际航运中心的重要标志之一,它对于港口运作效率、设施利用率以及口岸通关效率的提高发挥着重大作用。同时,口岸通关效率的提高,将大大降低贸易成本,提高国际贸易开展的效率,有力推动国际贸易中心的建设。

第四节 发展经验与启示

一、贸易中心与航运中心建设发展密不可分

贸易过程是商流、物流、资金流、信息流的统一,航运业、物流业的发展离不开贸易行为。没有交易及贸易活动在先,航运业、物流业就会成为无源之水和无本之木。从一定意义上说商流、物流融为一体、不可分割,贸易中心与航运中心的建设和发展也是密不可分、互为依托。国际贸易中心的形成和发展,受到社会、经济、政治、技术以及自然等各种因素的影响,这些复杂多变的因素常常也以相同的作用影响国际航运中心的形成和发展。这种影响将直接关系到航运市场的容量、结构、状态和发展前景。同样,国际航运也是国际贸易

顺利开展的重要保障,国际航运中心的建立使港口吞吐能力增强,国际集装箱运输能力不断提升、运输航线增加,以及信息技术服务等不断提高,这些都会对国际贸易发展起到积极的推动作用。

二、"两个中心"要在联动的发展基础上各有侧重

国际贸易与航运中心的建设是一个"软""硬"兼施、同步发展的过程,国际航运中心建设侧重于硬件设施的建设。而建设国际贸易中心应当侧重于制度环境的建设,是更加偏向于软性的建设,重在提供一个促使达成国际贸易的交流平台。国际航运中心建设应建立在"两大体系"之上。一是优化现代航运集疏运体系,整合本地区港口资源,加快港区等基础设施建设,扩大港口吞吐能力,推进内河航道、铁路和空港设施建设;二是加快发展航运服务体系,加快发展航运金融、船舶融资、航运保险等高端服务,探索通过股权投资基金方式为航运业提供融资服务,大力发展船舶交易、船舶管理、航运经纪、航运咨询、船舶技术等各类航运服务机构,拓展航运服务产业链,延伸发展现代物流等关联产业。国际贸易中心建设应遵循的思路是:"一个提高、两个转变"。"一个提高"就是全面提高贸易便利化程度,促进贸易要素顺畅流通,提高贸易服务效率。"两个转变",一是实现由单纯口岸贸易向口岸贸易、服务贸易、离岸贸易的贸易形式转变,加快拓展全球贸易功能;二是实现由传统商贸中心向国际购物天堂转变,加快提升服务能级。

三、要积极转变政府职能,突出政府引导与市场作用相结合

政府的作用在国际贸易中心与航运中心建设中是不可或缺的,但同时又是有限的。政府不是要参加中心的经营,而应该将重点放在中心主体的培育和与中心建设有关的基础设施及制度创新上。一方面,贸易中心与航运中心建设中会存在很多体制上的问题,需要国家的政策支持和各级政府不同部门间的协调合作;另一方面,政府要从制度创新上改善商业环境,提升航运中心辐射能力,提高贸易中心综合竞争力,要引入更多的竞争主体,通过市场机制提高基础设施的使用效率和经济效益。此外,政府还要认真倾听行业内部的呼声,仔细研究国际惯例、中国政策与法律法规的具体要求,积极探索法规环境的建立,还应鼓励从事航运服务的相关机构研究国际先进经验、引进优秀人才、探索符合"中心"建设的新制度。

四、要加强产业融合发展

在建设国际贸易中心与航运中心的过程中,还应关注商贸行业的良好发展。跨境电子商务、物流、金融等其他配套产业的发展也应得到足够的重视。加强它们与商业的产业整合,建立知识和技术密集型的现代服务业体系。要重视跨境电商发展,优化跨境电商流程,降低通关成本、提升通关效率;积极推动电商各环节龙头企业的出现,鼓励跨境电商企业使用海外仓库,拓宽发展空间;加快发展现代物流体系,与商贸业形成良好互动。依托重要交通枢纽的地理优势,以企业和物流基地为发展引擎,构建产业物流、口岸物流和城际配送物流协调发展的现代物流体系;发展高端专业化服务业。在发展商贸行业的同时,将专注于法律、咨询、审计、会计、评估和认证等专业商业服务的发展,同时培育或引进知名的商务服务机构和专业型人才,推动现有商务服务业和商贸业良好互动。

第三章   港口与国际航运中心

本章分析了港口与航运中心内在互动机理与典型港口样本,梳理出了在未来国际航运中心发展趋势下港口的发展方向。

第一节   港口与国际航运中心内在互动机理

一、港口自然条件与国际航运中心

自然条件包括港口的水文条件、气候条件以及地理位置,其对形成国际航运中心具有关键作用。应该指出的是:自然条件优劣的标准是随历史的推进而变化的。随着世界船舶的大型化,原先有着优势的一些港口(主要是一些河口港和内河港)纷纷失去了优势,一些河口港都先后到外海寻找新的港址,即采取“移港就船”的发展策略。即使像鹿特丹港,其上游城区港池低潮水深能达到 12 m,完全有能力进出第三、四代集装箱船舶,但出于长远的打算,还是在离海岸 5 km 以外的马斯弗来克特岛上建新的码头,以使集装箱泊位水深超过15 m。同时,自然条件是可以改变的,如鹿特丹港、上海港通过不断整治航道使水深条件有了明显的改善。此外,自然条件不能孤立看待,必须同整体运输网络体系的状况、内陆腹地与海外腹地的状况以及其他条件一起综合考虑。

二、港口经济条件与国际航运中心

经济条件指能为该国际航运中心带来大量的物流货源条件,主要包括:一是经济腹地条件。具备建立航运中心的港口,其临近的腹地经济发达,处于经济长期上升、长期增长的势头中,能为港口提供源源不断的货源。二是经济开放条件。港口所处的地区,应该是经济极其开放、经济交流的国际化程度极高的地区,国际贸易、国际资本流动的程度非常高。历史上,国际航运中心转移同世界经济重心转移的路径相吻合,这证明经济条件对形成国际航运中心的重要作用。

三、港口集疏运与国际航运中心

国际航运中心的集疏运条件不仅包括现代化深水港口及发达的海陆空、内河集疏运体系,也包括发达的集疏运管理信息网络等。只有具备现代化的港口和完善的集疏运等配套基础设施网络系统,才能保证腹地经济、运输物流等能支持国际航运中心的发展。

第二节 港口与国际航运中心融合发展

一、港口与国际航运中心融合度更高

国际航运中心总是与世界经济发展的重心保持一致。国际航运中心是经济要素大量集聚和流动的产物,它具有优越的地理位置、先进的生产力、发达的经济体系和良好的投资环境。在很大程度上它影响着全球资源在该地区的配置程度,甚至在全球的配置程度,并直接决定该地区参与国际竞争的能力。同时,国际航运中心也可以促进经济的发展,在主要国际航运中心城市中,国际航运对 GDP 的贡献占比为:东京占日本的 18.60%,伦敦占英国的 17%,纽约占美国的 25%,新加坡港口对全国 GDP 的直接贡献率为 6%,间接贡献率超过 40%。香港的集装箱运输年产值超过 2 500 亿港元,提供就业岗位 70 万个,均占全香港的 20%。从这些数据可以看出,这些经济高度发展的航运中心都是得益于发达的港口资源的支撑,而港口的发展又进一步凝聚了更多的经济要素,逐步形成了一种良性循环的经济发展格局。

二、港口与国际航运中心融合模式更丰富

伦敦、纽约等老牌国际航运中心港口规模停滞不前,但是由于航运服务业比较发达,逐渐成为以航运服务为主导的国际航运中心。香港、鹿特丹等国际航运中心港口规模巨大,港口业务繁忙,是全球货物集散中心,并在此基础上不断发展航运服务业。伦敦航运服务业以航运业和金融业的结合为基础形成了以市场交易为特色的发展模式;香港航运服务业以航运业衍生品为基础形成了以船舶所有、经营、管理等集聚为特色的发展模式;纽约的航运服务业立足于纽约国际金融中心的优势,航运金融在全球处于领先地位;而新加坡航运服务业则以航运业和其先进制造业的结合为基础形成了以发展知识经济为特色的模式。

第三节 典型样本分析

一、伦敦港

伦敦港位于英国(全称:大不列颠及北爱尔兰联合王国 The United Kingdom of Great Britain and Northern Ireland)东南沿海泰晤士(Thames)河下游的南北两岸,从河口开始向上游伸延经蒂尔伯里(Tilbury)港区越过伦敦桥,直至特丁顿(Teddington)码头。沿河两岸有许多用于装卸货物的船坞、油码头、河岸码头及修船坞等。

该港属温带海洋性气候,以西偏南风为主,多阴雨云雾,秋、冬季节常有雾,故有"雾都"之称。年平均气温 1 月最低约 -1 ℃,7 月最高约 22 ℃,全年平均降雨量约 800 mm。平均潮差:大潮为 5.2 m,小潮为 3.4 m。

伦敦港始建于公元前 43 年,16 世纪海运昌盛,18 世纪已发展成为世界大港之一,19 世

纪成为全国贸易和金融中心,而且是世界航运中心,集中了世界各地的船舶和船公司的代表机构,有世界上最大的保险组织——劳合社(Lloyd's)。伦敦是英国的首都,全国政治、经济、文化、交通的中心,又是全国最大的海港,并且是英国最主要的制造业城市,以通用机械与电机著称。还有飞机、精密仪器、汽车、炼油、化学、服装、造纸、印刷、食品、卷烟等工业均很发达。

整个港区包括印度及米尔瓦尔(India and Millwall)、蒂尔伯里(Tilbury)、皇港区(Royal),水域面积达207万 m^2。大量的封闭式港池群是该港的一大特色。码头上装备了雷达计算机管理及检测系统,是世界上最现代化的自动化管理系统。

河口北岸的科里东(Coryton)码头宽有300多米,可靠泊20万载重吨的大型油船,往上到伦敦塔桥收缩到100多米,5 000载重吨的船舶可自由直达伦敦市中心。两岸泊位可同时停靠150多艘海轮。现代化的粮仓容量约11万 t、油库容量达158 m^3。在印度及米尔瓦尔港区有英国最大的酒类装卸码头,拥有一座巨大的现代化酒库,其散装酒货棚,可容纳3 000 t的玻璃纤维酒罐,并有紫外线消毒设备。装卸效率:粮谷2 000 t/h,柴油2 000 t/h,汽油1 000 t/h,建材1 800 t/h,原油5 500 t/h,20万载重吨的油船1 200～14 000 t/h。谷物码头是英国首先安装跨运车的无线电数据传输系统的码头,由气动装卸机卸货,经闭式快速传送带送往仓库,每台装卸机配有自动秤。本港企业区直接利用沿泰晤士河的码头,可豁免土地发展税,允许外资100%投资,将各种呈报到政府的手续减少到最低限度等。伦敦港同世界上100多个国家和地区的港口有往来,主要进口货物为石油、煤炭、钢铁、木材、矿石及粮谷等,出口货物主要有水泥、机械、车辆、石油制品、化工产品及日用杂货等。

二、香港港

香港港是中国天然良港,为远东的航运中心。其位于北纬22°30′,东经114°20′,在珠江口外东侧,香港岛和九龙半岛之间。香港地处我国与邻近亚洲国家的要冲,既在珠三角入口,又位于经济增长骄人的亚洲太平洋周边的中心,可谓是占尽地利。香港港是全球最繁忙和最高效率的国际集装箱港口之一,也是全球供应链上的主要枢纽港。

香港港有15个港区:香港仔、青山(屯门)、长洲、吉澳、流浮山、西贡、沙头角、深井、银矿湾、赤柱(东)、赤柱(西)、大澳、大埔、塔门和维多利亚。其中维多利亚港区最大,条件最好,其平均超过10 m深的港内航道,使大型远洋货轮可随时进入码头和装卸区,为世界各地船舶提供了方便而又安全的停泊地。与此相匹配的是,香港还拥有优良的港口设施和高效的作业流程,港口管理先进。香港的货物装卸作业素以高效见称,货柜船在港内的周转时间平均约为10 h,港内可同时容纳上百艘船舶靠泊和进行装卸作业。

香港的集装箱码头坐落于葵涌—青衣港池,一共有9个码头,由五家营运商管理和营运。五家营运商包括现代货箱码头有限公司、香港国际集装箱码头有限公司、中远国际集装箱码头有限公司、杜拜环球港务和亚洲集装箱码头有限公司。9个码头占地279 hm^2,提供24个泊位,共7 694 m深水堤岸葵涌——青衣港池水深达15.5 m,集装箱码头总处理能力每年逾1 900万个集装箱标准箱。

香港不仅拥有集装箱码头,而且还拥有石油、煤炭、水泥等专用码头。其港口费率在世界上是最低的,香港无论是港口设施的船舱吨位、货物处理量还是客运量,都已跻身于世界大港之列。根据香港海运港口局最新数据,香港港2019年完成集装箱吞吐量1 836万TEU,其中葵青货柜码头完成1 422万TEU,葵青货柜码头以外的其他码头完成414万TEU,

同比减少 6.3%。

三、鹿特丹港

鹿特丹港位于莱茵河与马斯河河口,西依北海,东溯莱茵河、多瑙河,可通至里海,有"欧洲门户"之称。港区面积约 100 km²,码头总长 42 km,吃水最深处达 22 m,可停泊 54.5 万 t 的特大油轮。港区基础设施归鹿特丹市政府所有,日常港务管理由鹿特丹港务局负责,各类公司承租港区基础设施发展业务。

鹿特丹港区服务最大的特点是储、运、销一条龙。通过一些保税仓库和货物分拨中心进行储运和再加工,提高货物的附加值,然后通过公路、铁路、河道、空运、海运等多种运输路线将货物送到荷兰和欧洲的目的地。

鹿特丹港区是该市的主体,占地 100 多平方千米,港口水域面积 277.1 km²,水深 6.7 ～ 21 m,航道无闸,冬季不冻,泥沙不淤,常年不受风浪侵袭,最大可泊 54.4 万 t 超级油轮。海轮码头总长 56 km,河船码头总长 33.6 km,实行杂货、石油、煤炭、矿砂、粮食、化工、散装、集装箱专业化装卸,年吞吐货物 3 亿 t 左右。港口货物的运输干线莱茵河、高速公路、港口铁路与国内外交通网相连。进港原油除经莱茵河转运外,还铺设运输油管道直通阿姆斯特丹以及德国、比利时。大宗过境货运占货运总量的 85%,其中原油和石油制品占 70%,其余为矿石、煤炭、粮食、化肥等。进出口主要对象国为德国、英国、法国、意大利等欧盟国家。从 20 世纪 60 年代起鹿特丹一直保持着世界大港的地位,但仍然不断加强泊位建设,更新设备,可提供许多特别服务。

四、纽约港

纽约港位于美国东北部纽约州东南沿海哈得孙(Hudson)河口东西两岸,在长岛(Long Island)西端的上纽约(Upper New York)湾内,濒临大西洋的西北侧,是美国第一大城市和主要海港之一。它是美国第三大集装箱港,又是美国出口废金属的最大港口。

纽约港是世界上天然深水港之一,有两条主要航道。一条是哈得孙河口外南面的恩布娄斯航道,长 16 km,宽 610 m,维护深度 13.72 m,由南方或东方进港的船舶经这条航道进入纽约湾驶往各个港区。另一条是长岛海峡和东河,由北方进港的船舶经过这条航道。哈得孙河入海口的狭水道,水深 30 多米,东河水道大部分河段水深在 18 m 以上,最深处近 33 m。港内淤积量小。纽约港腹地广大,公路网、铁路网、内河航道网和航空运输网四通八达。

五、新加坡港

新加坡港位于新加坡(全称:新加坡共和国 The Republic of Singapore)的南部沿海,西临马六甲海峡(Straits of Malacca)的东南侧,南临新加坡海峡的北侧,是亚太地区最大的转口港,世界沿海港口行业比较知名,也是世界最大的集装箱港口之一。该港位于太平洋及印度洋之间的航运要道,战略地位十分重要。它自 13 世纪开始便是国际贸易港口,已发展成为国际著名的中转港。

新加坡港装卸设备有各种岸吊、门吊、汽车吊、铲车、叉车、卸货机、牵引车、拖船及滚装设施等,其浮吊最大起重能力达 203 t,拖船功率最大为 1 400 kW,还有直径为 150 ~ 600 mm 的输油管供装卸石油使用。另有海上泊位多个,最大可泊 35 万载重吨的超级油船,丹戎巴葛码头为集装箱专用码头,有 9 个干线泊位和 3 个支线泊位,其中有 6 个泊位可靠 6 艘"第三代"集装箱船舶同时作业,集装箱堆场可存放 3.1 万 TEU,有最新式的用于堆垛集装箱的橡胶轮胎式装卸机。

这批装卸机最大起重能力达 40 t,跨距 22.7 m,提升高度 19 m,轴距 8 m,运行速度在提升时为 17 m/min,在横移时为 70 m/min,在行走时为 134 m/min,最高能堆垛 7 层,而普通装卸机只能堆垛 5 层,并能自动将吊钩放到集装箱上方所需的位置上。另外在两个大门口还设有 16 个车道的电子地磅。裕廊码头的周围是新加坡最大的裕廊工业区,它对该码头干、液、散货的输出入起了一定作用,该码头有 9 个深水泊位,最大可停靠 30 万载重吨的船舶,有仓库 8.5 万 m²,堆场 23.4 万 m²,谷仓容量达 4.8 万 t,有链带式干散货卸货机,可直接把货物运往仓库,散货的装卸能力每天达 1.4 万 t。该港炼油厂的贮藏容量达 80 万 m³,精炼能力每天为 120 万桶(约 16 万 t),居世界第三位,仅次于鹿特丹和休斯敦。该港早在 1891 年就开始转口贸易,自由贸易区分布在港区内,面积达 4.05 km²,码头岸线长为 4.83 km。过境货物仓库为 12 万 m²,露天堆场为 8.4 万 m²。

新加坡港是新兴的国际航运中心,新加坡自称是国际海事中心(International Maritime Centre,IMC)。进入 21 世纪,新加坡更加重视海事产业集聚及其对国际海事中心的意义。许多船公司、船舶管理公司、船舶经纪公司、船舶代理公司、船舶金融公司、海上保险公司、船级社、海事法律服务组织等在新加坡设立总部。

第四节　发展经验与启示

一、更加重视货主服务

在世界航运发展的过程中,由于海运风险大,在相当长的时间海运规则偏向船东。传统国际航运中心建设的出发点是为了降低国际航运业的风险和维护船东利益。过去货主相对分散,船东相对集中,这种情况在集装箱运输领域特别突出,货主倾向于到船东集中的城市进行交易。因此,国际航运中心以船东和船舶为服务对象,可更容易地把航运市场和航运服务吸引到所在城市。随着技术进步,海运风险降低,产生了利益平衡的新要求。《鹿特丹规则》表明,要纠正现行规则偏向船东利益的倾向,更为重视货主的利益,以达到利益的平衡。

随着货主集中度提高,地位提升,货主在航运定价中将发挥更大的影响力。随着电子商务、跨国公司供应链的发展,货主之间的联系更加紧密,货主的地位趋于提高,这要求国际航运中心要更加重视货主服务。国际货主特别是亚洲货主已经组成联盟,以在航运定价中发挥更大的影响力。为此,国际航运中心强调在服务船东的同时也将更为重视货主服务,推动货主向国际航运中心聚集,在聚集货主的同时,也促进货主的服务者船东以及航运市场向国际航运中心聚集。

二、突出供应链运营

供应链是围绕核心企业,通过对商流、信息流、物流和资金流的控制,从采购原材料开始,制成中间产品以及最终产品,最后由销售网络把产品送到消费者手中,将供应商、制造商、分销商、零售商,直到最终用户连成一个整体的功能网链。供应链的存在使链上的企业更有竞争力。通过供应链,企业的信息流通、资金效率得到了提高,更容易发展商流、物流,使企业实现更好的服务、更高的效率、更低的价格。供应链每个环节的企业执行不同任务,并与其他环节的企业相互作用、相互影响。

全球航运发展与供应链紧密相关。当前全球贸易约80%是通过跨国公司的供应链(子公司、外包代工、公平贸易)来实现的。普华永道《运输与物流2030》报告指出,供应链将继续演进:一是未来供应链将继续全球化,这要求减少供应链中某些环节的壁垒;二是因为区域内贸易的发展,许多供应链网络将在地区水平上建立,这要求融合当地市场,服务当地发展。未来国际航运中心要支持航运、货主、贸易商等构建、运营和联系全球与本地两个供应链网络。

目前,航运中心内部港口合作发展已经成为港口业的大势所趋,主要表现在两个方面。

一方面是航运中心范围内港口间的横向合作。在一个经济地理区域内的港口由于资源共有,势必存在利益纷争问题,解决这种矛盾的做法便是以组合港、港口联盟等形式实现港口间分工合作共同发展。国外有很多成功的合作案例,诸如鹿特丹/安特卫普、纽约/新泽西、日本东京湾港口群等。国内提出的长三角、珠三角等五大港口群正在积极启动可操作性的合作模式。

另一方面则是港口与其所在的海运供应链中上下游节点的合作。在全球供应链管理的条件下,港口变成了供应链中的一个环节,港口之间的合作和竞争正在逐步趋向港口所在供应链中的合作和竞争,为了达到共赢和发展的机会,港口必须实行纵向的供应链内部合作。广义上来说,港口可看作一个支持原材料生产、成品制造和分发的实体,是多个供应链的潜在成员。纵向合作对象涉及生产企业、物流企业、金融贸易、服务等不同类型的企业。而狭义来说,港口所在的海运供应链主要包括货主及其代理、承运人及其代理等,港口已经与航运企业在基础设施、管理信息平台等硬件软件建设方面开展了多种形式的合作。

三、加速港口区域化

港口功能的发展可以认为是从节点—扩展—专业化—区域化的进化过程。随着港口集疏运网络的发展,港口系统逐步在空间和功能上向外拓展。一方面结合沿海的岛屿等形成一体化的中心;另一方面和内陆的货物中心结合,将港口拓展为一个区域性货运中心网络。区域性发展趋势使得港口从传统概念中的"点"扩展到"区域",在空间上港口与城市融为一体,城市经济活动以港口经济活动为核心,港口成为城市乃至区域发展的推动力量。在资源空间上港口涵盖整个陆域经济腹地,整个腹地的资源均可作为港口发展的储备,港口的生产流程和运营管理可随着区域化发展的深入,打破地域限制,分散到整个区域及腹地网络中进行。

港口区域化发展扩展了航运中心辐射的地理空间和经济空间,促使航运中心实现动态网络化运作,能够更好地适应全球经济变革的环境及运输市场扩大化和多样化的需求。

四、加快港口精益化、敏捷化

港口精益化、敏捷化建设有效推动腹地主导型国际航运中心的稳步发展。

精益思想的本质是要消除所有可能的浪费。现代港口通过信息化管理、生产流程再造等方式,消除港口的非增值活动。在精益化发展中,通过建立精益港口绩效评价体系,能够快速识别并消除港口营运过程中的浪费、缺陷和操作瓶颈,实现全面质量管理,降低成本。同时,港口精益化通过精简流程和活动,使其与内陆终端的关系简单化,使得整个海运供应链的耽搁和浪费成本最小化,增强供应链的弹性和市场环境适应性。港口生产流程再造是精益化发展的基础。港口的流程再造基于管理理念的变革和信息化建设的发展,再造过程中以流程为中心,而不是以单一的职能部门为中心,一个流程可能需要一系列相关部门的配合,将流程不利的部门或者说是流程中重叠的部门摈弃,也可以将其进行合并,以达到用最少的资源创造出最大的利益。改进后的流程具有一定的简捷性和精益性,由于打破了职能界限,使得所有的业务都是围绕着流程进行,相应地,整个企业的组织结构趋于扁平化,这样就有利于缩短部门内部和部门之间信息的传递时间,消除浪费,使得工作更加有灵动性,改进后的流程的确能提高效率,提高顾客满意度和公司竞争力,降低整个流程成本。

敏捷化是建立在准时化(JIT)和精益化的基础上,以柔性生产技术和动态组织结构为特点,以高素质协同良好的工作人员为核心,实现技术管理和人的集成,实行企业间网络集成,形成快速响应市场的生产体系。同时,预测市场趋势,提供快速、高质量的服务。港口敏捷化发展基于物流、运输的敏捷化特点,其主要特征为:

(1)预测并快速响应市场需求,以满足用户要求,获得利润为目标;

(2)以竞争能力和信誉为依据,选择组成港口联盟的合作伙伴;

(3)将现代化信息技术、控制技术和机械技术充分用于港口生产,最大化地提高生产效率。

随着供应链管理理论的发展和港口功能的拓展,引入一个新的港口功能概念将有利于港口在现代供应链管理中主动把握发展方向。

柔性化的"第四代港口"被越来越多地提了出来,第四代港口是从20世纪90年代开始,为港航之间联盟与港际之间合作联盟的信息化、柔性化港口。这一代港口包括前三代港口功能,并且其主要是建立在港航之间的联盟与港际之间合作联盟基础上的,处理的货物主要是大型化、高度信息化、网络化的,同时还应满足市场柔性需求,还具有生产精细化、敏捷化。其特征是:港航之间联盟与港际之间的联盟,一些港口运营商经营的码头正在形成网络;港口与航运及其相关的物流活动之间的互动在构建无缝供应链时非常重要;港口的信息化、网络化、敏捷化使得港口能够对市场需求做出敏捷的反应,满足客户提出的各种差异化、个性化的需求。

我国腹地型国际航运中心的核心港口正好具备成为第四代港口应有的几大基本特征。

第一,港口具有广阔的、直接的、交通便捷的陆向经济腹地,其主动策划、组织和处理的国际直达贸易物流量(尤其是国际集装箱物流量)巨大,港口城市和陆向腹地之间有着紧密的经济互动关系。该港口不仅应该拥有以远洋直达干线方式直接和有效消化其经济腹地全部物流量的能力,而且由其辐射所形成的各类产业链和运输链应该具有相当广阔和纵深的发展空间。

第二,该港与所在城市应该融为一体,并以港口为核心来规划和发展整座城市的临港产业布局和功能定位。一方面,港口和城市的决策和管理具有统一性;另一方面,港口在行为上具有主动性。这样的新一代港口,在地域上应可涵盖整座城市,在功能上可涵盖整个陆向经济腹地;这座城市在本质上就是一个"大港区",而其经济腹地在本质上也是这个"大港区"的功能区。由此可见,第四代港口的功能和定位将发生本质的变化,使之在城市和腹地的全部经济活动中由被动转向主动,由服务转向策划,由后方转向前台。与第三代港口相比,第四代港口已经从国际经济活动的"幕后"跃至"前台"

第三,该港口应该具有与时俱进理念下的现代化港口所具有的一切软硬件的特征,即具有大型化、深水化、专业化的航道与码头设施,具有密集的全球性国际直达航线,具有内外便捷、连接全球的公共信息平台,具有先进的经营与管理水平,具有各种与之配套的服务系统与政策法律环境,等等。如此,该港口才能履行新一代港口的新功能,而以其为核心的国际航运中心也才能成为在其陆向腹地区域中的经济增长点。

从目前世界主要港口所处的阶段来看,现代港口发展趋势是继续向第三代港口全力推进,其中一些条件成熟的港口将进一步发展,向第四代港口的更高层面演进升级。港口从其功能来看,已经从全球综合运输网络的节点向全方位的增值服务中心发展,成为物流、人力流、资金流、信息流、技术流的汇聚中心,港口经营的多元化时代随之来临。

五、开展海陆空综合发展

鹿特丹规则提出国际航运业要适应从港到港向门到门转变。从生产商到终端消费者,货主希望能够负担最少费用,在最短时间内安全、准确地将商品到达消费者手中。日本、欧洲和美国均实施了"大交通"计划。未来国际航运中心不仅要服务海运,还要开展海铁联运、海陆联运、海空联运等服务,以海陆空综合发展,降低成本。

六、促进绿色、智慧的创新发展

2030年,除了航运综合服务外,创新发展将是未来航运中心的新方向。未来国际航运中心将更具明显的创新特征。一是绿色低碳。新能源、节能环保等技术正加速发展,船舶燃料组合不断演变,重油依然占据船舶燃料的50%以上,其他替代能源会有所增加。二是更加智慧。互联网、大数据与云计算等新技术广泛应用,出现智慧港口、智慧航运、智慧监管等。三是催生新型业态。未来航运大数据服务、互联网航运金融等新型业态将进一步壮大。

七、转换结构,功能复合化

国际航运中心的功能从过去的主要以货物功能发展到金融功能、市场功能、规则把控等领域的功能,这些功能相辅相成、共同构成航运中心的国际影响力和竞争力。第一代的国际航运中心往往从国际贸易的货物运输起家,如纽约、伦敦、东京等在货物吞吐量方面都曾居于世界前列。当时航运中心的货物集散和中转功能是主要的功能。港口建设、货物装卸、造船以及强大的工业发展实力是其基本的发展内涵。伴随着航运中心的发展,与航运相关的金融、大宗商品交易等逐步发展起来,船公司、银行、保险、中介、船级、船舶经营、航运辅助服务等成为航运中心发展的主要内容。在此基础上,又拓展出航运中心的信息功能、海事规则制定和把控等功能。海事信息、航运咨询研究、海事组织、海事标准及相应的航运创新成为重要的发展支撑。当下主要的国际航运中心大多具备复合功能的特性。如纽约、伦敦、东京、香港、新加坡等,它们既是国际金融中心,同时也是重要的国际贸易和航运中心。

第四章　航线与国际航运中心

本章主要介绍了航线的基本含义,探讨了线港城融合发展,在对典型样本分析的基础上,梳理航线与国际航运中心建设的一些经验和启示。

第一节　航　　线

一、航线的含义与类型

(一)航线的含义

世界各地水域,在港湾、潮流、风向、水深及地球球面距离等自然条件限制下,可供船舶航行的一定线路,称为海运航线。海运航线是连接各要素的纽带,是船舶在系统中运行或行进所循的轨迹,在海运空间系统中起着承上启下的作用。海运航线分布于各大洋之间,这也是海运较其他运输方式的优势所在。如何才能最有效地利用这一优势,是系统组织中重要的问题。航线在系统中受其他要素的制约,在选择航线时,要考虑货物、船舶以及港口各要素的状况,对系统组织做全面的评估后方能做出合理的选择方案,是一个相对被动的要素。

(二)航线的类型

海上运输同其他各种运输方式相比,具有投资少、天然形成的特点,同时也更多地受到自然条件的影响和制约,这种影响和制约明显地表现在航线分类上。根据不同的分类标准可以将海运航线分为不同的类型。

1. 根据行径水域分类

(1)远洋航线。该航线又称为大洋航线,指国与国之间或地区间经过一个或数个大洋的国际海运航线。如中国至美国、欧洲一些国家的海运航线,统称远洋运输航线。

(2)近洋航线。该航线指一国各海港至邻近国家海港间的海运航线。如中国至日本、韩国各港口的海上运输航线。

(3)沿海航线。该航线指一国沿海区域各港口间的运输线。如上海港至大连港的海运航线。

(4)环球航线。该航线指将太平洋、大西洋和印度洋连接起来进行航行的航线。

2. 根据航线有效时间分类

(1)季节性航线。该航线随季节的改变而改变的航线称为季节性航线。由于船舶航行受自然条件特别是大洋洋流、季风等因素的影响,而大洋洋流、季风又会因气候的变化而改变方向或流量,例如,随着季节的变化,洋流的方向、流量,风的方向、风力也会随之发生变化。为了借助风力和洋流,节省运力,加快速度,船舶通常在不同的季节走不同的航线。例如,为避免北太平洋冬季的海雾与夏季的风暴,远东—北美西海岸各港航线夏季偏北,冬季南移。

(2)常年航线。该航线不随季节的变化而改变的航线。

3. 根据运力、运程和运量分类

(1)主干航线。该航线又称干线,是连接枢纽港口或中心港口的海上航线,主要指的是世界主要的集装箱班轮航线。这类航线连接世界各集装箱枢纽港口,航行大型集装箱船舶。例如全球集装箱班轮的主干航线有远东—北美、远东—欧洲、欧洲—北美航线,包括环球钟摆式航线在内,是全球集装箱运输的三大主干航线。世界主要集装箱枢纽港大多坐落在这三条航线上。

(2)分支航线。又称支线,是连接分流港口或称交流港口的海运航线,这是为主干航线提供服务的海运航线。支线上运行的船舶多为小型船舶,连接的港口多为地方枢纽港口或分流港口。

4. 根据组织形式分类

(1)直达航线。该航线是船舶从起运港(始发港)到终点港,不在中途挂靠港口、装卸货物或增减驳船的运输航线。直达航线具有运输速度快、船舶周转快、节省费用等优点,但它要求在两港口之间有较稳定的货流。这类航线在班轮运输中多为主干航线。

(2)中转航线。该航线是船舶从始发港至终点港,在中途挂靠港口、装卸货物或使用驳船的海运输航线。

5. 根据发船时间分类

(1)定期航线(班轮航线)。该航线是指在水运范围内,船舶定线、定点、定期的航线。这类航线现在多为集装箱班轮航线,通常是指定时间、定航线、定船舶、定货种、定港口的"五定"航线。在设定航线特别是班轮干线航线时,不仅要考虑到货物的情况、航线情况等,还要考虑到港口的综合条件,包括自然条件、腹地状况、装卸能力、仓储能力、装卸效率等一系列的参数。

(2)不定期航线。该航线是指相对于定期船运输而言的另一种船舶海运航线。它和班轮航线不同,不定期船运输没有预订的船期表,没有固定的航线和停靠港口,而是追随货源,须依据船舶所有人和承租人双方签订的租船合同安排船舶就航的航线。不定期船主要从事大宗货物的运输,如谷物、石油、矿石、煤炭、木材、砂糖、化肥、磷矿石等。其一般都是整船装运。

6. 根据航海技术分类

(1)大圆航线。该航线是地球圆体上两点之间最短的航程线。但它与所有子午线相交成不等的角度(子午线和赤道除外),即沿大圆弧航行时,必须时刻改变航向。

(2)恒向线航线。该航线不是地球面上两点之间的最短航程线(子午线和赤道除外),但在低纬度或航向接近南北时,它与大圆航线的航程相差不大。

(3)等纬圈航线。该航线若两地在同一纬度,则沿纬度圈航行,即计划航迹为90°或270°。它是恒向线航线的特例。

(4)混合航线。该航线为了避开高纬度的航行危险区,在设置一限制纬度的情况下,采用大圆航线与等纬圈航线相结合的最短航程航线。

另外,在大洋航行中,两地相距较远,根据具体情况整个航程可能并不采用一种固定航线。

7. 根据气候、气象条件分类

(1)气候航线。该航线是指在最短航程航线的基础上,考虑了航行季节的气候条件和可能遭遇到其他因素而设计的航线。如航路设计图和《世界大洋航路》中推荐的航线。

(2)气象航线。该航线指的是气象定线公司在航线的基础上,再根据中、短期天气预报,考虑气象条件和船舶本身条件后,向航行船舶推荐的航线。

在上述各种航线的基础上,确定的航行时间最少、船舶周转最快、营运效率最高的航线称为最佳航线。

二、世界主要海运航线及走势

(一)世界主要海运航线

1. 太平洋航线

(1)远东—北美西海岸航线;

(2)远东—加勒比,北美东海岸航线;

(3)远东—南美西海岸航线;

(4)远东—东南亚航线;

(5)远东—澳大利亚,新西兰航线;

(6)澳新—北美东西海岸航线。

2. 大西洋航线

(1)西北欧—北美东海岸航线;

(2)西北欧,北美东海岸—加勒比航线;

(3)西北欧,北美东海岸—地中海,苏伊士运河—亚太航线;

(4)西北欧,地中海—南美东海岸航线;

(5)西北欧,北美东海岸—好望角,远东航线;

(6)南美东海岸—好望角—远东航线。

3. 印度洋航线

(1)波斯湾—好望角—西欧,北美航线;

(2)波斯湾—东南亚—日本航线;

(3)波斯湾—苏伊士运河—地中海—西欧,北美运输线。

除了以上三条油运线之外印度洋其他航线还有:远东—东南亚—东非航线;远东—东南亚,地中海—西北欧航线;远东—东南亚—好望角—西非,南美航线;澳新—地中海—西北欧航线;印度洋北部地区—欧洲航线。

4. 世界集装箱海运干线

目前,世界海运集装箱航线主要有如下几条:

(1)远东—北美航线;

(2)北美—欧洲,地中海航线;

(3)欧洲,地中海—远东航线;

(4)远东—澳大利亚航线;

（5）澳新—北美航线；

（6）欧洲，地中海—西非，南非航线。

（二）主要航线走势

2020年因疫情扩散的影响，全球经济发生了很大的变化，东亚板块航线较为密集。我国作为全球经济的重要枢纽，在国际市场上，一方面通过大型散货船和油轮将海外的矿石、煤炭、原油等大宗商品原材料，进口到国内进行生产加工；另一方面又通过集装箱进口和出口各类涉及生产生活方方面面的工业产品，包括各种机电产品、零部件、服装鞋帽等。从与大宗商品原材料、工业产品相对应的干散货船、油轮、集装箱船运输的活动情况来看，国内产业链偏上游环节的需求依然很强劲，与中下游处于"疫情影响""需求减缓"存在较大的差异。当然对于不同的国家和地区而言，疫情影响和所采取的防控措施，在时序上不统一，可以看到欧洲、美国等几大经济体的航线数据急剧下滑，欧洲还出现了船舶到港数量持续大于船舶离港数量，这反映了这些地区海运供应链环节不畅，这样的情况如果持续过长的话，意味着经济活动会显著放缓，也会影响未来的航线走势。

三、航线上主要的港口

在上述航线上主要挂靠的一些港口如下：

1. 日韩线

日本关东线的主要港口有 NAGOYA（名古屋）、TOKYO（东京）、YOKOHAMA（横滨）。

日本关西线的主要港口有 KOBE（神户）、MOJI（门司）、OSAKA（大阪）。

日本偏港的主要港口有 HAKATA（博多）、HIROSHIMA（广岛）、NAGAURA（长浦）、CHITA（知多）。

韩国线的主要港口有 BUSAN（釜山）、INCHON（仁川）、SEOUL（首尔）。

2. 印巴线

印巴线的主要港口有 BOMBAY（孟买）、CALCUTTA（加尔各答）、COCHIN（科钦）、COLOMBO（科伦坡）、MADRAS（马德拉斯）、KARACHI（卡拉奇）、NHAVA SHEVA（那瓦西瓦）、CHENNAI（钦奈）、NEW DELHI（新德里）。

3. 澳新线

澳大利亚线的主要港口有 ADELAIDE（阿德莱德）、BRISBANE（布里斯班）、FREMANTLE（弗里曼特尔）、MELBOURNE（墨尔本）、SYDNEY（悉尼）。

新西兰线的主要港口有 AUCKLAND（奥克兰）、WELLINGTON（惠灵顿）。

4. 中东线

以色列的主要挂靠港口有 ASHDOD（阿什杜德）、HAIFA（海法）、TEL-AVIV（特拉维夫）、EILATH（艾利特）。

阿联酋的主要挂靠港口有 DUBAI（迪拜）、JEBELALI（阿里山）、ABUDHABI（阿布答比）、SHARJAH（沙加）。

科威特的主要挂靠港口有 KUWAIT（科威特）。

伊朗的主要挂靠港口有 BANDARABBAS（阿巴斯港）。

沙特的主要挂靠港口有 JEDDAH（吉达）、DAMMAM（达曼）。

约旦的主要挂靠港口有 AQABA（亚喀巴）。

阿曼的主要挂靠港口有 MINAQABOOS（米那卡布希）、MUSCAT（马斯开特）、SALAH（沙拉拉）。

黎巴嫩的主要挂靠港口有 BEIRUIT（贝鲁特）。

埃及的主要挂靠港口有阿布宰尼迈（ABU ZENIMA）、拉斯加里卜（RAS GHARIB）、萨法贾（SAFAGA）、苏伊士（SUEZ）。

5. 欧洲线

欧洲的主要挂靠港口有比利时 ANTWERP（安特卫普）、英国 FELIXSTOWE（费力克斯托）、德国 HAMBURG（汉堡）、法国 LE HAVRE（勒阿佛尔）、荷兰 ROTTERDAM（鹿特丹）、英国 THAMESPORT（泰晤士港）等。

6. 地中海线

地中海西部主要港口有西班牙 VALENCIA（瓦伦西亚）、意大利 GENOVA（热那亚）、西班牙 BARCELONA（巴塞罗那）、法国 FOS（福斯）、意大利 NAPLES（那不勒斯）、意大利 LIVORNO（利沃诺）等。

地中海东部主要港口有希腊 PIRAEUS（比雷埃夫斯）、ALEXANDRIA（亚历山大）、DAMIETTA（达米埃塔）、PORT SAID（塞得港）、土耳其 ISTANBUL（伊斯坦布尔）等。

7. 非洲线

非洲线主要港口有南非 DURBAN（德班）、南非 CAPE TOWN（开普敦）、南非 PORT ELIZABETH（伊丽莎白港）、肯尼亚 MOMBASA（蒙巴萨）等。

8. 中美墨西哥加勒比航线

中美墨西哥加勒比航线主要有墨西哥 MEXICO CITY（墨西哥城）、MANZANILLO（曼萨尼略）、阿根廷 BUENOS AIRES（布宜诺斯艾利斯）、巴西 RIO DE JANEIRO（里约热内卢）、智利 VALPARAISO（瓦尔帕莱索）等。

第二节　线港城融合发展

众所周知,任意两港之间有多条航路可走,海上运输承运人在许多不同的航路中,会综合考虑主客观因素,为达到最大的经济效益选定具体的营运通路。在众多考虑因素中,航线上港口及港口城市的发展尤为重要。

一、航线发展的主要影响因素

世界上海运航线的形成和发展受诸多因素的影响,列举如下几点:

（1）安全因素,船舶航行的线路必须考虑到自然界的种种现象,例如风向、波浪、潮汐、水流、暗礁及流冰等,都会影响船舶航行的安全。

（2）货运因素,航线沿途货运量的多寡。货运量多,航行的船舶多,则必定是繁忙的航线。

（3）港口因素,船舶途经和停靠的港口水深是否适宜,气候是否良好,航道是否宽阔,有无较好的存储装卸设备,内陆交通条件是否便利,港口使用费是否低廉,以及燃料供应是否充足等。

（4）技术因素,船舶航行时从技术上考虑,选择最经济且快速的航线航行。

除上述因素外,国际政治形势的变化,有关国家的经济政策、航运政策、国际贸易的变化也会对航线的形成和走势产生一定的影响。

二、航线与港口城市融合发展

港口是航线上的一个个节点,是海陆交通枢纽,能够连接国内外市场。港口依托社会、经济、技术进行合理的布局和规划,港口所在的城市利用港口门户走向世界。城市和港口的发展,能够促进航线的形成与发展。

港口对促进和推动一个城市的总体发展至关重要。国内外很多港口城市在城市发展战略中突出了港口对城市经济发展的战略意义,将港口经济作为港口城市的龙头经济,将港口作为城市的核心战略资源。港口具备装卸储存、中转换装、运输组织、临港工业、客运服务、现代物流、信息及生产生活服务等基本功能。这些功能的完善能吸引更多的船舶在此挂靠和作业,从而使港口产生更强大的辐射力,城市发展可以充分地利用该辐射力,增强城市的功能。港口一般具有双向腹地,并具有三个层次。第一层次是港口所依托的城市;第二层次是通过各种集疏方式与港口联系的内陆地区;第三层次是港口之间通过航线相连接的向海外所能涉及的区域。第一、二层次是陆向腹地,第三层次则是海外腹地,港口腹地的第二、三层次的范围往往超过了城市经济辐射能力所达到的范围。

港口作为流通领域资金往来的汇集之地,具有融资方面的便利。同时,港口通过能力的扩大,物流、客流量的增加,可使港口成为信息汇集的中心,便于各种信息的获得和处理。与此同时,港口本身作为港口城市的重要组成部分,往往对城市的经济发展起着“龙头”作用,特别是使临近港口的产业具备诸多优势:一是临近港口的产业因为其生产经营的运输环节少,费用较低;二是港口基础设施,如码头、库场、公路、铁路、通信等配套设施,为临港产业所共享;三是港口经规划确定的岸线与陆域,为港区其他很多涉海产业的发展提供了广阔的聚集发展空间;四是港口为港口区域的土地增值创造了条件;五是由于港口所在城市具有发达的交通条件和国内、国外双向经济腹地,使港口城市经济外向型程度显著。因此,许多港口城市都建立了临港工业区,发展制造业,发展进口原料的出口加工业等产业。这些产业进一步吸引更多的船舶来挂靠,并与之产生频繁的业务往来。

第三节 国际航运中心航线样本分析

一、伦敦航线情况

伦敦作为国际航运中心的开山鼻祖,拥有良好的人文历史条件,例如悠久的贸易、航海的传统和文化、众多优秀的海事人才等。虽然目前从港口、航线来看,伦敦已无全球级的功能和条件,但仍以其交易市场、保险服务、航运信息服务、海事服务、海事研究与交流、海事监管等功能,延续和保持着具有“软实力”特色的国际航运中心地位。目前,世界20%的船级管理机构常驻伦敦,世界50%的油轮租船业务、40%的散货船业务、18%的船舶融资规模和20%的航运保险总额,都在伦敦进行。全球有1 750多家从事航运事务的公司与机构在伦敦设有办事处,其中仅航运服务业每年创造的价值就达20亿英镑。

伦敦在 17 世纪就成为世界上最繁忙的港口之一,繁多的航线,为其成为航运中心奠定了坚实的基础。到 18 世纪初,英国 80% 的进口额和 70% 的出口额都是由伦敦港创造的。伦敦港是英国处理非燃料货物最多的港口,是英国最主要的港口,其处理了英国贸易货物中 10% 以上的海运量。目前,伦敦港主体已外移到距伦敦市中心约 40 km 的提尔伯里港,其吞吐量在世界集装箱港口 100 强之外,航运中心的物流功能已下降,航线数量减少,但其仍是重要的世界航运"神经"节点,是全球无可争议的航运定价中心和管理中心,并通过海事服务创造比传统港口业更大的收益,实现了航运中心模式的完美转型。

二、中国香港和新加坡航线情况

中国香港和新加坡由于自身经济腹地较小,直接外贸运输并不太多,因此是以海外腹地作为其主要的经济腹地,将其他国家或地区的国际贸易货物作为其服务的主要对象。中国香港和新加坡作为亚洲新兴的国际航运中心,两港都实施世界上最为开放的自由贸易政策,大型机械设备和先进的电子化、先进的管理技术和高素质的人员是其自由港的特点,加上拥有得天独厚的深水良港,突出转口贸易及其中转运输优势,使其集装箱吞吐量位居世界三甲,吸引了众多的船舶来此挂靠、作业。

据 2016—2020 年波罗的海交易所和新华社发布的国际航运中心发展指数排名,新加坡连续五年被认为是世界顶级航运中心,香港连续多年位居前三。

在航线方面,2018 年中美贸易争端以来,香港作为中美贸易的中转地,航运业运营持续艰难。从目前的情况来看,中美贸易谈判需时较长,中美之间难以在短期内达成协议全面解决问题,香港出口贸易还将受到较长时间的影响。然而低端制造业的生产基地正在向东南亚地区转移,中美贸易摩擦加速了这一趋势,新加坡作为东南亚重要的转口贸易港,从中受惠,以此为节点的航线越来越多。

另一方面,在 1987—2004 年,中国内地经济的飞速发展产生了庞大的贸易需求,为香港的航运业提供了巨大的机遇,香港航线密集,一直是全球最大的集装箱港口。随着内地航运业的快速发展,香港港口的排名不断下跌。2019 年上半年,香港在全球集装箱港口的排名被越南所超越,由第八位跌至第九位。现阶段,全球经济增长放缓和中美贸易争端,导致贸易订单减少,亚太地区产业链转移完成后,经香港转口的物流需求将大幅减少。同时,广州、深圳等香港周边港口因成本优势,对香港港口的中转业务形成明显的冲击,导致挂靠香港的船舶数量进一步的降低,长期来看,香港传统航运业的衰落不可避免。

总体来说,新加坡和香港国际航运中心能够长期保持领先,除了独特的地理优势外,也有一些独到的做法来吸引更多的船舶和业务。例如面向"高增值"货物来提升优质服务的能力、港口与航运企业互利共赢合作、充分利用"一带一路"新机遇,香港还可以抓住粤港澳大湾区建设,与内地企业携手共建,拼船出海等。

三、上海航线情况

上海国际航运中心建设实施的是发展国际枢纽港和推动高端航运服务业集聚"双轮驱动"的发展模式。截至 2019 年底,上海港在国际上已成为集装箱航线最多、航班最密、覆盖面最广的港口(联合国《航运年度评论》报告中,连续九年把上海港列为全球连通度排名第一的港口)。上海港集装箱吞吐量连续十年保持世界首位,2019 年达 4 330.3 万标准箱,国际枢纽港地位已经确立。上海邮轮产业经过这些年的建设成绩斐然,吴淞邮轮港和位于北外滩的国际客运中心形成了上海邮轮的组合型母港,目前邮轮客流量已位居亚洲第一、世界第四。在上海空港方面,上海机场旅客吞吐量连续四年全球排名第四。浦东机场航空货邮吞吐量连续十二年位居全球第三。由此可见,上海已经成为中国内地乃至世界海空枢纽地位双双名列前茅的国际枢纽型城市。

上海国际航运中心发展的阶段性思考:前一阶段,上海国际航运中心建设主要采取跟随型的发展路径,认真学习国际著名航运中心的发展之路,而未来航运中心建设应从跟随型发展思路向换道超越型的发展思路转变。在前一个阶段中,其保持港口集装箱吞吐量较高水平,为航运要素集聚提供了物流基础。伦敦通过两百多年的航运发展,已经沉淀了大量航运产业,特别是高端航运服务业,这些高端航运服务依托航运物流而产生,但又不容易因航运物流的迁移而转移。而上海由于航运中心建设的历史较短,在短时间内仍然需要依托航运物流来吸引航运全要素,特别是高端航运服务要素的集聚。我们看到新加坡正规划建设大士港,未来集装箱吞吐能力将达到 6 500 万标准箱,这些说明航运中心建设需要有集装箱物流量的支撑。在航运中心形成过程中,各种航运服务要素的集聚主要是为了服务航运物流量,较高的航运物流量将引导附加值更高的航运要素的集聚。因此,在一定时期内,上海港还是需要保持集装箱吞吐量在较高的水平,需要有密集的航线覆盖。

四、荷兰的鹿特丹和美国纽约航线情况

一般来说,这种区域性的国际航运中心所在的国家,国土辽阔,资源丰富,市场广大,进出本国的外贸直接运输量很大,并在所在国际区域运输中占有重要地位。荷兰的鹿特丹位于莱茵河和马斯河两大河流入海汇合所形成的三角洲处,背靠莱茵河流域的荷兰、德国、瑞士等发达国家。美国向欧洲 43% 的出口货物、日本向西欧 34% 的出口货物都经过鹿特丹中转。纽约也属于这种层次的区域性国际航运中心。纽约位于哈得孙河口,是美国的主要海港,一度承担了美国 40% 的外贸运输量。

鹿特丹是一座因港而生的城市,其具有绝佳的地理位置,丰富的腹地资源和四通八达的水路系统。自产生以来,就开启了众多的航线,使之成为欧洲第一大港。早在 1872 年鹿特丹也开通了到纽约的航线,开启了荷兰与美国的航线新时代,成为欧洲与北美洲的一个重要桥梁。

除此之外,鹿特丹和纽约从 20 世纪开始打造自贸区,纽约自贸区是全美两百多个自贸区中面积最大的自贸区。主要功能是货物中转、自由贸易,外国货物出港(进入美国)前不收关税,其核心政策就是减税,这对货主、船公司有极大的吸引力。鹿特丹作为全球最重要的物流中心之一,通往全球 1 000 个港口,货量占荷兰全国的 80% 左右,每年 3 万多海船和 11 万艘内陆船只抵港。自由贸易港最重要的"关税减免"在欧盟内部已经不复以往的竞争力,因为随着欧洲一体化进程,欧盟成员国之间大部分货物都能实现免税流通,所以鹿特丹自贸区另辟蹊径,以超强的港口服务引领能力和物流服务功能为核心,并以此获得了成功。鹿特丹港区与保税区仓库实行"区港合一"一体运作。在通关方面,海关提供 24 小时通关服务,先存储后报账,以公司账册管理及存货数据取代海关查验。"配送物流园区"成为众多企业在欧洲建立的配送中心,也是小企业所依托的能保证按时送货的物流商。整个港区均采用先进的电子信息网络和通信技术对港口进行全方位管理。优良的服务持续吸引更多的船舶在此挂靠,稳定维持其航线数量的良性发展。

总体来说,近年来世界经济复苏乏力,航运公司抱团取暖,航线合并撤销时有发生,这也影响了各航运中心港口的航线数量。纵观全球运力排名第一的马士基航运有限公司,2016 年初经航线设置,伦敦航线密度最小,上海航线密度相对较大。但就航线结构而言,除伦敦外其他三个城市航线结构都较多元,鹿特丹涉及 5 大区域,新加坡和上海均涉及 6 大区域,见表 4 - 1。

表 4 - 1 三大国际航运中心及上海航线结构组成

单位:条

	西南航线	非洲航线	中美洲航线	欧洲—中东	远东—中东	亚洲航线	大洋洲航线	南美洲航线	合计
伦敦		1						3	4
鹿特丹	16	1	3	3				9	32
新加坡	15	4			8	7	6	2	42
上海	29	9			3	10	4	6	61

数据来源:根据马士基航运有限公司网站整理

从该公司整理的主要港口的航线密度和航线结构的发展来看,该公司和各航运中心的发展走势是呈正相关的,航线密度越大,航线结构越多元化,则国际航运中心的地位越稳固。

第四节 发展经验与启示

一、促进港口城市航线发展的措施

无论是老牌的国际航运中心,还是新兴的国际航运中心,它们最初的起源都是要有大量的船舶在此挂靠,航线密度大,航线结构多元化。因此能够促使港口城市的航线发展有如下几种措施:

(1)丰富的货物资源,货物资源有天然所成,也有后天通过一系列的政策、法规、办法等吸引过来的。

(2)优良的港口条件,拓展港口功能,优化功能配置,发展多项服务。

(3)发达的航运市场,以公平公正的原则,保持航运市场正常平稳的运行。

(4)丰富的物流,四通八达,构建集疏运网络体系。

(5)健全优良的航运服务,优化水路运输发展综合环境。

二、航线与国际航运中心共生性

1. 找到突破口,硬实力、软实力齐头并进,维持航线优势

伦敦作为老牌的国际航运中心,随着社会、经济、贸易、行业等的发展,其港口、航运等

"硬实力"在逐渐地衰退,但它积极改革,港区分离、传统港口外迁,原市码头用于非海运的商业办公、娱乐休闲和房地产开发,依靠波罗的海的航运交易所,在市中心城区建设航运服务软环境,大力发展产业链上游产业,例如航运融资、海事保险、海事仲裁等,建设航运服务集聚区。同时,引入私人公司对老码头改造,重新规划开发,由此吸引了众多的船舶公司在此设点运营,例如由马士基航运、地中海航运和法国达飞集团组成的全球集装箱班轮业最大联盟——P3 联盟,将船舶运营中心设在伦敦,并由马士基航运的高管执掌。选择伦敦组建 P3 联盟为船舶运营中心,关键是看好伦敦航运中心长期积淀形成的雄厚航运服务基础条件,以及强大、高效、便捷的运营环境。

伦敦的发展经验还表明,即使装卸服务中心外移,其高端服务也不会随之消失。伦敦能形成当前唯一的以航运服务和交易为主的航运中心,在于其长期的海运发展传统和由此集聚的人才力量。同时金融中心和航运中心是相伴而生的,金融中心发展源于航运中心,航运中心发展自然离不开金融中心的支持。世界著名的五大国际航运中心纽约、伦敦、东京、新加坡和香港同时也都是著名的国际金融中心,这些国际航运中心的金融业发展解决了航运公司和港口的资金困境,充分发挥了它在航运投资、融资、结算和海上保险中的作用,而运输生产本身也就是国际范围内资金流转的过程。因此,金融服务环境的完善为航运业发展提供了金融保障。

2. 打造全球物流网络,提升质量,保持航线持续增加

与伦敦相类似的鹿特丹、奥斯陆、新加坡等一些世界级港口或航运公司集中的城市,近几年都已开始着力加强航运"软实力"建设,争取在"硬实力"优势衰退以前建成航运中心。向现代物流转型是亚洲港口的共同趋势。例如韩国政府经济协调会提出,釜山港的转型目标是以"全球物流网络策略"取代原来的"东北亚航运枢纽"。中国台湾地区的高雄港把建设"境外转运中心"的目标修正为"区域物流中心"。这种转型反映的是港口从数量规模扩张为主转向以质量效益为主,持续吸引航线增加。

目前世界航运业发展存在不匹配状态。由于全球制造业和贸易的转移使得航运重心在亚洲,而航运服务中心却在欧洲,有"鞭长莫及"之感,同时由于伦敦的高房价、高工资不断提高其提供航运服务的成本,虽然现时段伦敦航运服务的突出地位备受肯定,但未来10—20 年,内航运高端服务转向亚洲将成为必然趋势,因此未来亚洲区域的航线数量也必将持续增加。

第五章　船舶与国际航运中心

本章介绍了船舶业发展概况,分析和研究了船舶管理、船舶服务和船舶工程与国际航运中心之间的关系以及如何优化二者之间相互促进的内生原动力,以世界典型航运中心的船舶管理和船舶工程为对象,阐述了船舶与国际航运中心的共生共进的关系。

第一节　船舶业发展概况

根据 2020 年发布的《新华·波罗的海国际航运中心发展指数》报告,本章选取船舶管理和船舶工程服务两个方面作为探讨对象。

一、船舶管理业发展概况

(一)船舶管理概述

船舶管理业,是指船舶管理经营人根据约定,为船舶所有人或者船舶承租人、船舶经营人提供船舶管理服务的行业。船舶管理公司是指那些接受别的航运企业或船舶所有人委托代其管理船舶及船员等业务的公司。

1. 船舶技术管理

船舶技术管理主要是维护船舶安全、防止海洋污染、确保船舶经济有效的营运。其主要内容为:定期检查船舶和船员的工作情况,即船舶管理公司指定的负责人及相关人员定期上船检查船舶结构和设备的技术状况,了解船员遵守公司制定的安全规则和工作程序的情况,协助船员解决有关技术问题;供应船舶物料等,即供应船舶日常营运所需要的备件、燃料、润滑油和其他消耗品;维护保养船舶,即维持船舶的适航性能,确保船舶安全营运;船舶成本预算和控制,即船舶管理公司要定期对船舶做出成本费用预算,经常检查各种费用的发生情况,分析发生费用的原因,并制订相应的控制办法;船舶证书的管理,即船舶管理公司负责保持船舶证书的有效性,如出现到期的证书,应及时办理新的证书;安排船舶坞修,船舶管理公司在选择坞修的厂家时,要综合考虑厂家的修理能力、修理费用、修理的地点等诸多因素,做出有利于船东利益的安排;办理船舶保险,船舶管理公司为了保护船东和自身利益,在办理船舶保险时一般是以共同被保险人的名义参加投保。按照 ISMA 规则的要求,船舶管理公司从事船舶技术管理时至少要投保船舶险(H&M)、保赔险(P&I)和战争险。

2. 船员管理

船员管理主要是按照船东的需要提供合格的船员。其主要包括三方面:一是挑选和雇佣合格的船员。随着航运竞争的不断加剧以及维护海上安全、保护海洋意识的不断提高,船东对业务素质高且劳动力又相对廉价的船员的需求日益增加。船舶管理公司则利用其广泛的信息网络,为船东提供最优化的船员配备。二是船员证书及证件等的管理。船员上船工作需要有一定的资格证书和许多证件,目前,各国的船员证书、证件及具体办理手续有所不同,繁简不一,船舶管理公司能够根据不同国家的要求及时为船员办理各种所需的证书和证件。三是船员培训。船员素质是影响海上安全、防止海洋污染的一个重要因素。根据统计资料表明,船舶海损、机损及海洋污染的发生,约有 80% 是人为因素造成的。因此,为了培养高素质的船员,一些大型船舶管理公司建立船员培训学校加强对学员进行航海技术、航海专业英语、计算机应用、安全和防污染知识等方面的培训。

3. 船舶商务管理

船舶商务管理主要是提供有关船舶商务管理的服务。其主要内容有:船舶航次管理,包括安排装卸港代理、估算船舶航次费用、计算滞期费和速遣费、代收支有关船舶航次费用等;租船业务,即根据船东委托代为洽谈、签订租船合同;租船买卖业务,即根据委托人的委托,对买进卖出的船舶技术检查并代为洽谈和代签买卖合同;船舶融资业务,即根据船东委托代为洽谈有关融资的业务;财务管理,即按照委托人的要求建立有关财务管理制度并按合同要求定期向委托人汇报财务状况。

4. 其他管理服务

船舶管理公司除可提供主要服务外,有时还可提供其他的管理服务,如:船舶建造(在新造船方面,船舶管理公司可以提供从新造船计划到新船交付的全过程咨询服务。其中包括必要的船型分析、就造船的规格与船厂交涉并对造船过程进行监督等);技术顾问;海事咨询;资格保证审核等。

(二)船舶管理发展概况

1. 伦敦

英国作为世界船舶管理业中心之一由来已久,1991 年成立的国际船舶管理业协会(ISMA)就一直设立在伦敦。英国的船舶管理业分别在伦敦、人岛和苏格兰的格拉斯哥 3 个城市和地区。其中,人岛凭借优惠灵活的税收政策吸引了最多的船舶管理公司,例如 Midocean 集团等;格拉斯哥拥有世界排名第六的 Denholm 船舶管理公司,Denholm 目前雇佣着来自 18 个国家的 3 000 多名海员。

2. 香港

香港吸引了大批船舶管理企业在港设立分公司或办事处。自 20 世纪 70 年代香港确立全球船舶管理业中心地位以来,其作为全球最重要的船舶管理业中心的地位就一直没有动摇过。除了香港本地崛起的大批船舶管理企业外,世界上知名船舶管理公司大多在香港设立了分公司或办事处。与此相适应,香港的船舶注册量稳步上升,越来越多的新船在香港注册。

全球六大专业船舶管理公司,包括 V Ships,Hanseatic,Columbia,Barber,Wallem 和 Anglo Eastern,都在香港进行船舶管理服务。其中,华林船舶管理公司(Wallem)和英国东方集团(Anglo Eastern)的总部就在香港。

香港华林船舶管理公司创建于 1971 年,在船舶管理业界享有盛名。通过自身培训、管理和雇用的 600 名船员服务于其管理的 350 多艘各类船舶上,再加上岸上大量的技术人员组成了强大的服务体系,可以给世界上绝大多数种类的船舶提供专业的个性化管理服务。

英国东方集团创建于 1974 年,目前管理着将近 300 艘不同类型和吨位的船舶,以及对 70 多艘船舶进行船员管理服务。其雇用了将近 11 000 名各个国籍的船员,并有 600 多名全日制岸基技术人员进行辅助服务。其船员主要以印度和菲律宾人为主,运营了一个 17 000 m² 的培训中心,设有专门的船员研修设施和事务所,提供 LNG 船、LPG 船、化学药品船、邮轮等船舶的管理服务培训以及船上和岸基的机器操作培训等。英国东方集团最大的特点是其工作人员有着丰富的专业知识,公司高级职员具有海洋工程、航海技术等许多工种的专业知识,该公司的工务监督都具有轮机长的资历,有丰富的海上工作经验。

大规模启用中国大陆地区船员,香港大约有 400 家公司经营船舶管理和代理业务,有约 8 000 名雇员。香港由第三方管理的船舶有 450~500 艘。香港的船舶管理服务内容丰富,除了船舶管理外,还包括船员管理和其他各种船舶管理服务。

3. 新加坡

新加坡拥有各种海运业务,有 5 000 多家海事相关机构。总体而言,海运部门对新加坡的国内生产总值(GDP)贡献约为 7%。2018 年新加坡船用燃料油的销售量总计 4 980 万 t,比上年的记录水平下降 2%。2018 年新加坡维持了其全球最大供油港口的地位,因为其年度船用油的销售量连续第二年接近 5 000 万 t 关口。此外,2018 年全年船舶抵港吨位达到 27.9 亿总吨(GT),与 2017 年的 28 亿总吨相当。

4. 上海

上海放宽国际船舶运输和国际船舶管理业务的外商投资比例,吸引外资。目前,上海已拥有超过 110 家国际船舶管理企业,国际船舶代管 433 艘船,国内船舶代管 214 艘船,国际、国内船舶管理兼营代管船舶 93 艘。在引进和发展船舶管理服务企业过程中,上海自贸区的政策制度创新起到了极大的推动作用。2014 年 1 月,交通运输部发布《关于中国(上海)自由贸易试验区试行扩大国际船舶运输和国际船舶管理业务外商投资比例实施办法的公告》,放宽了国际船舶运输和国际船舶管理业务的外商投资比例;经上海市交通运输主管部门批准,在自贸区设立的外商独资企业可以经营国际船舶管理业务。自此,外商独资船舶管理公司入驻上海自贸区的步伐明显提速,相继吸引南盛堡船舶管理有限公司、马士基船务管理咨询有限公司、诺圣船舶管理(上海)有限公司、全球第四大船舶管理企业 FLEET、全球第一大国际船舶管理公司威仕(V-SHIP)等入驻。

探寻减税策略。通过不断加强与龙头企业合作,上海试图借势逐步建立起以船舶管理为中心的备件和船员配给供应市场平台、海员人才市场平台、船舶买卖租赁市场、船舶保险市场等,提出"做到成熟一个发展一个"的发展策略。然而,上海同样面临我国内地税率相对较高的问题。为此,针对外资船舶管理公司反映最为强烈的个人所得税和收代付业务增值税两大问题,上海正向国际先进地区看齐,试图实现"个税优惠"覆盖普通船员和对收代付业务增值税"即征即退",以增强吸引力。

二、船舶工程服务业发展概况

1. 伦敦

船级社服务发展现状。在全世界 50 多个船级社中,有 10 个组成了国际船级社联盟(International Association of Classification Societies,IACS),其总部就设在伦敦。船级社为船舶设计、建造和检验提供了技术性标准,而符合船级社标准的船舶将获得该船级社颁发的证书。船级社服务包括检验船舶是否达到结构上及机械上的要求,因此至今海上保险业界还依赖船级社对船舶的评估。此外,伦敦是全世界最早的主要船级社——世界闻名的劳埃德船级社总部所在地,也是其他世界顶尖船级社的聚集地,可为全球90%的船舶提供船级评估服务。

独立检验服务发展现状。除船级社外,伦敦还有大量的独立检验机构为船东互保协会、保险人、船东、律师事务所和海损理算人提供检验服务。目前,和伦敦市场密切关联的海难救助协会(The Salvage Association)与总部在伦敦的全球著名的BMT海上及离岸检验公司(BMT Maritime & offshore Surveys Ltd)合作,在世界范围内提供检验服务,包括对事故、货损等的检验以及对财产保护等方面的建议。此外,英国海洋工程、科学与技术协会(the Institute of Marine Engineering, Science and Technology, IMAREST)、造船技师协会(the Institute of Naval Architects, INA)和航海协会(the Nautical Institute, NI)的总部都在伦敦,可提供船舶检验相关服务。

2. 香港

香港船舶注册独立于内地的船舶注册,由香港特别行政区自行拥有和管理。方便快捷的船舶注册制度、简单规范的注册手续及全天候最高标准的技术支援,一直吸引着各地船东前往注册,也成为香港国际航运中心的另一标志。

香港共有10家船级社的办事处,有将近150名雇员,其中劳埃德船级社将香港作为区域中心。除了巴拿马船级社,其他船级社都是国际船级社协会的会员。

除船级社之外,香港目前有将近40家公司提供船舶检验服务,尽管有部分只是国际组织的地区总部,即实际在香港办事处从事船舶检验服务的人员很少,最少1人,最多6人。以船东互保协会(P&I Club)为例,其雇用了2个检验员协助海损理算人完成A~C类的工作,即调查、货物保险和监管的工作。此外,总部在伦敦的英国海洋工程、科学与技术协会(IMAREST)、造船技师协会(INA)和航海协会(NI)在香港的分部也提供船舶检验的相关服务。

3. 新加坡

新加坡以其高质量的船舶登记闻名。新加坡船舶登记处(Singapore Registry of Ships, SRS)成立于1966年,以其高效的服务、多样化的选择性、高标准的污染控制和良好的安全纪录而被世界所认可,已登记的船舶储量超过2 500艘,成为新加坡发展国际航运中心的支柱之一。新加坡登记注册的船舶数继续跻身全球前五大船旗注册登记地之列。新加坡船旗下的船舶总吨位从2017年的8 880万总吨增加到2018年的9 090万总吨,攀升了2.4%。

与船舶登记服务相配合,新加坡也有相应的船舶检验服务。根据新加坡航运协会的统计,其会员中有10个船级社在新加坡进行运营供船东选择,也有三个独立的船舶检验机构。

第二节　船舶业与航运融合发展

一、船舶管理

船舶管理行业正吸引着越来越多关注的目光,业内有识之士清楚地看到,在整个航运系统的客户链中,船舶管理在提高船舶经营的灵活性、降低船舶营运成本、提高专业船舶管理服务、维护海上安全、保护海洋环境等方面发挥着不可或缺的作用。船舶管理服务是航运市场实现集约化和专业化经营、实现船舶资本经营和业务经营主体相分离、带动整体运输效率提高的最有效的载体,其在航运体系中发挥的作用越来越重要。

船舶管理行业是轻资产高智商的行业,但它能带动上下游船舶产业链的发展,能吸引、培养优秀航运人才。因此,解决船舶管理行业发展中遇到的问题,促进高端航运服务业发展,有利于国际航运中心建设从集聚货物向全球航运资源配置的发展转变,也有利于提升国际航运中心在全球的地位。

二、船舶工程服务

船舶质量和技术是保证航运安全可靠进行的重要基础,船舶制造、维修与质量检测等与航运业健康发展息息相关。船级社作为提供上述船舶工程服务的重要机构,主要业务是对新造船舶进行技术检验,并根据检验业务的需要,制定相应的技术规范和标准。

船级社最早产生于18世纪的英国,为了更好地了解船舶技术状况,船级社最早主要实施船舶检验和登记入级工作。随着航运业务所含领域不断扩大与分化,船级社服务范围日趋宽泛,船级社检验服务逐步演变成为船舶建造规范和质量检测的一种认证形式,这些检验和认证服务也成为衡量航运中心服务能力和质量的标准,并被多数国家所采纳。

从船舶服务能力来看,以雅典、新加坡、上海、伦敦和迪拜为代表的五个港口城市,拥有10个以上的船级社,船舶工程服务和处理体系较为完善。

从地域分布看,亚欧板块船级社较为集中。1940年以来,世界船舶检测和维修产业地域分布发生了多次转移。从北美到西欧,再从西欧到日韩,接着从日韩向新加坡和中东移动,显示出与经济贸易格局变迁的紧密相关性。其中,雅典处在地中海航线重要枢纽位置,新加坡则地处马六甲海峡东南端,是亚欧航线必经航道,这些地方对船舶工程服务有着极大的需求,这些城市的修船业较为发达。中东以迪拜为代表,靠近石油盛产地阿拉伯湾,往来油船数量繁多,航运需求量大,为船舶工程服务及配套设施发展提供了市场基础。中国作为世界重要的贸易、船运和造船大国,对造船、航运、海工等领域服务有着极大的需求。

第三节　国际航运中心典型样本分析

一、船舶管理发展机制与模式

1. 伦敦

伦敦对于国际船东、运营商和管理者的吸引力超过世界上其他任何城市。无论是无可匹敌的航运专业知识、方便营商的航运税收制度、位于金融体系中心的国际城市、专注海事业务的法律制度,还是寻找公司的办公地点、聘请专业的工作人员或者为商务午餐预订著名的餐厅,伦敦都为国际航运界提供了最佳的选择。

一站式航运服务。伦敦拥有超过4 000家专门提供航运服务的公司:从航运运营、船舶管理到世界上最优秀的航运专家网络,从船舶修理到保险投保理赔,从航运融资到争议解决都比任何其他航运中心更富有竞争力;伦敦还是众多国际航运组织的总部所在地——国际海事组织、国际船级社协会、国际干货船船东协会、国际航运协会、船长国际联合会、国际海事局、国际船舶管理协会、国际燃油工业协会、国际海运业论坛、国际救捞联合会、国际油轮船东污染联合会、石油公司国际海事论坛、国际油污赔偿基金会,等等。此外,还有一些国际航运组织在伦敦设立了区域办事处,如国际独立油轮船东协会、日本全国船东协会等。

便捷的国际连接。以伦敦为基地的航运运营或者是船舶管理公司可以在每天的不同时间与世界各地开展业务,伦敦与比雷埃夫斯、汉堡、鹿特丹、奥斯陆和摩纳哥等航运中心都拥有更良好的国际联系并相距不远。在伦敦的所有商务区域都可通过无线互联网接入与外界轻松保持联系。此外,还有便利的公司选址服务,伦敦为公司开展航运业服务提供著名而低调的办公地点,并可以从众多政府部门和私人组织获得隐私保护和免费的帮助,以确保公司迁入伦敦后的顺利工作。

2. 香港

目前在香港注册的船舶总吨位突破了 8 000 万 t 大关。香港的船舶管理公司中,"香港五虎"——Eurasia、Wallem、Anglo – Eastern、Univan 和 Noble 实力最为雄厚,也最为引人注目。

决定船舶管理公司经营水平和经营规模的是高素质的管理人员和海员,而海员又是"重中之重"。随着船舶管理业的不断成熟和壮大,对于高素质海员的需求就成为必然。"香港五虎"是世界著名船舶管理公司中率先大规模启用中国船员的公司,其成功的案例促进了世界船舶管理业进一步向中国海员劳务市场靠拢。Wallem(华林船舶管理公司)首先启动了雇用中国海员的步伐,目前共有 14 个整套的中国海员班子为华林船舶服务。

3. 新加坡

新加坡政府在 2011 年公布了新的财政预算方案,在保留现有对船舶管理公司、船务代理、船舶经纪和货运衍生产品经纪的税务优惠基础上,进一步添加对航运业(包括船舶管理产业)的税务支持,包括将商品及服务税的零税率范围扩大至船舶零部件维修及保养行业,并确立买船或造船租赁豁免利息预扣所得税措施。

新加坡政府近年通过一系列对航运业倾斜的政策,积极支持当地作为国际航运中心的发展。2010 年英国政府上台后,曾宣布一系列加税安排,新加坡则在财政预算案中,推出针对船舶管理公司、船舶经纪公司以及货运衍生品交易商的企业税宽减措施,令部分航运业内人士一度认为伦敦过去毋庸置疑的国际航运中心地位正受到威胁。在过去 10 年,航运业占新加坡国内生产总值(GDP)比率由 5% 增至 7.5%。

当地船舶管公司现时营运新加坡或非新加坡旗船,都可享有税项豁免,部分船务公司、船舶管理公司、船舶经纪公司和货运衍生产品交易商都已获得低至 10% 的企业优惠税率,都是为了鼓励国际船务相关公司进驻当地,并在当地注册船舶。目前推出的新措施涉及范围虽然明显较少,但整体政策在国际社会上仍具有相当竞争力。

二、船舶工程服务发展机制与模式

1. 伦敦

(1)船舶登记

20 世纪 30 年代以来,相当一部分国家开始允许船舶开放登记,即所谓的"方便旗"制度,当前具有最多的方便旗的国家为巴拿马、利比里亚、马绍尔群岛、巴哈马、马耳他和塞浦路斯。显而易见,开放登记制度影响了英国包括伦敦船舶登记服务的发展,因此英国船舶登记制度正进行变革,例如引入船舶吨位税制度。此外,和"方便旗"斗争很久的国际运输工人联盟的总部也在伦敦。尽管如此,伦敦的船舶登记服务仍旧发展稳定,因为世界大多数国家包括实行开放登记制度的国家在伦敦都设有办事处来进行船舶登记及船旗监管。

2000年7月英国引入的吨位税制使本国航运业有了3~5倍的增长,采用吨位税制度的目的是为了吸引国际航运企业在英国注册而创造积极的财政环境。法人税的征收是以固定名义利润为基础,参照船舶的净吨位计算,而不是以航运活动的实际利润,这将为选择该制度的企业创造更为确定性和稳定性的环境,但是它还意味着即使在航运活动中遭受经营亏损,企业仍将按吨位纳税。吨位税的关键方面在于:航运活动被认真"圈围",以确保只有真正与航运有关的企业利润享受该制度;有资格加入吨位税制度,企业必须在英国对船舶有"战略和商业的管理",此外,船舶总吨位必须超过100 t并适于远航;运营和金融出租人可以要求资本免税额:每艘船的首个4 000万英镑支出按每年20%,增加的4 000万英镑支出减为每年10%;有一个最低限度的培训要求,即每年级须对一个见习生在实行吨位税船队中就15个干事职位进行培训,并且该见习生通常必须居住在英国。

(2)船舶检验

英国劳氏船级社于1760年在伦敦成立,主要从事商船检验,并根据船舶状况对船舶进行分级。20世纪初,劳氏船级社开始将其专业经验引入其他行业,尤其是能源领域,并且将其服务范围拓展至管理系统认证。现在,劳氏船级社集团开始进入铁路行业,并努力将其服务拓展至整个运输行业。英国劳氏船级社在全球238个办事处有超过7 000名员工。

劳氏船级社脱离于任何政府或其他机构独立运营,从而确保在商业上的绝对公正。有来自劳氏船级社服务的各行业领域的代表组成的常务委员会负责监管机构的运营。劳氏船级社通过为研发项目提供资金,并为那些希望进入相关领域或在该领域中发展的人员提供教育和培训,劳氏船级社的绝大部分利润用于支持相关行业的发展。上述活动与劳氏船级社集团日常业务流程中从事或资助的活动不同。

劳氏船级社由一个委员会控制,委员会由来自船东、船舶和机器制造商、钢铁制造商、保险商伦敦保险协会和船东协会以及皇家船舶设计和建造协会技术委员会的代表组成。劳氏船级社内的验船师包括造船工程师、轮机工程师、电气和冶金专家。该社的主要职能是:对商船、游艇、拖轮、渔船和其他船舶进行检验并授予船级;对锚和锚链的试验进行监督;对船舶和锅炉使用的钢材以及大型船用和机器用锻件和铸件的试验进行监督;为所有类型船舶勘划干舷;对冷藏机械和装置进行检验;为确定吨位,对入级的船舶进行检验和丈量。船级社每年还出版劳氏船舶登记年鉴、劳氏游艇登记年鉴、船舶补充登记、近海设施、可潜舰艇及潜水系统登记等刊物。为方便船舶检验,劳氏船级社先后制定许多规范。例如:船舶入级条例和规则、内陆水域船舶规则、浮坞规则、移动式近海设施规则、可潜舰艇及潜水系统规则、液化气体船规则、游艇及小船规则、滚轨断面和结构梁的几何特性、营运集装箱检定设计书、冷冻机器检定设计书,等等。

2. 香港

(1)船舶登记

香港是众多船东偏爱的船舶注册地,就连世界最大的集装箱班轮公司马士基也在2010年宣布在香港注册22艘船舶,分析其原因主要有三:

一是节省船东开支。香港为吸引船舶注册,采取了一系列优惠措施,使得船公司能获得可观的财政和经济上的利益。

大陆港口的优惠费。香港注册船舶在中国港口享有高达29%的港口吨税优惠。随着世界各国与中国贸易的继续扩大,这一优势将继续被放大。香港低税率和税收利息减免,使得船公司能获得可观的财政和经济上的利益。香港自2006年起开始实施香港注册船舶吨位年费减免计划。根据计划,香港注册船舶如持续在香港注册两年,并在该两年内从没有在任何港口国监督制度下的滞留记录,可减免随后一年吨位年费的一半。同时,香港注册船舶从国际营运所得的利润,可豁免交利得税,香港特别行政区政府与包括英国、德国、新加坡及韩国在内的15个贸易伙伴订立了双重课税减免的协议。

二是高效优质的服务。在申请香港船舶注册时,如若船舶的主权文件(建造证明或买卖收据等)正本未能于注册时递交,而只能提交传真或副本,可以先做临时注册。临时注册有效期为一个月,在一个月内递交相关文件后,便可完成正式注册,注册后便无时间限制。同时香港船舶注册处也安排香港特别行政区政府驻海外经济贸易办事处代收注册主权文件及发放注册证明书等特殊服务。而船舶安全监督部及船员发证组还为船东、船舶管理公司、船长及其他船员提供技术支援。而且,香港船舶注册处的工作人员24 h全年无休假地提供服务和各方面的支持,船东只需在24 h前向注册处提出申请,注册手续或者是撤销手续都可在2小时内完成,而这样的注册申请在英国则需要7天,在塞浦路斯要3天。高效优质的服务成为香港船舶注册的品牌。

三是高效高品质的船舶质量管理。香港船舶注册向来以质取胜,对注册船舶品质严格把关,也正是香港坚持"以质取胜"的理念,才使得香港拥有良好的信誉,成为世界上具有竞争力的船舶注册地。

香港海事处于1999年开始推行船旗国质量控制系统(FSQC),以便系统化管理、监察和保持香港注册船舶的质量。该系统实际上是一个品质系统,用以监察香港注册船舶注册后的质量。系统也监察所有与香港注册船舶及其船公司有关的港口国监督检查和事故,并把有关资料记录在案。香港特区政府委托9家船级社每年对悬挂香港旗的船舶进行两次质量评估,从而进行质量监管。从2004年开始,香港特区政府就采用注册前质量控制(PRQC)系统,用以防止质量不好的船进入香港旗注册。所有在香港注册的船舶必须于注册前进行品质评估。如对船舶的品质有怀疑,香港海事处会安排验船主任进行检验,如有需要,也会在检查后提出有关船舶或其管理公司的改善建议,以协助船公司保证船舶的品质。船舶必须通过品质检验,才会获准在香港注册。除此之外,香港特区政府还定期发布通告,宣传最新的国际海事规例、港口国监督检查的最新动态、海盗的最新消息等,以提醒船舶注意相关事项,保证船舶品质。

在以质量为重的信念下,香港旗船舶过去五年在质量管理方面取得了重大成绩,信誉度十分高,赢得了世界船东的认可和欢迎。香港旗船舶过去五年的平均滞留率仅为1.99%,远低于其他方便旗的船舶(7.76%),而缺陷率也仅为世界平均缺陷率的三分之二,无缺陷检验率达到50%左右,超过世界平均无缺陷检验率18个百分点。因此,香港注册的船舶很少被列为抽查目标。

(2)船舶检验

从2007年1月2日起,香港特区政府为了加强对在内地维修的香港籍船只的检验管理,根据香港《商船条例》,承认广东省船舶检验局及其指定分局(广州、中山、佛山、江门、珠海)为"获承认当局"。香港海事处可委聘获承认检验当局及其提名验船师从事香港籍船只相应的检验。自2006年底以来,由于香港籍本地船只检验业务有了较大发展,检验数量和检验类别都不断增加,为适应检验业务需要,香港特区政府通过与香港海事处密切的沟通交流,制定了《香港籍船舶检验工作规定》并颁布实施执行。

香港籍所有船只,按其《检验规则》的船只类型分类,可分为四大类别。第一类别:小轮、渡轮、水上食肆、固定船只(礼舫)、载客大于12人以上的渡船、多用途船只。第二类别:危险品运输船,有毒液体物质运输船,石油或食油运输船,干货货船,非自航驳船等工程、起重工作船、交通船、浮坞、登岸浮泵平台等。第三类别:渔船、运鱼船、渔船舰舫、舷外机开敞式舰舫等。第四类别:任何纯作游乐用途的船只。香港籍船舶检验适用的规范和法规系为香港特区政府颁布的《商船(本地船只)(安全籍检验)规例》,以及根据《商船(本地船只)条例》(第548章)第8条而制定的《工作守则》上规定的标准、规格或事务指引。上述《商船(本地船只)(安全籍检验)规例》对船舶的型深、干舷、安全设备性能、载重线等各项指标以及申请检验的流程、申请人应提交的文件等都做出了详细的规定,从而为香港的船舶检验制定了一个公正公开的标准。

3. 新加坡

(1)船舶注册登记

新加坡是亚洲第2大、世界第5大船舶注册地。新加坡船舶注册(Singapore Registry of Ships)于1966年成立,隶属于新加坡海事和港口局(Maritime and Port Authority of Singapore)。由于悬挂新加坡旗有诸多好处,因此在新加坡注册船舶成为许多国际船东的优先选择。在新加坡注册的船舶不仅能够享受到一系列税收优惠和金融激励政策,而且由于新加坡几乎是所有国际海事组织通过的有关船舶安全与防治污染公约的缔约国,加上新加坡船舶注册处在世界主要港口的良好记录,能够使拥有新加坡注册船舶的船东在全球海域经营船舶得到便利与实惠。新加坡船舶注册处拥有一批经验丰富并且高度负责的工作团队,能够高效优质地回应和处理注册船舶的需求。此外,多达9家可供选择的国际认可的船级社以及自由灵活的船员国际要求,都是新加坡吸引国际船东选择注册的优势。

新加坡船旗备受欢迎是由多项因素促成的,其中最主要的是稳定透明的政治,优良的基础设施、通信网络和有利于经商的财政政策。新加坡船舶注册有良好的港口国监督记录,在亚洲东京备忘录及欧洲巴黎备忘录中保持低滞留率,享有"白名单"资格。新加坡船舶注册为船舶所有人提供如下优惠:免除船舶经营所得税和海外贷款利息预扣税(只限集体注册计划的船舶),不限制船员国籍,承认外国政府签发的船员适任证书,并让船舶所有人享有极优惠的船舶注册费。从2004年3月起,船舶注册费已被调低到5万新元,一般注册费为每净吨位2.50新元,最低收费限额为1 250新元(即500净吨位),最高收费限额为50 000新元(即20 000净吨位)。其他的优惠政策如下:船舶注册在新加坡的船东或船舶经营人经营这些船舶的国际运输、租赁业务所获得的收入全额免税。拥有或经营外籍船的本土航运企业在证实其企业在新加坡控制、管理新加坡船队,并符合船队规模、企业规模、新加坡业务支出等标准后,外籍船经营国际业务和租赁所获得的符合条件的收入10年免税(可延长至30年)。此外,非本土航运企业的船舶租赁支出可免预扣税。新加坡为了鼓励航运业者将船舶变更登记为新加坡国籍,针对所谓的"大批转籍计划"提供登记费的特别优惠:在两艘船舶的总吨位超过4万净吨,3艘船舶的总吨位超过3万净吨,4艘船舶的总吨位超过2万净吨或5艘船舶(没有吨位限制)的情况下,可以享有每一净吨位数0.05新元的优惠登记费用,最低收费额为1 250新元(即2 500净吨),最高收费限额为20 000新元(即40 000净吨)。

（2）船舶检验

新加坡船检产业的发展模式的最大亮点在于其航运税费方面的优惠政策。例如,新加坡向非新加坡籍的船运企业提供政府优惠扶持,伦敦、挪威和美国的竞争者都因此受到冲击,以极低的企业税率吸引海外航运相关的公司进驻,务求巩固当地作为航运中心的地位。制定新的船舶注册奖励计划,以提供新的税务优惠来吸引外籍船东把船舶转移到新加坡注册、检验,只要船东肯拿出订造或购买外国或挂新加坡旗船的外国贷款融资的合格文件或证明,又确定新船下水后挂新加坡旗,船公司将会获得自动免除预扣税款;执行自动扣缴税款豁免,符合条件的贷款利息,将间接降低其融资成本。

新加坡政府对于海事业的支持和开放态度以及将新加坡发展成为国际领先的海事中心的愿景,都推动其航运产业尤其是高端航运服务业的快速发展,加速确定了其作为国际航运中心的地位。

第四节　发展经验与启示

一、船舶管理

1. 积极培育船舶代理、客货代理品牌企业

放宽外资股比限制,吸引外商在南沙自贸试验区登记注册,从事公共国际船舶代理业务,提升国际化水平。

2. 加强与国际性船舶管理公司的合作交流

吸引世界知名的船舶管理公司在国际航运中心建立总部或分支机构,逐步形成专业化第三方船舶管理市场;积极扶持第三方专业船舶管理公司的发展,并通过制定优惠财政政策与落实增值税改革进行第三方船舶管理行业培育与发展;加快第三方船舶管理企业与国际接轨,提高广州船舶管理企业的专业化、信息化、国际化水平;支持船舶管理公司完善船舶管理系统,实现船舶安全、质量、技术和船员管理一体化、系统化。

3. 开展船用保税燃油供应试点

推动船用保税油供应试点工作,支持符合条件的企业按程序申请开展保税油供应业务,建设国际性的保税燃料油储存、贸易、加工、加注基地,探索建立国际通用的质量认证体系以及保税船供油市场的监督和管理模式,逐步提高对国际性船舶加油补给服务能力。

4. 推动理货业务市场化运作

探索通过企业改制和资产重组的形式,对外轮理货公司进行企业改革,对民营资本和国有资本开放,实现港口和理货业务的完全剥离;逐步将理货行业的准行政职能剥离,一般情况下,理货单位不再承担集装箱装拆箱的施封和验封,不具有监装监卸的职能,实现市场化运作。

5. 尽快打破拖轮业务行业垄断

尽快明确在港口区域内从事公共拖轮经营的市场主体,打破现有拖轮行业的垄断问题,允许符合条件的企业按程序申请开展拖轮业务,针对港口拖轮经营的准入资质、日常经营建立统一的规范档案。

二、船舶工程服务

1. 调整国际航运企业船舶登记条件

《中华人民共和国船舶登记条例》及其实施说明将部分中外合资企业和中资企业船舶排除在外。为扩大中国远洋船队规模，吸引更多中资、中外合资外旗船舶回归，建议降低航运企业的船舶登记门槛，突破现有法律框架对企业注册资本的限制，参照《中外合资经营企业法》的相关规定，不对外国投资者的最高出资额做出限制，并且规定，该登记条件仅适用于从事国际运输的船舶，不适用于沿海和内河船舶。在紧急情况下，经中华人民共和国海事局审批，后者方可从事国内沿海运输，但登记条件对注册船舶的年龄、类型等不加限制。同时，为支持近海海洋勘探开发事业的发展，建议参照国际惯例，将中资企业悬挂方便旗或中资企业以海洋专属经济区为主要作业活动区域的海洋工程船舶和平台设施纳入国际航运船舶的认定范围，允许并鼓励其在国内登记，并享有出口退税，配件、物资、设备等上下船不纳入进出口范围等优惠措施。

2. 简化船舶登记相关环节和手续

国际航行船舶特殊登记制度下的船舶登记手续应区别于普通船舶，各相关部门可在审批时予以特殊处理，以便为企业节约时间成本。一是放宽国际船舶运输经营许可的办证条件。允许具备国际航运经营资质的国际航运企业在国际航运综合试验区设立子公司或代理公司，放宽有关申请条件，允许其取得国际船舶运输经营许可资质。二是认可关联委托条件下申办船舶备案证明书的主体合格。建议交通运输部门对类似光租承运人和经营人非同一主体等类似情形，而实际上为关联公司之间委托经营的情况予以认可，以区别于一般的委托经营形式。三是优化船舶进出境备案手续。建议海关采取更加灵活的技术手段，简化和优化船舶备案环节和手续，如采取海关赴境外实地进行查验等方式，以缩短入籍登记时船舶滞航时间，降低企业登记注册过程的经济损失或负担。四是对新入籍船舶提供临时证书服务。建议海关对于暂未取得有关资质的企业船舶，给予特殊或变通的方式监管，如给予临时《海关监管簿》等形式，或由交通运输部门给予临时船舶备案证书等形式，使新入籍船舶无须或暂不受此流程约束，不因注册登记的关联流程使船东承受额外负担。

3. 放宽船舶检验机构选择范围

对于船舶安全和技术标准的有效监管是降低航运风险、确保航运经济收益的基本保障，船舶入级是其中的关键环节之一。建议适度放开船舶检验机构不对中国籍船舶的入级选择做强制要求；建议将检验机构的选择范围扩大至包括中国船级社在内的国际船级社协会（IACS）认可的 10 个正式成员，海事管理部门认可其船舶检验和签发的证书。目前这 10家机构中已有 8 家在上海、青岛、广州等地设立代表处。引入国外船级社，将区内国际航线船舶技术检验交由这些海运发达国家的船舶检验机构处理，既保障船舶检验质量又有利于各国船级社之间开展竞争，促进船级社船舶检验质量的提高。

4. 树立国际化船舶登记服务理念

国际上实行开放登记的国家均把船舶登记当作商业模式来运作，尤其是香港、新加坡等地，以高效优质的服务享誉业界。因此，中国船舶登记机关需要切实提高服务意识，提供具有国际竞争力的优质服务。在设立中央直属国际船舶登记中心的同时，应设置配套的登记服务机构，并根据国际航运业全球营运的特点，船舶登记机构能够为船舶所有人提供中英文双语、24 h 全年无休的服务和各项支持。

第六章 园区与国际航运中心

本章介绍了港口各类园区的分类及功能,分析了产业园区、物流园区、保税园区的不同特征,梳理了纽约、伦敦、新加坡等典型港口园区样本,提出了园区与国际航运中心互动发展的经验和启示。

第一节 港口各类园区

园区是指政府集中统一规划指定区域,区域内专门设置某类特定行业、形式的企业、公司等,对其进行统一管理,典型的如工业园区、自贸园区、产业园区等。

一、港口码头及临港产业带的空间布局

在港口腹地,主要是指内陆腹地(海向腹地一般是石油开采)进行产业群建设,形成产业园区。从空间范围看,一般沿着岸线布置港口生产作业区、码头区,在港口附近布置临港产业带。临港产业带涵盖生产和服务两个板块,包括产业园区、物流园区、保税园区、自贸区等。见图6.1。

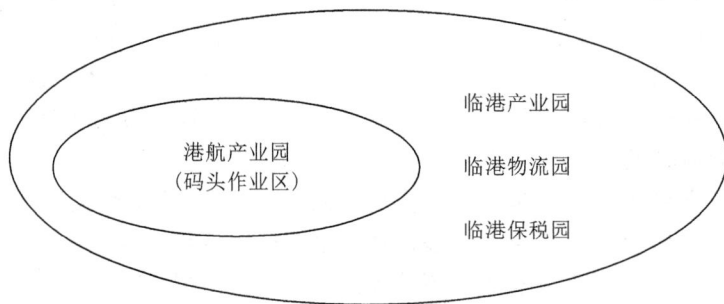

图6.1 港口及其空间布局

港航产业园是指以码头作业区为主要载体,包括港口服务企业、执行海运运输的航运企业、为货物提供集疏散服务的集疏散企业、为船舶或货物提供代理的中间服务企业以及相关衍生服务企业五大类企业,港航产业是包含以港口为纽带的提供水运货物位移增值服务的五种企业在内的一组企业群体构建的园区。

临港产业园是港口的衍生品,是基于港口在产业链中的交通和海运价格优势,形成的产业集群,涵盖一二三产业领域,是一个国家或区域利用自身港口资源禀赋,发展相关产业的目标所在。

临港物流园是物资集散地,是指以港口为依托,在物流作业集中的地区,在几种运输方式衔接地,将多种物流设施和不同类型的物流企业在空间上集中布局的场所,也是一个有一定规模的和具有多种服务功能的物流企业的集结点。

二、港航产业园区分类及功能

港航产业的上游产业是指为港航企业提供融资保险、海事规范、政策咨询、技术标准等相关服务,其主要包括为港航企业提供的船舶建造或者购买融资、港口基础设施建设项目的投资担保、船舶航行过程中的海事法律咨询及海事仲裁、国际性航运交易、航运船舶和相关设备的法定检验、海上航行技术规范制定等非航运直接经营业务的服务内容,是港航产业中最为重要的部分。

港航产业的中游产业是指为现代航运提供国际中转贸易运输、大型国际邮轮进出港服务、各类海上运输船舶租赁及船舶修理等相关服务,其主要包括国际集装箱中转运输、依托自由港相关政策而形成的国际贸易中转、各类船舶租赁业务、国际航线船舶中途的进出港维修及保养以及为各类进出港船舶提供船舶拖带等与航运直接有关的经营业务。

港航产业的下游产业是指为现代航运提供码头仓储、内陆运输及报关代理等相关服务,其主要包括货物装卸、仓储运输、货运代理、船舶供应、船舶废油与含油污水处理及船员劳务外派等以码头经营为主的港航服务。

港航产业园区分类及功能见表6.1。

表6.1 港航产业园区分类及功能

产业类别	产业特性	服务内涵	经营收益	服务范围
上游产业	知识密集型	航运商务、法律规范	附加值高	集中
中游产业	资本(技术)密集型	船舶营运、国际中转	附加值中	集中
下游产业	劳动密集型	码头装卸、水陆运输	附加值低	分散

三、临港产业园区分类及功能

(一)分类

在"三元参与理论"的构想下,国外园区治理结构大致分为政府管理型、政府参与多元经营型和非政府的经营型三种模式。

(1)政府管理型。这种模式的职能是制定规划、负责基础设施和服务设施建设,筹集资金、招商引资,提供基础研究和培训设施,制定优惠政策吸引企业。采用这种治理结构的有日本筑波科学城、韩国大德科学园等。

(2)政府参与多元经营型。这种模式指政府和民间联合经营的模式,即由政府和各类民间机构共同组建的董事会、基金会或者社委会来进行园区经营。如英国的曼彻斯特科学园是由市政府、研究机构和大公司组成的董事会进行管理和经营,实行经理负责制。这种"官、学、产"共同治理的模式在发达国家较普遍采用。

（3）非政府的经营型。该类型分为营利的企业型和非营利的机构型两种模式。企业型指园区经营者把园区经营作为一种投资，追求园区经营利润，也称工业地产商模式；机构型是采用基金会形式治理园区，如法国科学城和英国剑桥科学园的治理模式。

（二）功能

从产业园区的功能定位来分析其寿命周期及功能。

（1）混合型产业园区的寿命周期特征

混合型产业园对入园企业类型限制性条件少，易于招徕企业，其初创期和发展期相对较短，可能很快地进入成熟期，其成熟期依然不稳定，在一定条件下可能很快进入衰落或自我救赎期，产业园区寿命周期相对较短，但自我救赎相对轻松。同时，因为园区内产业种类繁多，产业之间关联度不高，入园企业档次参差不齐且稳定性较差，难以培育成竞争力极强的集群产业。混合型园区竞争力和可持续发展的潜力相对较低，其发展高度受到较大的限制，混合型产业园区寿命周期的纵向高度相对较低。

（2）专业型产业园区的寿命周期特征

专业型产业园区一般为同类型产业或关联度较强的上下游产业。企业关联性较强，配套产业链较完善，能够有效降低企业生产运营成本，容易得到产业集群的支持，其发展潜力可达到较高的水平，产业园区寿命周期的纵向高度较高。专业型产业园区建设初期除在政府和行业的有效组织下，或者超大企业入驻带动下其初创期较短，一般情况其初创期和发展期都比较长。再加上专业型园区的稳定性较好，能够较长期处在成熟期，横向寿命周期较长。但由于自身的发展惯性，其自我救赎的能力相对较差，进入衰落期后自我救赎相对困难。

四、港口物流园区分类及功能

（一）分类

港口物流园区是物流园区总概念下具有港口特征的物流经济区域。结合港口特点和我国港口基础建设及相关项目的界定，港口物流园区做以下界定：港口物流园区是指以港口为依托，由多个物流组织设施和专业化物流企业构成，以降低物流成本、提高物流组织和运作效率、改善企业服务为目的的，具有装卸、仓储、运输、加工等基本功能，和与之配套的信息、咨询、维修等综合服务功能的规模化、功能化、信息化物流组织和经济运行区域。

（1）港口物流起步阶段定位于以港建区

其主要是依托现有港口发展状况，在加快建设和调整万吨级港口泊位为重点的基础上，在港口的后方或临近港口交通便捷的区域划出一定的区域，构建港口物流园区；在现有港口业务的基础上，物流园区的功能应定位于传统港口业务的部分延伸，如堆存、仓储、分拨和贴标签，刷条形码等业务，此时业务量较少，初步承担主要贸易港口运输枢纽功能，同时物流园区设施较单一，物流信息系统有待完善。

（2）港口物流快速发展阶段定位于以区促港

这一阶段港口物流园区快速发展，港口物流功能得以完善，港口物流管理水平、物流信息系统得到很好的利用，集疏运系统改善，并可以考虑依托港口布局能源、化工、机械电子、食品加工等工业园区。进入配送加工型港口物流园区阶段，此时在原有基础上主要功能定位应转向涉足全方位仓储配送管理，如加工、包装、配送和维护阶段，与此同时，以一定规模的临港经济为重点，开发客户，增加货源，促进港口进入效益回收阶段。

（3）产业群成熟阶段定位于区港联动

物流园区和港口协同发展，进入综合性港口物流园区阶段，港口产业集群逐步完善，港口物流成为城市或地区供应链管理中的重要环节，港口物流与港口城市经济相互促进共同发展。此时港口物流园区的功能定位着眼整个供应链环节，以港口为纽带，将港口上下游的相关物流产业和服务吸引到园区内，发挥资源和规模优势，整合运作，集货物流、信息流、资金流和人才流于一体。港口物流企业成为现代第三方物流的承担者，港口、船舶、代理、临港工业、商业、贸易、金融、保险及其他服务领域在此集聚，共同全方位地参与企业供应链管理。

（二）功能

综合国内外港口物流园区功能的比较，港口物流园区基本上可概括为以下几个基本功能。

（1）中转功能

包括国际中转、国内中转、保税中转、非保税中转、水水中转等。

（2）配送功能

港口物流园区的配送功能是指港口利用临近口岸专业化和信息化的优势，在库存仓储、存货管理的基础上为企业生产提供后勤服务，即时配送企业所需原材料、零配件等物料，提供包括专业物流方案设计、库存管理、实物配送和搬运装卸、包装加工等一系列物流服务，从而使货主企业节省运输、仓储成本。

（3）贸易功能

港口物流园区的贸易功能具体体现在：开展国际转口贸易，发布商品交易信息，召开商品展示及贸易洽谈会等。

（4）增值加工功能

港口物流园区的增值加工功能是指某些原料或生产成品从供应领域向生产领域，或从生产领域向消费领域流动过程中，为了有效利用资源、方便用户、提高物流效率和促进销售，在港口物流园区中对产品进行的初级或简单再加工，如再包装、分拣、刷唛、除去杂质的加工等。在物流园区内所完成的流通加工可以增加运输、仓储、配送等活动的附加价值，同时也提高了物流过程本身的价值，使用户获得价值增值。

（5）集装箱服务功能

港口物流园区可利用临近港区的优势，为口岸运输提供基础的集装箱管理服务功能，包括：集装箱的堆存、调运、送港、疏港，集装箱的维修、清洗、熏蒸，冷藏箱的保管和调运，集装箱货物的装箱、拆箱、拼箱等。

五、港口保税园区分类及功能

（一）分类

1.综合保税

综合保税区内没有港口，需要实施区港联动；保税港区内有港口，属于区港一体化。但综合保税区也能开展口岸作业业务，海关、商检等部门在园区内查验货物后，可在任何口岸（海港或空港）转关出口，无须再开箱查验。

2.保税港区

保税港区是指设立在国家对外开放的口岸港区和与之相连的特定区域内，具有口岸、物流、加工等功能的海关特殊监管区域。保税港区享受保税区、出口加工区、保税物流园区相关的税收和外汇管理政策。其主要为：国外货物入港区保税；货物出港区进入国内销售按货物进口的有关规定办理报关，保税港区叠加了保税区和出口加工区税收和外汇政策，在区位、功能和政策上优势更明显。

3.自由港

自由港是指不受海关管辖的港口或港区。在该区域内，外国商品可以自由加工、分装、改装、装卸储存、展览、再出口等，不受海关管制，免征关税。

但当商品进入所在国海关管辖区时，则须缴纳关税。自由港可以是有明确边界的港口的一部分，或整个港口，或包括港口所在的城市。设置自由港的主要目的是吸引外资，发展加工业和仓储业，促进对外贸易和转口贸易的发展，创造就业机会，繁荣地区经济。

（二）功能

1.保税仓储与物流

保税仓储物流衍生出的进出口分拨功能是综合保税区的特色功能，向前延伸提供进出口贸易代理的金融服务，向后延伸提供集装箱堆场服务和运输配送服务。区内仓储物流企业利用综合保税区政策的便利积极与商业、金融业、会展业等相关行业合作成为综合保税区内仓储业拓展增值服务的重要方向。

2.国际转口贸易功能

国外企业在综合保税区内可以从事交易、订货等经营活动。内陆地区的综合保税区，尤其是地处边境地区的综合保税区可利用我国综合保税区的政策优势和国内发达的交通网络，增加对周边国家外贸货物的吸引力，扩大影响范围。

3.国际采购、分销与配送功能

国内货物进区退税，并可以在综合保税区内进行出售前的简单加工，然后享受区内通关的"一站式"服务向国际市场分销；进口的保税货物同样可以简单加工后返销到国外，若销售到国内需办理进口手续。区内入驻的企业可以开展进出口贸易、区内企业之间的贸易以及区内企业和境外企业之间的贸易。另外，海关对综合保税区内的企业实施"分批出去，集中报关"的通关政策。这就使得综合保税区的配送功能更加符合现代物流发展的特点。而且综合保税区内同时聚集了国际和国内物流企业，为企业寻求高效率、低成本的国际物流配送方案提供了现实可能性。

4.国际中转功能

综合保税区由于地处内陆地区,其和港口城市相比在国际中转上有先天的劣势,但其更接近消费市场和资源腹地,以及人力成本、土地成本较低等比较优势的存在,使得综合保税区可以发展成为一个很好的国际货物中转平台。

5.研发、加工制造功能

综合保税区的优惠政策将会吸引生产要素在区内外集聚,活跃的经济活动必然会吸引大量的高端人才,使得综合保税区不仅是商品聚集区更是企业、人才的高度聚集区。例如,苏州综合保税区与西安交通大学合作设立西安交通大学苏州工业园研究院,为综合保税区内企业输送高层次人才,也提高了产、学、研的效率和水平。国内外企业可以将自己的研发部门搬进综合保税区,为研发、制造一体化创造有利条件。

6.检测、检验和售后服务

综合保税区对区内货物无限期的保税政策使得跨国公司可以把一些零部件长期储存在综合保税区内,以便随时响应售后服务部门的需求。

7.港口通关功能

与进出口有关的报关、报检等业务部门会相继入驻综合保税区。从目前综合保税区的运作情况来看,这些部门的办公地方会集中在一个大楼,为企业的进出口提供"一站式"的服务。

8.商品展示功能

综合保税区内可常年开展免税商品展示,综合保税区可以利用商品常年免税的优势开展国际商品的展示、展销,可在综合保税区建设专业交易市场,把综合保税区建成"永不落幕的国际展览会"。

第二节　国际航运中心典型港口园区样本分析

一、伦敦——航运服务业

随着英国经济发展和结构调整,港口吞吐量在全球的地位逐渐下降,而航运服务业却仍处于全球领先的地位,尤其是航运金融和海事专业服务方面在全球独占鳌头,具体涉及银行、保险、船舶经纪、法律、会计、船级社、出版等方面的服务。此类服务的特点是地域性不强,服务围绕着信息、资金、标准、法律、国际政治和经济展开。

伦敦码头区的开发取得了巨大的成功,一方面,它成功地帮助伦敦市实现了城市复兴与经济转型的目标;另一方面,在政府财政困难的情况下,成功地吸引了私人资金,顺利地实施了码头区的开发。并依靠波罗的海航运交易所,在市中心城区建设航运服务软环境,大力发展产业链上游产业,依靠波罗的海航运交易所拓展航运相关产业,如航运融资、海事保险、海事仲裁等。如今延伸服务都已成为航运服务业方面的世界品牌,并且拥有数千家上规模的各类航运服务企业。

在英国伦敦的波罗的海海运交易所,每星期一至星期五,众多登记为会员的租船经纪人携带船东、租家、货主的订单,汇聚在交易所底层大厅寻找合适的对象,进行租船洽商。交易所中进行的交易是公开的,其内容最后也将传达给分散在全球各地的船东、货主、租家。因此,在波罗的海海运交易所的底层大厅的活动,反映了世界各地的运力供求现状及航运市场的真实动向,这就使得全球不定期船的经营者及货主将目光转向波罗的海交易所,密切注意其交易动态。久而久之,海运业者自然对伦敦作为国际航运中心的印象就不可避免地加深。伦敦作为一个港口,其地理位置、经济条件、货物吞吐量等已远远落后,但行内人士仍将其视为国际航运中心,并且是首屈一指的中心,波罗的海海运交易所的存在发挥了十分重要的作用。

伦敦航运服务业规模庞大,发展成熟,充满活力。航运服务部门包括船务、中介服务、航运管理和法规、支持服务与产业协会等。众多航运公司和机构在伦敦设有办事处,许多办事处坐落于伦敦金融城,但也有相当数量的办事处位于伦敦其他各区。

英中金融投资商会及伦敦金斯特格咨询公司的相关统计表明,虽然伦敦港集装箱吞吐量已萎缩到 200 万标准箱,但它掌握了全球船舶融资市场的 18%,油轮租赁业务的 50%。今天,伦敦凭借其规模巨大的航运服务产业仍保持着全球顶级国际航运中心的地位,世界上大约有一半的船只交易业务在此成交,聚集着国际海事组织总部、国际海运联合会、国际货物装卸协调协会、波罗的海航运交易所、波罗的海和国际海事公会等诸多国际航运组织。伦敦航运服务业功能齐全,每个产业从属部门都有很多公司,提供的服务面面俱到,供应链错综交织,强大的产业力量将这些特质凝聚在一起。伦敦航运服务业堪称世界一流,它将众多公司、专业化供应商、服务提供商,以及相关产业的企业集聚一地。伦敦作为全球重要的航运服务出口地,其航运服务业覆盖全球,其律师、经纪人、金融家和其他众多专业人士向全球市场输出知识,并凭借高质量的服务赢得了极高的声誉,特别在航运法律和船舶经纪方面。

二、纽约——产业集群

国际上第一个将集群理论引入港口产业分析的专家,是比利时安特卫普大学的 Haezendonck E 教授。她将港口产业集群定义为:一系列从事于港口相关服务的相互独立企业,聚集在同一港口区域,并且采用几乎相同的竞争战略,以获得相对于集群外部联合的竞争优势。

纽约湾区具有得天独厚的发展优势:纽约以及邻近的港口城市如波士顿、费城等是美国工业化最早、城市化最高、经济最为发达的地区。其核心区内各城市产业结构呈现多元化和互补的格局,例如波士顿依托哈佛大学、麻省理工学院、波士顿大学等诸多高校为纽约提供了高素质的人力资源和高新科技。由于日益壮大的贸易和工业带动了金融的发展,纽约很快就成为早期世界最重要的金融中心和商业中心之一。为积极调整产业结构、促进地区经济发展,纽约湾区出台了一系列的发展政策与落地措施。

1. 纽约湾区产业结构——集群系统

(1)第一个集群是以金融业为引领的高端生产性服务业,带动各种实体经济的发展。

(2)第二个集群是以高端人才为支撑的创意产业,包括广告业、娱乐业、传媒业、文化产业、艺术品收藏等。

在这两个引领性产业之外,是为大规模高端人口聚集提供各种各样服务的产业集群,包括旅游、餐饮、商贸等。这样一个富有活力的经济结构,加上朝气蓬勃的多元化人口结构,形成整个纽约湾区活力四射、影响力巨大的大都市经济。

2. 产业集群发展"三步走"战略

（1）产业集群发展第一步

政府和企业领头者及时意识到传统工业已经不足以支撑城市未来快速的发展，于是谋求转型。对日益衰退的第二产业进行了多方面改造，发展小型制造业和高科技产业。能源密集型产业与劳动密集型产业被大量淘汰或者向远郊迁移。利用纽约市完备的基础设施、减免税收政策和金融政策吸引小企业到这里发展。

与技术密集型的大企业相比，小企业能够提供更多就业岗位，同时恢复和巩固纽约市经济结构多样性的传统优势，保持其经济活力。

利用纽约市及都市圈内大学、研究机构众多的优势，研究和开发高科技产品，适应后工业时代经济社会发展的新趋势。

（2）产业集群发展第二步

强化区域经济发展战略，加强与湾区内费城、波士顿等大都市的经济联系。

明确分工协作和合理的功能定位，使得区域内的产业结构出现多元化和互补性的格局，充分发挥纽约大都市的整体优势。

（3）产业集群发展第三步

1969—2000 年期间，许多大型企业开始发展外向型服务业等第三产业部门。生产性服务业就业人数从 95 万人增至 203 万人，占就业人口比重从 25% 升至 62%，生产性服务业的增加值也已占到全部服务业增加值总量的 50% 以上。

20 世纪 70 年代后期，纽约经济高速发展的关键转向了国际化指向明确的强大的生产性服务业。纽约市的国际金融中心、贸易中心的地位得以保持并强化。

1980 年底纽约湾区的经济破茧重生，回到了正常的发展轨道，同时金融中心的地位得以进一步巩固。

当前，纽约湾区内制造业仍保持着自 1970 年以来从城市向郊区转移的趋势，而周边地区受到中心城市的经济辐射和产业冲击，以农、牧、渔业为主的小城镇发生了翻天覆地的变化。例如纽约州东南部的长岛地区，原先是一个人口稀少的郊区，以种植蔬菜、土豆为主。由于其拥有纽约大都市区外围城郊农业带的特殊地域，长岛的种植业、捕捞业主要用于中心城市的蔬菜供应，以农业为主，产业结构较单一。随着中心城市的经济和人口向郊区扩散，地处纽约近郊的长岛成为疏散工业和人口的理想去处，渐渐受到城市郊区化影响，长岛纳索县和萨福克县的大片农田改成新的居住区和工业园区，农业在长岛经济中的地位逐渐降低，以现代工业和服务业为主的产业结构逐渐占据长岛经济的主体。正是由于产业扩散的影响，中心城市慢慢成为金融、房地产、交通、教育等第三产业为主导的聚集地，发挥着指挥与控制职能。而周边城镇受到中心城市经济的辐射，促使其产业向更有利的方向发展，竞争力也随之增强，逐渐发展成为城市化水平更高的地区。

三、新加坡——区港联动

"区港联动"，是指整合保税区的政策优势和港区的区位优势，在保税区和港区之间开辟直通道，将物流仓储的服务环节移到口岸环节，拓展港区功能，实现口岸增值，推动转口贸易及物流业务发展。

新加坡港口施行的是市场化的管理和开发模式，政府并不作为园区开发主体，不直接参与具体管理。同时行政管理与开发管理分开，开发管理机构采取市场化运作方式，自主投资、自担风险。1996年,新加坡港口当局进行了港口体制的改革,把港口的管理权限和经营职能分开。从新加坡港务集团PSA中分出一部分,设立了新加坡海事和港口局(MPA),负责港口管理,由交通部的海事部门、新加坡海事局和新加坡港务集团的管理部门三个部分组成。其管理机构为董事会,由13名来自政府、航运企业、社会政治等部门的负责人组成。新加坡海事海港局属于法定机构,隶属交通部;而原先的新加坡港务集团(PSA),负责港口生产和经营。

新加坡港是政府干预的成功典型。虽然新加坡港的日常运转是完全建立在高度商业化的基础上,与其他港口在同一个层面上竞争,但其作为公共港口的地位,预示着其经营目标必须与政府优先考虑事项吻合。MPA根据《新加坡海运与港口法》实施对港口的管理,它是由海事处、国家海运理事会和原先港务局中的行政管理部分合并而成。新加坡运输部负有监管MPA运营的责任。MPA的主要任务有:

(1)控制船舶动态,确保港口水域的航行安全和保持海运设施的正常运转。

(2)规范海事、引航、拖带服务和其他港务活动。

(3)负责起草国家港口发展规划,决定新港区开发的地址和时间。

(4)与其他政府部门一起,维持和加强新加坡海运业的市场竞争力。

第三节 发展经验与启示

一、基本经验

1. 园区发展与产业演进相统一

产业发展和园区建设相融合问题,归根结底就是产业集聚区建设问题。产业集聚区建设是落实科学发展观、优化经济结构、转变发展方式、实现节约集约发展的基础工程;是构建现代产业体系、现代城镇体系和自主创新体系的有效载体;是积极顺应发展趋势,加快实现"两个转变"、促进港口产业发展,实现园区优化升级的必由之路。

2. 航运中心地位与产业园区的经济基础相统一

产业园区是经济基础,是城市发展的脊梁。对于港口城市来说,建设国际、国内航运中心必须依托产业园区这个经济基础。无论从国际知名航运中心城市,还是从国内海港城市发展来看,国际航运中心建设必须结合自身优势或特点,依托现有服务要素、产业基础或政策优势,寻找适合的产业定位,形成航运中心发展特色。

3. 腹地、中转、服务的差异化定位是核心竞争力

目前,粤港澳大湾区、长三角港口群都缺乏统一详细的整体性规划,各港口定位存在一定程度的功能重叠;港口群内主要港口为争夺腹地货源,彼此间竞争激烈;目前港口群内各港口发展呈现明显的不均衡特征,港口资源的开发利用程度也不均衡。实现粤港澳大湾区、长三角港航一体化发展,必须形成优势互补、分工协作、紧密联动的功能布局及其产业链体系,实现差异化定位才能追求核心竞争力的提升。

二、未来展望

1. 智慧高端产业在航运中心的布局

中共广州市委十届九次全会为枢纽型网络城市建设提供了"路线图"和"施工图",打造国际航运枢纽是三大战略枢纽之一,定位打造国际航运中心。以离岸人民币业务和人民币结算为突破口,积极培育航运产权、船舶、设备、航运电商的资金支付与结算,吸引区域航运金融结算中心落户南沙,积极筹建航运产业基金。尽快实现粤港澳在航运保险、海事仲裁、海事法律服务等方面规则的对接。加快发展邮轮产业,完善邮轮供给和扶持政策。争取在南沙保税港区设立保税船舶登记机构,鼓励中资"方便旗"船舶回归登记注册,争取中资国际航运船舶特案免税登记政策;加强与香港合作,争取第二船籍港制度试点;争取以南沙保税港区为离境港的启运港退税政策试点落地实施;积极拓展保税油供应业务。

2. 绿色生态港口与绿色生态产业的协同

要打造国际一流湾区和世界级绿色港口群,打赢污染防治攻坚战,加快推进粤港澳大湾区港口大气污染防治刻不容缓。近年来,深圳市在港口大气污染防治方面做了大量有益探索,2015年至今,深圳市相继出台《深圳市绿色低碳港口建设五年行动方案(2016—2020)》《深圳市绿色低碳港口建设补贴资金管理暂行办法》等系列政策,制定并发布内地首个船舶排放控制环保公约——《深圳港绿色公约》。以达到必须实现绿色生态港口与绿色生态产业的协同,做到生态保护与经济发展的双赢。

第七章　湾区与国际航运中心

本章介绍了湾区的含义和起源，以及湾区经济的内涵、形成机理与崛起的原因，分析了湾区如何与国际航运中心的融合发展，并对全球几大国际航运中心的湾区样本进行了深入分析，梳理了湾区与国际航运中心建设的发展经验与启示。

第一节　湾区与湾区经济

一、湾区及其起源

(一)湾区的内涵

对于湾区的认识，大体经历了从地理属性到经济属性的延伸演化。

从地理属性上看，一般认为，湾区是由一个海湾或相连的若干个海湾、港湾、邻近岛屿组成的区域，是滨海城市特有的空间形态；在国际上，湾区多用于描述围绕沿海口岸分布的众多海港和城镇所构成的港口群和城镇群。根据湾区所包围海面的大小，可以将湾区空间划分为四种尺度。

(1)小尺度的湾区空间。该空间指陆地所包围海面面积较小，一般小于 5 km^2，最大不超过 10 km^2。

(2)中等尺度的湾区空间。该湾区海面面积宽度适中，海湾两岸有水路和陆路两种交通，通常是城市的一部分，或隶属于某个行政区，例如胶州湾、大连湾、英吉利湾等。

(3)大尺度的湾区空间。该湾区海面面积较大，这类湾区通常周围由多个城市一起构成一个城市群或者经济圈，例如渤海湾、东京湾、旧金山湾等。

(4)超大尺度的湾区空间。该区域内可能包含很多小型和中型的海湾，如孟加拉湾、墨西哥湾等都是面积超过 100 万 km^2 的超大尺度海湾。这类湾区通常包括很多国家。

目前，全球最成功的湾区包括美国的纽约湾区、旧金山湾区以及日本的东京湾区(日本称为"首都圈")，这些湾区都体现出一些共同点，比如都拥有漫长海岸线及多个港口城市，或通过协作规划，或通过市场自发，最终形成一个产业布局错落有致、产业配套相向呼应、产业发展不断融合的发展模式。实践证明，湾区不仅是一个国家经济发展的核心动力、区域发展的范本，也是促进一个国家的经济融入全球经济的重要区域，更会成为全球经济发展的核心区域，从而奠定全球经济热力版图。

(二)湾区起源

湾区经济是一种重要的滨海经济形态，也是当今国际经济版图的突出亮点，而湾区城市群的经济活力和创新能力都是首屈一指的。湾区究竟是如何一步步成为世界经济中心、掌握世界经济命脉的要从湾区的前身——港口说起。湾区经济起源于港口城市,港口城市的经济演变最开始的经济活动只是围绕与货物转运相关的装卸、仓储、运输、设备及船舶修理等工作进行,港口起到的是货物中转站的作用,对腹地的依赖性很强,决定港口城市命运的是区位优势。

20世纪50年代之后,港口和城市开始融合形成湾区经济。当时的世界经济也正处在新一轮的洗牌中,工业从发达地区往外转移,港口城市抓住这个机会,利用区位优势发展工业,一边进口原材料,另一边吸纳国内劳动力。城市规模和人口迅速膨胀,很多湾区城市都成为新的制造业中心,例如汉堡和东京。

20世纪80年代之后,全球经济进一步融合,对外贸易进入黄金时代。在港口区拥有大量人口和物流的基础上,服务业兴盛起来,成为湾区经济的新动力。由于要素禀赋的变化,工业开始外迁,诸如保险、金融、法律、会计、设计这样的新型业态吸纳了人口和资金,推动湾区城市由工业中心向金融中心、信息中心转变。掌握了信息和金融资源的湾区开始蜕变,一跃成为区域或全球经济的核心。

(三)湾区特征

1.对外开放程度高

湾区依港而生,具有天然的开放性。这种开放性为湾区经济的发展奠定了先决基础。在航海技术的发展和推动下,海运成为对外交流中最主要的交通方式之一,直接推动港口成为连接本国市场和国际市场的重要节点。港口城市成为对外开放门户,极大地促进了国际商务、贸易、投资的发展。

世界湾区发展的实践表明,湾区特有的开放性(投资、贸易、旅游、文化等)是湾区经济发展的显著特征,也是成就世界一流湾区的必由路径,更是各国湾区建设的重要目标。因此,湾区成为实现开放型经济的重要形式之一,湾区经济也因具有沿海、湾区和城市群三种要素而成为开放经济中的最高形态。

2.自然区位优势明显

湾区三面环陆,海岸线长,具有"拥海抱湾连河"的复合特性。由于毗邻港口,有着众多发达的港口城市,城市间紧密相连,经济腹地广阔,形成了一系列产业集聚区,创造出"港口群+产业群+城市群"的叠加效应。故而,湾区大多因其自然条件而占据着明显的区位优势。例如东京湾沿岸是马蹄形港口群,由横滨港、东京港、千叶港、川崎港、木更津港、横须贺港等6个港口首尾相连,形成了装备制造、钢铁、化工、现代物流和高新技术等产业发达的京滨、京叶两大工业地带。再比如我国浙江大湾区,包括杭州湾、象山港、三门湾、台州湾、乐清湾和瓯江口等六大重点湾区,覆盖杭甬温三大都市区,拥有杭州湾新区、大江东产业集聚区、瓯江口产业集聚区、台州湾产业集聚区、舟山江海联运服务中心、义甬舟开放大通道等引领经济增长的重大产业平台,从而成为全国第二大湾区。

3.科技创新力量强大

纵观全球,湾区城市在实现自身经济发展的同时,不断吸收先进文化、理念、制度,汇聚最新信息和人才资源,形成了有利于创新的生态环境,催生了创新业态,培育了大批创新成果,成为新技术、新产业、新商业模式的策源地。例如美国旧金山湾区专利授权数量占全美15.2%,涌现出谷歌、苹果、英特尔等一批知名企业,GDP占全美3.43%,共有世界500强企业 14 家;纽约湾区 GDP 占全美 8.36%,共有世界 500 强企业 23 家,以银行保险业、金融科技为主;东京湾区 GDP 占日本 1/3,共有 44 家世界 500 强企业,以三菱、丰田、索尼等为代表的机械、汽车、电子产品企业在科技创新水平方面全球领先。

中国粤港澳大湾区的创新力量也正蓄势待发。从深圳的国际科教城,北上到广州大学城,南下是香港大学等"老牌名校",湾区已经初步形成了一条"知识轴带"。即便是浮山湾伴,目前也拥有科技企业孵化器、众创空间总量达 32 个,建成市级以上创新平台 105 个,获得市级以上科技奖励 636 项,有效发明专利达 3 700 件。表 7.1 给出了四大湾区科创研发水平对比情况。

表 7.1 四大湾区科创研发水平对比

创新力指标	纽约湾区	旧金山湾区	东京湾区	粤港澳大湾区
国际 500 强企业总部数/个	17	16	38	17
最具创新力企业(家)	3	8	26	4
R&D 投入占 GDP 比重/%	3.1	6.1	3.7	2.7
PCT 专利数量/件	47 794	59 762	261 308	69 347
100 强大学数量/所	10	5	2	4

注:资料来源根据《粤港澳大湾区金融发展报告(2019)》整理

4. 科技金融高度结合

资本与技术的有机结合,是产业高速发展的最强路径,它为科技商业化打通了路径,也让资本的逐利性得到最大的发挥。纽约湾区的经济发展得益于金融服务于科技创新的深度融合。湾区面积虽然不大(约 1.8 万 km^2,略大于北京市),却拥有几万家高科技公司,其中不乏世界级科技巨头。它的周围还有若干世界名校,先后出过 50 位诺贝尔奖得主,并吸引了全世界最优秀的一批学生。同时,这里还汇聚了全美风险投资的 40%,这些投资与高质量创新元素高频互动、融为一体,让形形色色的奇思妙想有更多机会变成产品,走向市场乃至人们的日常生活,让苹果、微软、英特尔等成长为伟大的企业。旧金山湾区也成为全球闻名的以风险投资著称的专业性科技金融中心。如今,随着大数据、云计算、人工智能、物联网等新一轮技术在产业链和创新链的普及应用,风险资本的高密度参与,使得一批新的科技创新企业已经或正在孵化,如 Facebook、YouTube 等。

5. 产业集群发展强劲

世界三大湾区的港口城市遵循"以港兴城、港为城用、港以城兴、港城相长"的发展规律,大力发展临港产业和外向型经济,形成了富有竞争力的产业集群。

纽约湾区被誉为"金融湾区",湾区内的华尔街是世界金融的心脏,拥有纽约证券交易所和纳斯达克证券交易所。旧金山湾区被称为"科技湾区",拥有举世知名的硅谷和斯坦福、加州伯克利等 20 多所著名大学,谷歌、苹果、Facebook、甲骨文、英特尔、特斯拉等科技巨头的全球总部。东京湾区被称为"产业湾区",沿岸分布着横滨港、东京港、千叶港、川崎港、木更津港、横须贺港六个港口首尾相连,形成了马蹄形港口群,年吞吐量超过 5 亿 t。

粤港澳大湾区内拥有深交所与港交所两大证券交易所,香港是著名的国际金融中心,深圳是国内的金融中心。2017 年粤港澳大湾区经济总量已超过旧金山湾区,接近纽约湾区水平,区域港口集装箱吞吐量是世界三大湾区总和的 4.5 倍,湾区总体经济增速保持在 7% 以上。图 7.1 给出了纽约、旧金山、东京湾区产业结构对比情况。

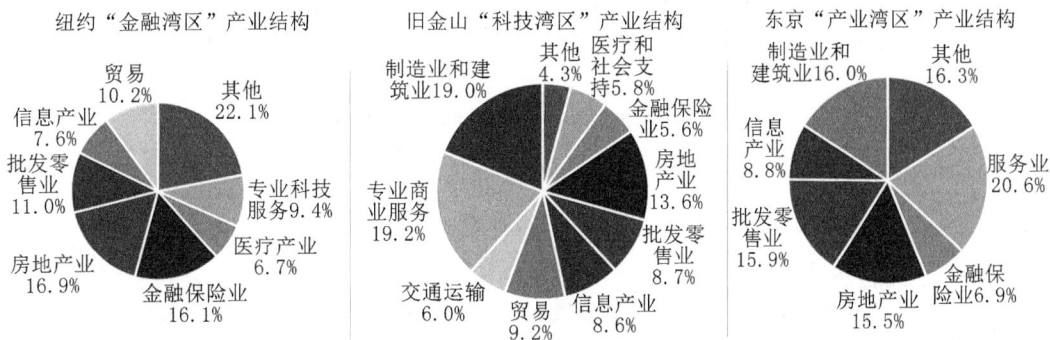

图 7.1　纽约、旧金山、东京湾区产业结构对比
资料来源:根据《粤港澳大湾区金融发展报告(2019)》整理

6.多元文化融合共生

一方面,因为开放性程度高,为湾区多元文化的共生奠定了基础。高水平的对外开放,使得湾区充满了各种机会,吸引着大量外来人口,从而汇集成一个不同于一般内陆地区、开放包容、多级多元的文化群,这不仅进一步促进了湾区的开放,而且也激发着湾区城市的创新发展;另一方面,湾区创新活跃度高,使得多元文化的融合共生既是必须也是必然。所有的创新最开始都是一些想法。当人们相互之间能够平等地碰撞各种想法,并互相质疑对方的设想时,创造力就会自然而然地涌现出来。因而,创新需要鼓励、容忍、欣赏新的想法。因此,一个高密度和高浓度的创新区域,需要多元文化的融合共生,从而容纳不同的视野、想法和背景,以建立起有活力的创新氛围。因此,旧金山湾区的人才并非只来自旧金山地区,粤港澳大湾区也吸纳了不少欧美地区的优秀人才。

7.生活环境宜居宜业

这是世界级大湾区崛起的重要功能因素。一方面,由于湾区“拥海抱湾连河”的特性,水域面积比较大,温差小,形成了宜人的自然环境和优良的生态环境;另一方面,湾区毗邻的港口城市往往是新兴城市,城市规划更加注重以人为本并充分利用滨海优势打造宜居空间,形成了优美宜居的城市环境;再者,湾区内交通比较便捷高效,高速公路、高速铁路、轨道交通网络体系相对发达,港口、机场和各种交通枢纽分布广泛,可有效解决湾区内城际间的运输需求。

宜居宜业的环境,不仅促进了湾区经济的繁荣,也推动了湾区更高质量的建设,让湾区城市、经济、生活等形成良性的共生业态。

二、湾区经济

(一)湾区经济的内涵

以海港为依托,以湾区自然地理条件为基础,城镇群与港湾地理聚变融合发展形成的、拥有国际影响力的、独特的区域一体化经济形态,称为湾区经济。这种经济形态是基于湾区地理特征和地域分工的结合,是区域经济与产业集群的融合。开放性、创新性、外溢性、宜居性、网络性、国际化、区域协调是其主要特点。

作为一种独特的经济形态,湾区经济如今已在世界经济格局中占据着重要地位,成为区域乃至全球经济发展的重要引擎,也是世界一流城市的显著标志。湾区经济承载着三个层次的城市规划目标——集核心功能区、新兴经济区、跨界协作区于一身(表7.2)。

表7.2 湾区经济的三个层次城市规划目标

	交通优势	城镇布局	生态环境	产业结构
核心功能区	国际性经济物流中枢	空间布局合理,要素自由流动	低碳、绿色环保	高端服务业与信息网络
新兴经济区	交通引导道路网络与跨江通道建设	新城镇规划与行政中心的调整	注重保持海岸地貌完整与地质结构平衡	港口经济圈与新兴产业集群
跨界协作区	跨界基础设施衔接,通关一体化	跨界地区空间合作	生态安全、水气污染监控	CEPA主导跨界协作

(二)湾区经济发展的意义

湾区经济发展为世界经济的发展做出了卓越的贡献。

(1)湾区经济是全球性市场配置资源的经济模式

湾区经济由港口经济、产业经济、区域经济的高度融合集聚而成,湾区内拥有代表全球性金融中心、创新中心、文艺中心的核心城市,是高端要素配置的集聚高地,而商品、资金、技术、人员等要素的流通,可以为经济增长提供强劲动力和广阔空间。在湾区经济发展的过程中,互联互通已是一个关键词。资源要素的积聚,使得交通、能源、通信、金融、民生等各方面互联互通,既为湾区建设提供了保障,也为湾区经济在全球范围内提供了市场、产品等方面的协同发展,从而成为全球性市场配置资源的一种重要经济模式。

(2)湾区经济将构建全球性开放的经济结构和空间载体

新经济形势下,世界各国都在极力促进贸易和投资自由化,推动经济全球化朝着更加开放、包容、普惠、平衡、共赢的方向发展,以形成全球性开放的经济格局。世界级大湾区皆具有开放的经济结构、高效的资源配置能力、强大的集聚外溢功能和发达的国际交往网络,形成并具备全球性中心城市与城市群的核心空间载体,易于构建全球性开放的经济体系和产业体系。

(3)湾区经济是全球性新兴经济体系及产业的集聚形态

现代新兴经济体系是指在特定区域里具备突破存量,具有竞争与合作关系,具有交互关联性的公司企业、专业化供应商、服务性机构等组成的群体。而湾区经济就是全球性新兴经济形态及其产业呈现的组合形态,成为各国构建现代产业发展新体系的重要举措。

(4)湾区经济是全球性物流组织和贸易网络的平台和载体

由于湾区经济发源于港口经济,依托国际贸易,物流组织高效快捷,国际贸易网络完备发达。在全球贸易一体化持续深入和物流无国界发展趋势的形势下,湾区经济为全球资源的高效配置和经济活力提供了高效落地实施的路径,从而为全球性物流组织与贸易互联互通提供了良好的战略性平台与流动性载体。

（5）湾区经济是汇集并培育全球性核心竞争力的重要极核

湾区经济能够使企业共享区域公共设施、市场环境和外部经济的各种条件,降低信息交流和物流成本,形成区域市场的集聚效应、规模效应、外部效应和区域竞争力,使其能够成为汇集并培育全球性核心竞争力的重要极核,更加具备发展成为最具现代化、国际化特征的大都市、都市圈与城市圈的空间形态。

（三）湾区经济形成机理

形成成熟的湾区经济,通常要具备以下条件:

（1）发达的港口城市;
（2）优越的地理条件;
（3）产业的集聚扩散;
（4）强大的核心城市;
（5）完善的创新体系;
（6）高效的交通体系;
（7）合理的分工协作;
（8）宜人的居住环境;
（9）完善的协调机制。

（四）湾区经济发展模式

总体来看,湾区经济的发展与全球经济趋向和产业演进保持同步,大致经历了"港口经济""工业经济""服务经济"和"创新经济"这四个阶段(图7.2)。

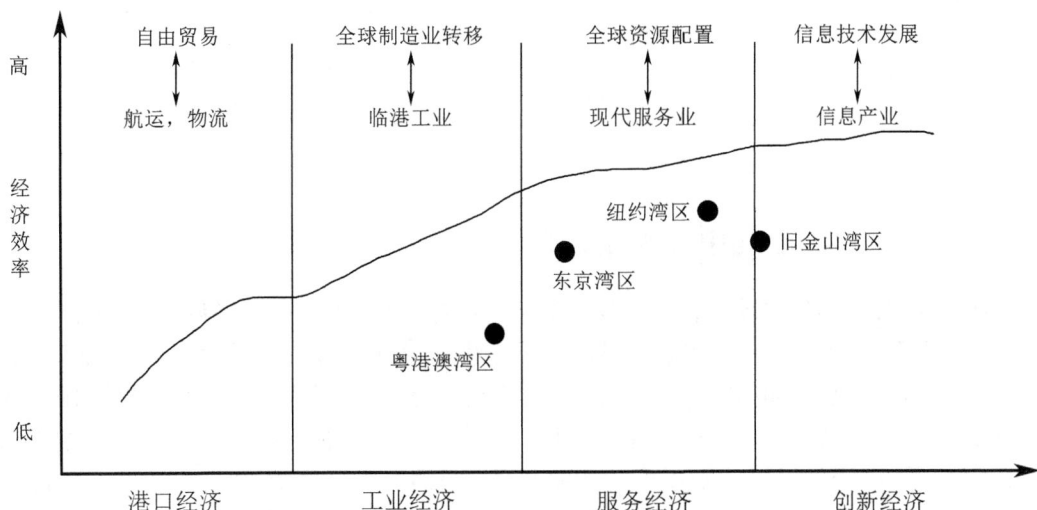

图7.2　世界湾区经济的演进发展过程

港口经济阶段。20 世纪 50 年代以前,因自由贸易引发航运、物流的兴旺,借助于毗邻港口并占据的区位优势,港口经济成为湾区经济最初的形态。

工业经济阶段。20 世纪 50~80 年代,对外贸易快速发展,港口功能逐步完善,港口周边区域集聚大量人流、物流等,极大地推动了港口城市的发展和兴盛,湾区城市迅速发展成为制造中心,向工业经济演进。

服务经济阶段。20 世纪 80 年代到 20 世纪末,围绕临港工业和对外贸易,催生了一批以广告、产品设计、金融、保险、会计、法律、公关等为主要内容的新兴业态,极大地推动了服务业的发展,推动了湾区城市由原来的制造业中心向生产性服务业如金融中心、贸易中心、信息中心、管理中心等转变。

创新经济阶段。随着信息产业加速发展,以互联网为代表的新经济迅速崛起,湾区城市加快推进以网络服务、创新金融、供应链管理以及商业模式创新等为主要内容的创新经济发展,形成区域多中心共同发展格局,经济活动范围拓展到更广的区域。

现代湾区呈现出单极和多中心两种不同的集聚模式。东京湾区和纽约湾区是单极金字塔结构的典型代表,纽约湾区单极中心最为突出。这类湾区区域内资源要素高度集中,通常以一个世界级大都市为核心节点,通过发达密集的交通路网与其他城市建立紧密联系,形成大都市圈。旧金山湾区和粤港澳湾区则是中心网络结构的典型代表,这类湾区中存在两个以上经济地位接近但功能定位差异的核心城市。例如旧金山和圣何塞是旧金山湾区的核心城市,其中旧金山市作为商业和文化中心,占据了旧金山湾区 55% 的人口和59% 的 GDP,圣何塞作为科技和创新中心,占据了 23% 的人口和 29% 的 GDP。中国的粤港澳大湾区则有广州、深圳、香港、澳门 4 个核心城市。广州是国际商贸中心,交通枢纽和科技教育发达;香港是国际金融中心,资本实力雄厚;深圳是创客之城,科技金融创新突出;澳门是世界旅游休闲中心,多元文化共存。

第二节　湾区与国际航运中心融合发展

一、湾区与国际航运中心融合发展

随着时代的发展,航运产业将更多地实现与金融、咨询、保险、贸易等产业的融合,通过产业间的关联、交叉、融合,促进航运科技创新的发展,实现产业之间的协同创新,从而引领新兴产业链的形成、延伸和完善。航运产业与咨询、金融、保险等相关知识密集型的产业融合发展更加紧密,高端航运服务产业正实现快速发展,加之,航运业态方面,强调以协同创新为载体,促进产业关联、产业融合与产业升级。航运将会与金融、贸易业集聚在一起,协同创新,从而引领新兴产业链的形成、延伸和完善。例如,目前随着互联网技术的发展,航运电商产业在诸多航运中心得到发展。

世界级城市群都有着共同的特点,即高度创新、财富集聚、人才云集、包容开放、交通便捷、生活宜居。从城市竞争的角度,世界顶级城市群一定是大城市群,而大城市群的竞争力首先看湾区,尤其是各国沿海湾区,其经济和人口体量也是最集中的。

二、典型样本分析

（一）纽约湾区

1. 纽约湾区的概况

纽约湾区位于大西洋西岸。它由纽约州、康涅狄格州和新泽西州的 31 个县联合组成,该区核心城市是纽约,次中心城市包括波士顿、费城、巴尔的摩、华盛顿,加上周边 40 多个中小城市,形成"中心城市—次中心城市—中小城市"的塔尖式格局。纽约湾区面积达 33 484 km²,人口 2 370 万人。纽约湾区抓住第二次工业革命的机遇,运用资本优势推动钢铁、能源等机械电气产业进行大并购,通过不断强化金融中心地位驱动产业发展,推动纽约湾区成为世界金融的核心中枢以及国际航运中心。

除此以外,总面积 57.91 km² 的纽约 CBD 还集中了百老汇、华尔街、帝国大厦、格林尼治村、中央公园、联合国总部、大都会艺术博物馆、第五大道等闻名景观。纽约 CBD 是世界上就业密度最高的城市,也是公交系统最繁忙的城市,旅客量近 3 000 万人/天。纽约湾区有 58 所大学,两所世界著名大学。全球 500 强有 1/3 以上的公司总部设在该湾区,其中纽约曼哈顿区更是被形容为整个美国的经济中心和文化中心。纽约湾区在四大湾区中稳居第一,因此纽约湾区亦被誉为"金融湾区"。

2. 纽约湾区的功能定位

目前,纽约湾区各产业在 GDP 中比重:房地产与租赁业、金融与保险业分别占比 21% 和 20%,科技业与信息业分别占比 11% 和 10%(图 7.3)。显然,金融与保险业是纽约湾区的主导产业,其他产业处于从属的地位,纽约湾区在功能上被定位为"金融湾区"。

3. 纽约湾区城市群的发展机理和成功因素

纽约湾区城市群的经济增长,是同纽约湾区的城市化进程联系在一起的。城市规划的合理性和适度超前,决定了该区域经济的增长空间,而交通基础设施的建设和连通,则是基础。具体来说,纽约湾区城市群的发展机理有以下几个方面:

(1)规划引领,交通先行;

(2)持续发展,宜业宜居;

(3)抓住特色,合理布局;

(4)审时度势,抓住机遇。

纽约湾区成功的关键要素包括:

一是拥有功能齐全、服务广阔的消费市场,信息资源丰富,利于形成发达的经济集聚中心,这是世界级湾区形成和发展的先决条件。

二是纽约港天然的地理区位优势,使得纽约成为连接欧美的最佳贸易中心,促进了经济的繁荣,是湾区经济发展的核心优势。

三是"美国梦"吸引大量移民,通过努力实现自我价值,创造财富,为湾区带来高素质劳动力的输入。

四是国际资金的大量流入,特别是 19 世纪成熟的欧洲资本市场为运河和铁路系统的修建项目提供了大量资金,这也为纽约湾区基础设施的兴建奠定了基础。

五是日益完善且不断创新的产业链。目前,纽约硅巷已成为湾区经济增长的主要引擎,被誉为"东部硅谷""创业之都",是继硅谷之后美国发展最为迅速的信息技术中心地带。

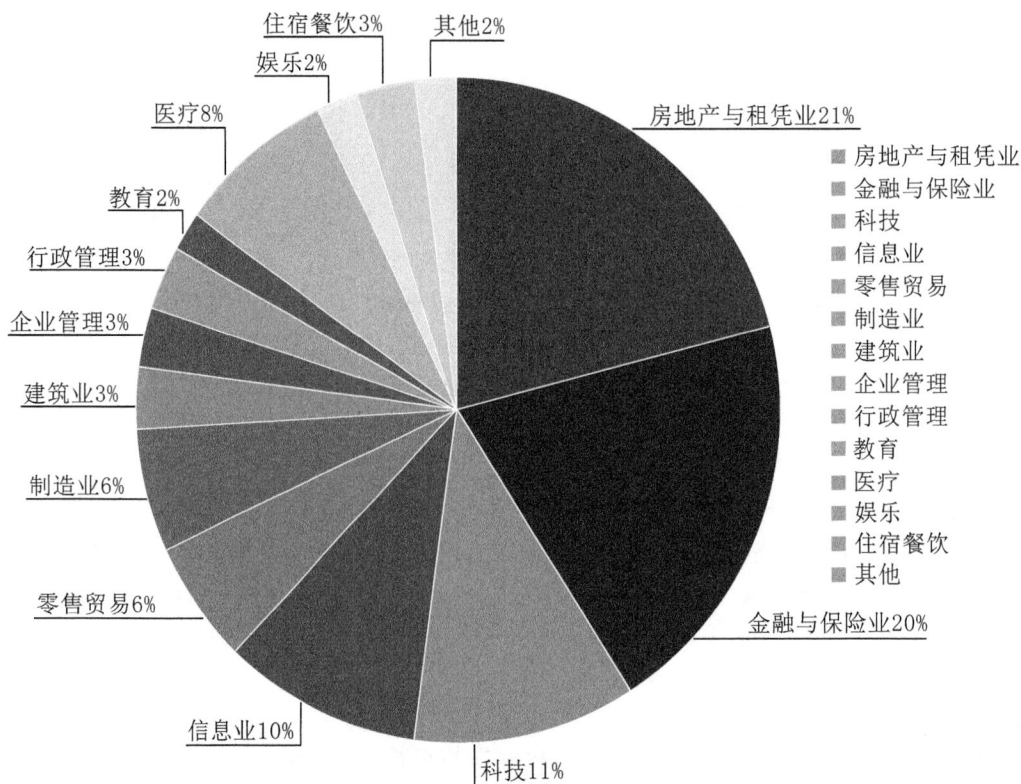

图 7.3　纽约湾区各产业占 GDP 的比重
数据来源：WIND 资讯

(二)旧金山湾区

1. 旧金山湾区概况

旧金山湾区是指环绕美国西海岸及加利福尼亚州北部西海岸,占地 1.8 万 km²,包括 101 个城市,总人口数在 760 万以上,是继纽约、洛杉矶、芝加哥、休斯敦之后的美国第五大都市。旧金山湾区以环境优美、科技发达著称,区内包括金山郡（市）、阿拉米达郡、康特拉科斯塔郡、马林郡、纳帕郡、圣马刁郡、圣塔克拉拉郡、索拉诺郡、索诺玛郡等 9 个郡,而且包括就业、交通等方面与湾区 9 郡联系紧密的圣华金郡、圣塔克鲁兹郡、圣贝尼托郡等 3 个郡,主要城市有旧金山、圣何塞和奥克兰三大城市。其中,北湾是著名的酒乡和美食之都;旧金山市是政治、金融、文化教育中心;东湾以奥克兰为代表,是港口和工业中心;半岛是湾区房产最热门的区域;南湾以圣何塞为代表,依托高科技产业并带动金融、旅游及服务业的发展壮大,硅谷更是享誉全球。

2. 旧金山湾区的功能定位

经过多年的发展,旧金山湾区在高新技术产业、金融服务业、文化产业和旅游业等方面取得了显著成效。旧金山湾区集聚了多家世界 500 强企业,例如苹果、谷歌、英特尔、超微、惠普、赛灵思等,湾区内拥有硅谷和多所著名的学府,也为企业的发展输送了大批人才。旧金山制造业外迁,贸易发展迅猛,金融机构市场细分开始。随着硅谷的迅猛崛起,无疑是这一阶段旧金山湾区发展的最大推力,可以说,是硅谷把旧金山湾区送上了世界三大湾区之一的宝座,也为旧金山湾区贴上了"科研湾区"的显著标签。

硅谷崛起和长盛不衰的因素很多,如高收入和高社会地位的工程师文化、高成本的正向淘汰机制、扁平式的企业管理制度、包容且多元的移民文化汇集了全球精英人才、鼓励创业的"车库文化",等等,但硅谷独特的创新体系和风险投资是其取得成功的最核心要素。

3. 旧金山湾区的发展机理

旧金山湾区资本积累丰富,相关技术比较先进,而且具备较厚重的文化底蕴。而这些资本的汇集必然会带动创新型经济的发展,进而让美国的高新技术一直位于世界领先地位。硅谷现在包含的高新技术企业已经超过了 8 000 家,其核心产业是信息技术产业,并且该产业也一直位于世界的领先地位。

综合来说,旧金山湾区发展的经验主要包括如下四点:

一是宜居环境对人才的吸引是湾区能够持续引领科技创新和经济发展的主要动因。

二是"小政府,大社会"的制度环境为湾区创新经济发展提供了良好的外部环境。

三是交通网络体系规划注重在绿色交通理念指引下,通过改造现有交通体系和新建城市间交通体系,增加公共交通出行和城市间要素流动。

四是主要城市之间功能划分较为明确,且不存在相互竞争。

由于旧金山湾区经济主要秉持市场原则,湾区三大主要城市各自形成具有不同定位的产业结构。例如旧金山市注重发展金融业、旅游业和生物制药产业;奥克兰市发展装备制造和临港经济;圣何塞市因处于硅谷重点发展信息通信和电子制造、航天航空装备等高技术产业。

(三) 东京湾区

1. 东京湾区概况

东京湾区是指位于本州岛中部太平洋海岸,以东京为中心,以关东平原为腹地,纵深80余千米,东西两侧分别有房总半岛(千叶县)和三浦半岛(神奈川县)面积约 1 360 km² 的区域。东京湾区作为第一个主要倚靠人工规划、填海造田而缔造的湾区,形成马蹄形港口群,年吞吐量超过 5 亿 t。在庞大港口群的带动下,东京湾区逐步形成了京滨、京叶两大工业地带,钢铁、有色冶金、炼油、石油化工、现代物流、机械、电子、汽车、造船、装备制造和高新技术等产业十分发达。

依托东京湾区发展起来的东京大都市圈,包括东京、横滨、千叶等几个特大城市及川崎、传桥、君津等工业重镇,在国际市场上极具竞争力。东京湾区聚集了日本三分之一的人口、三分之二的经济总量、四分之三的工业产值。

2. 东京湾区的功能定位

东京湾区聚集了日本的钢铁、汽车、电子、石化、机械、造船等主要工业,吸引了丰田、索尼、三菱等世界五百强企业的总部的入驻,同时还形成了六个港口紧密连接起来的港口群。东京湾城市群是世界上城市化水平最高、经济最发达的城市群之一。

东京湾区以先进制造业为主导。东京是企业总部和研发中心(全球创新 100 强企业日本有 39 家,27 家总部在东京,PCT 专利申请数量,东京是全球第一),而周边的 7 个县,则汇聚了汽车、机械、钢铁、化工等日本的大部分也是最优质的产能地区。东京湾区的区域一体化和产业分工基本上是企业行为、市场行为,以大企业主导的产业链在空间上延伸,各个市县自然就连成一体。企业选择在人才、信息、资本最密集的东京建总部与研发中心,在要素成本相对低廉的周边地区设厂,政府基本都不会干预,也无法干预。

3. 东京湾区的发展机理

东京湾区经济带从开发至今,一直以制造业为主导产业,保持了"世界工厂"的称号。同时,东京湾区是日本港口(经济)最集中,也是世界港口最发达的地区之一。

东京湾区的发展动因主要有以下几点:

(1)重视市场机制配置资源的基础作用与政府规划主导和干预相结合;

(2)积极借鉴国外先进发展规划经验,并形成自身特色;

(3)城市功能分工明确,使得集聚效应发挥最大化;

(4)发达的产业集聚带需要完善的公共交通网络作支撑;

(5)人才集聚,促使湾区成为教育和科研机构高度密集的地区。

(四)粤港澳大湾区

粤港澳大湾区由香港、澳门两个特别行政区和广东省广州、深圳、珠海、佛山、惠州、东莞、中山、江门、肇庆九个珠三角城市组成,总面积 5.6 万 km²,是中国开放程度最高、经济活力最强的区域之一,在国家发展大局中具有重要战略地位。

按照《粤港澳大湾区发展规划纲要》,粤港澳大湾区不仅要建成充满活力的世界级城市群、国际科技创新中心、"一带一路"建设的重要支撑、内地与港澳深度合作示范区,还要打造成宜居宜业宜游的优质生活圈,成为高质量发展的典范。以香港、澳门、广州、深圳四大中心城市作为区域发展的核心引擎,广府文化作为核心文化。

2018 年粤港澳大湾区的 GDP 总量达到了 10.867 万亿元,总人口已达 7 000 万人,2019年,粤港澳大湾区 PCT 专利总量达 27 815 件。从经济规模和发展条件上看,粤港澳大湾区具备了成熟湾区所需要的超级体量、影响力及集中度。

第三节　发展经验与启示

一、大力发展金融服务

金融服务向科技服务企业倾斜,构建"科技 + 金融"生态圈。例如粤港澳大湾区本身金融实力较强,拥有香港和深圳两大金融中心,以及港交所和深交所两大证券交易所,汇聚全球众多的银行、保险、证券、风投基金等跨国金融巨头。未来,粤港澳大湾区金融服务方向应向科技企业倾斜,构建"科技 + 金融"生态圈,为湾区创业企业提供金融支持,打造粤港澳大湾区"创新高地",构建国际航运中心。

二、加大科技创新和人才支撑力度

构建湾区科技创新带,提升科研转化能力。积极吸引人才,加大对高等院校、科研机构、创业企业方面的教育和科研投入力度,建设世界一流大学和科研机构,提升创新能力和科研转化能力。高校及科研院所是湾区实现创新驱动的源泉地,大幅提升高校及科研院所咸对全湾区经济的扶持作用。进一步加强产学研合作,逐步畅通高校及科研技术成果到企业转化的通道,引导企业强化与高校及科研院所的联合进行技术攻关,提升高校及科研院所对企业创新发展的支撑能力。加强高校及科研院所与孵化器的合作,将与高校及科研院所紧密合作纳入孵化器建设发展的制度范畴,畅通科研项目从实验室走向孵化器进而产业化的通道,推动高校院所成为孵化器可持续发展的原动力。

三、提升产业定位协同能力

产业定位协同就是通过发挥各自优势,城市产业差异化定位对于湾区发展起了很大的作用,同时还可以形成中心城市及其他城市的错位协同发展。反观粤港澳大湾区,目前仍面临制造业同质化严重和国际竞争压力加剧的问题。产业错位发展和转型升级势在必行。未来城市产业角色应依托各自优势,差异化定位,例如深圳的高科技产业、广州的信息技术和制造业、东莞和佛山等周边城市的先进制造业,香港的金融和高端服务业,澳门的商务服务业。

四、加快体制机制创新

湾区经济既是港口城市都市圈与湾区独特地理形态相结合聚变而成的一种独特经济形态,也是港口经济、集聚经济和网络经济高度融合而成的一种独特经济形态。应更注重通过体制机制创新释放区域创新发展活力,不断增强区域经济增长内生动力。既要更好地发挥政府宏观指导引导作用,也要充分发挥市场、社会、行业协会、创新人才的积极作用。

第八章　物流与国际航运中心

本章介绍了物流与航运中心相辅相成、融合发展概况,探讨了物流与国际航运中心的关系、二者的融合发展策略、国内外已有的融合发展样本,梳理总结了物流与国际航运中心融合发展的经验与启示。

第一节　物流相关概念

一、物流

物流的概念最早是在美国形成的,起源于 20 世纪 30 年代,原意为"实物分配"或"货物配送",1963 年被引入日本,日文意思是"物的流通"。20 世纪 70 年代后,日本的"物流"一词逐渐取代了"物的流通"。中国的"物流"一词是从日文资料引进来的外来词,源于日文资料中对"Logistics"一词的翻译"物流",是指为了满足客户的需求,以最低的成本高效率地通过运输、保管、配送等方式,实现原材料、半成品、成品或相关信息进行的由商品产地到商品消费地的计划、实施和管理的全过程。

一般意义的物流包括七大构成部分:运输、仓储、包装、搬运装卸、流通加工、配送以及相关的物流信息等环节。具体操作管理内容包括以下几个方面:用户服务、需求预测、订单处理、配送、存货控制、运输、仓库管理、工厂和仓库的布局与选址、搬运装卸、采购、包装、情报信息。

现代物流则采用 EDI 技术、射频技术(RFID)、GIS 技术(地理信息系统)和 GPS 等技术手段将运输、仓储、装卸、加工、整理、配送、信息等方面进行有机结合,形成完整的供应链,为用户提供多功能、一体化的综合性服务。它包括远洋运输、港口装卸、铁路、公路、内河、航空等不同运输方式和运输环节;它是经济全球化的产物,是融合运输业、仓储业、货代业和信息业等的复合型服务产业,是国民经济的重要组成部分,涉及领域广,吸纳就业人数多,促进生产、拉动消费作用大,在促进产业结构调整、转变经济发展方式和增强国民经济竞争力等方面发挥着重要的作用;也是推动经济全球化的重要服务业,它在服务商流、保障生产和方便生活三个方面起到了无法替代的作用。其具有以下几个特点:

(1)现代物流是物流、信息流、资金流和人才流的统一;

(2)现代物流是信息化、自动化、网络化、智能化、柔性化的结合;

(3)物流设施、商品包装标准化,物流社会化、共同化。

二、航运物流

随着现代物流的发展,航运业逐步成为物流链的环节。航运物流业是指在现代物流理念下,在航运、港口相关的运输、仓储、包装、流通加工、配送等环节中形成的商品、资本、技术、信息、管理和人才的集成与创新,其核心业务主要包括港口保税物流、仓储物流、航运物流信息服务、航运物流供应商和客户一体化服务与协作等。

航运物流与普通物流相比,最大的差别在于它以港口为依托,以航运服务为中心,通过水路运输来达到经济交流和货物贸易的目的,是航运中心产业群中最重要的一块。其作为现代国际航运中心的重要组成部分,是承上启下和面向未来的。

经济全球化给航运物流的发展带来了广阔的前景,越来越多的生产经营活动和资源配置过程开始在整个世界范围内进行。在所有国际贸易的运输方式中,航运物流以其低廉的价格、巨大的运量占据了国际贸易运输市场的近90%,使航运物流成为国际物流运输的主要方式。同时,航运物流也是一种最节省能源、污染相对较小的物流方式,在建设"资源节约型""环境友好型"两型社会的今天,它必然会受到国家的青睐。国家及各省市政府把航运建设作为国家及地区建设重点,例如宁波、天津、大连、广州、上海等重要航运港口城市纷纷明确提出,要打造国际物流中心、航运中心,并将航运物流业推上战略性位置,积极给予各种支持,制定优惠政策发展航运物流。

目前航运物流的发展具有以下几个方面的特征:

(1)航运物流发展国际化、集约化、协同化。随着贸易全球化发展,航运物流规模和航运物流活动的范围将进一步扩大,向国际化、集约化与协同化发展。

(2)航运物流服务的优质化。托运人,尤其是跨国公司,对承运人的服务质量提出了多样化、复杂化、严格化的要求。

(3)航运物流的电子商务化。全球电子商务已经扑面而来、蒸蒸日上,这是航运物流业发展千载难逢的机遇和挑战。

(4)航运物流装备和管理水平的科技化。国内外物流企业的技术装备已达到相当高的水平,目前已经形成了以系统技术为核心,以信息技术、运输技术、配送技术、装卸搬运技术、自动化仓储技术、库存控制技术、包装技术等专业技术为支撑的现代化物流装备技术格局。今后进一步的发展方向是:信息化、自动化、智能化、集成化于一体。

三、物流中心

国家标准《物流术语》将物流中心定义为:从事物流活动的场所或组织,应基本符合以下要求:主要面向社会服务;物流功能健全;完善的信息网络;辐射范围大;品种少、批量大;存储吞吐能力强;物流业务统一经营管理。

一般意义的物流中心是指处于枢纽或重要地位、具有较完整物流环节,并能将物流集散、信息和控制等功能实现一体化运作的物流据点。大范围的物流中心在区域经济圈的确立中处于重要的基础地位,它是服务于区域或社会物流的,而社会物流过程又与资源分布、经济地理、工业布局、运输网络等密切相关。在经济全球化和我国经济进入新常态的形势下,国内诸多航运地理位置优越、运输网络发达的港口城市在提出各自的城市中心概念和定位时,推出"两个中心"的概念,即航运中心和物流中心。例如天津的北方国际航运中心、物流中心,大连的东北亚国际航运中心、物流中心,广州的国际航运中心、物流中心。

第二节　物流与国际航运中心融合发展

航运中心一般依托所在港口城市,通过全面参与经济运行,辐射商品市场和要素市场,衔接国内市场与国际市场,代表所在国家和地区直接参与国际分工与竞争。而现代物流产业从本质上说,是与工业化相适应的一个分工协作的体系。从经济活动看,物流是经济活动的必然组成部分,物质实体的经济活动最终都要通过物流来实现。

从这个意义上讲,航运中心是物流的重要基础,前者实现货物集聚、辐射和中转,后者扩大贸易地理空间和延伸范围。航运中心的科学定位、建设可促进区位优势形成,而物流产业的拓展可以使其区位优势转变成为经济优势。

一、现代物流业对航运中心建设的拉动效应

1.物流业是国际航运中心的核心产业

现代意义上的国际航运中心是指以国际航运为核心纽带,具有航运枢纽港所需的硬件设施和为航运业服务的软件环境,集聚航运业、航运服务业和航运物流业等要素和资源的国际化港口大都市。从产业构成的角度来理解,国际航运中心的航运业、航运服务业和航运物流业三者是一个相互关联、有机统一的整体。国际航运中心建设的基础是临港产业的发展,而作为临港产业之一的现代物流业,符合科学发展观的要求,它以其高效的资源配送方式在经济发展中发挥着重要的作用,是实现新型工业化的必由之路,大力发展现代物流业是航运中心建设发展的必然趋势。

2.现代物流业发展有助于提高航运中心区域经济水平

大力发展现代物流业,能够改善航运中心的供应链和集疏运功能,提高航运中心的竞争实力,刺激和调动腹地以更加积极的姿态支持航运中心的发展,形成区域共同支持航运中心建设的强大合力;能够提升航运中心区域的经济辐射能力,提高区域经济发展水平,更好地为腹地经济服务,增强航运中心对腹地的辐射力、服务能力和承载国际产业转移的能力。在航运中心区域经济发展中,现代物流业是其支柱产业和新的经济增长点,是流通业的物质基础,是企业第三方利润的源泉,是航运中心不可缺少的条件。

3.现代物流业为航运中心发展提供充足的动力保证

现代物流业为航运中心的发展提供了广阔的空间和充实的动力保证,以港口为载体的综合物流、以各类园区为载体的企业物流、以商贸服务业为载体的社会物流,形成了"大交通、大口岸、大物流"的格局,将促进口岸与腹地经济联动,港口与城市共荣,吸纳更多的资金流、信息流、货物流在航运中心集散传输,推动航运中心集散传输、带动航运中心的临港产业和口岸经济的发展,充分利用了国内外资源和市场,在更大的空间配置资源。

二、航运中心对物流业的促进作用

1.航运中心的规模扩大可促进物流网络经济发展

现代经济中心是工业化和城市化发展到高级阶段的产物,它以经济区域和城市群为依托,是经济区域生产布局和城市群功能分工的空间表现形式。航运中心是枢纽辐射式交通

网络的核心,这一系统由枢纽港间的航线和枢纽港与支线港间的辐射航线构成。

现代物流业是衡量一个地区的综合竞争力的重要标志,也是产业聚集和扩散的基础,属于网络型产业,是由其节点和路线所组成的空间分布。物流网络经济,是网络规模与范围经济共同作用的结果,即通过物流总产出扩大引起平均物流成本不断下降,从而降低社会总成本,有效促进区域经济发展和世界资源优化配置。因此航运中心的发展必然能促进所在地区物流网络经济的发展。

2.航运中心的功能转变带动物流中心功能演变

从其功能演进过程来看,航运中心必然带动临港产业的发展。临港产业并没有一个确切的定义,它一般是指利用港口优势形成和发展起来的一系列产业群。从广义上来说,临港产业包括:

(1)与港口相结合的航运业及相关辅助行业;

(2)为港口提供物流运输支持的口岸集疏运业;

(3)口岸综合服务产业;

(4)围绕港口城市主导产业发展起来的其他产业以及生活服务业等。

现代物流中心从实现货物的运输中转和集散演变为货物的集散和加工增值,并附有与之相关的贸易、工业生产、金融等活动,因而具有综合资源配置的功能。因此,一个区域性的物流中心,也必然是区域性的贸易中心、加工中心、集散中心、金融中心、信息中心和城市综合服务中心等。

3.航运中心的协同推进航运物流综合发展

随着综合运输链复杂性的增加,航运中心正朝全方位的增值服务方向发展,其功能在不断地演变和进化。一方面,以港口为中心向内陆扩展,如批发、配送、仓储业及自由贸易区等,提供综合物流服务,提高联运效率,增强其作为综合运输连接点的作用;另一方面,航运中心具有商务中心的功能,为客户提供方便的运输、商业和金融服务,如代理、保险和银行等,日益成为商品流、资金流、技术流、信息流与人才流的汇集中心。

整合航运附属业的现有功能,组织综合物流服务,是当前航运物流发展的趋势。根据世贸组织的界定,航运附属业包括从事船代、货代、装卸、仓储、集装箱场站和结关等六大类业务。这些服务的特点是信息渠道广、集成性强,固定投资不大,经营风险相对较小。从实际来看,许多航运附属实体已经复合多项功能,有的甚至与船公司、港口有直接的产权关系,容易达到利益趋同。这些实体所需解决的问题就是如何整合现有功能,利用已有功能要素的互补性挖掘整体潜力。

4.航运中心的演变促进物流中心及流通加工业发展

商品的流通加工是随着技术进步,特别是航运中心的演变和国际物流业的发展而不断发展的,是具有特殊意义的物流形式。流通加工促进加工贸易发展,也是增值服务的重要手段。在国际物流活动中,商品、物资等集散场所都可成为物流中心。首先,某些小国家或地区,例如新加坡、香港以及重要贸易港口城市等都具有国际物流中心地位;其次,港口城市中自由贸易区、保税区等也具有一般意义的国际物流中心功能;港口的码头、保税库和外贸仓库等都有可能成为国际物流系统的流通加工、分拨、配送等集散地。随着国际物流市场一体化和生产活动国际化的发展,尤其全球新兴经济体的崛起,上述地区及场所的国际物流中转与集散作用将越来越明显。

三、国际航运中心与物流的融合策略

1. 融入全球供应链体系

1999年,联合国在原有基础上提出第四代港口的概念,其特点是不再突出港口的中心地位,而是强调港口作为供应链上的一个组织,发展策略是港航联盟和港际联盟,生产特性是整合性物流。第四代港口摆脱了单从港口的角度来考虑港口发展的模式,而是从全球供应链的整体角度看待港口的竞争力。在全球供应链和价值链网络体系竞合的背景下,不管是国际物流中心还是航运中心,都要融入全球供应链的体系中,从服务整个"链"的角度出发,不但要充分发挥海港优势,还要在此基础上进一步发挥空港、陆港的效能,打造国际物流大通道,提供全程物流服务。第四代港口的出现说明,融入全球供应链的国际物流中心是在发展和建设国际航运中心过程中,在巩固和提升其航运物流优势的基础上不断完善、整合和优化其他物流功能的。

2. 发展高端物流服务

由于航运中心和物流之间是相互影响和促进的关系,未来物流中心的发展趋势也应提供高端物流服务。目前,提供全程物流服务的第三方物流已将服务范围向物流中心之外的城市延伸,并根据其服务能力扩大物流中心服务半径,提升物流中心聚集要素能力。而提供物流规划、咨询、物流信息系统、供应链管理和解决方案等活动的第四方物流,则可以摆脱空间地域的范围限制,从更深层次掌控物流及供应链活动。《新华·波罗的海国际航运中心发展指数报告2019》也指出,港口条件是国际航运中心发展的前提条件和重要基础性因素,综合环境是国际航运中心发展的重要条件,而航运物流综合服务才是国际航运中心发展的核心驱动力。伦敦航运中心的航运金融等现代航运服务可以满足跨地区、跨国界的远程服务,而国际物流中心未来的发展也将在注重物流业务本地化的基础上,通过高端物流服务业的竞争,集聚全球区域间的物流、资金流和信息流。互联网、物联网和大数据分析等技术的应用,进一步打破了地域和空间限制,为航运中心和物流中心发展高端服务业提供了技术保障,同时也进一步推动了"两个中心"的升级进程。

第三节 物流与国际航运中心融合发展的样本分析

一、英国伦敦国际航运中心

英国伦敦国际航运中心以提供高端航运物流服务为主,主要表现为:

1. 实行港区分离,合理处理港城关系

从20世纪40年代开始,伦敦采取港区分离,陆续关闭了紧挨市区的两大港区,分别在离伦敦市中心约100 km和56 km的费利克斯托、泰晤士河口兴建港口。而原市内码头区则用于非海运的商业办公、娱乐休闲和房产开发,并依靠波罗的海航运交易所,在市中心大力发展高端航运服务业,如航运金融、航运保险、海事仲裁与法律等。

2. 推行公私合作,大力推进码头改造

二战后,英国政府通过立法对伦敦道克兰码头区城市开发公司进行授权,对道克兰码

头区进行重新规划开发。开发目标是将其打造成"伦敦的一个全新的金融、商业、商务区,成为伦敦的一个新地标和最有活力的区域"。为推动伦敦码头区的开发,国家巨资兴建35 km的无人驾驶轻轨系统和伦敦城市机场,使码头区土地迅速升值。同时,政府还出台了大量优惠政策,进一步吸引私人投资码头区的开发。

3. 注重产业集群,发展高端航运物流服务

伦敦现代航运物流服务业功能齐全,提供的服务面面俱到,供应链错综交织,形成众多的航运产业集群。高端航运物流服务业对伦敦国际航运中心的发展做出了主要贡献,对伦敦经济的发展也至关重要。

二、荷兰鹿特丹国际航运中心

荷兰鹿特丹国际航运中心以提供腹地货物集散物流服务为主,主要表现为:

1. 强大的物流支撑,先进的物流体系

作为世界上最大的干散货集散中心,鹿特丹港最突出的一个特点就是提供货物储备、运输、销售一体化的物流服务。通过保税仓库和货物配给中心(物流中心)对货物进行储运以及再加工,提高货物的附加值。物流的高度集中使得世界上所有大的船运公司都直接进驻鹿特丹港或者在此设立代理处。

2. 设施投入力度大,完善的物流交通网络

鹿特丹港十分重视港口集疏运基础设施建设,不仅完善其服务腹地的物流运输网络,还对港口本身内部的物流运输系统进行完善。整个港区按功能分为集装箱、石油化工、煤炭、矿石、农产品、滚装船等专用和多用码头,构成由港口铁路、海运、公路、内河、管道和城市交通系统及机场连接的集疏运系统。

3. 依托临港工业,注重港产融合发展

鹿特丹港不仅是转运港,还是一个巨大的工业综合体,为整个欧洲甚至全世界生产工业品。鹿特丹市的炼油、化工、造船等工业主要是依托鹿特丹港发展起来的。同时,发达的临港工业也促进了金融、贸易、保险、信息、代理和咨询等服务业的发展。目前,港区及其周围的产业已达到该地区产值的50%以上。

三、新加坡国际航运中心

新加坡国际航运中心以提供国际中转物流服务为主,主要表现为:

1. 依托港口设施,开展高效物流中转业务

新加坡港通过逐步改建和新建集装箱专用码头,配套积极的集装箱中转政策,并与政府当局和相关行业紧密协作,开展高效物流中转业务。目前,新加坡港与世界上120多个国家和地区的600多个港口建立了业务联系,每周有超过400艘班轮发往世界各地,为货主提供多种航线选择。新加坡港80%以上的集装箱在港堆存时间仅为3~5天,其中20%的堆存时间仅为1天。

2. 围绕中转业务,延伸港航产业链条

新加坡港围绕集装箱国际中转,衍生出了许多附加功能和业务,包括国际箱管和租赁、空港联运、国际船舶换装修造、国际船舶燃料供应等方面。在航运金融方面,新加坡政府通过民间海运业者联合成立"新加坡海事基金会""金融仲裁工作小组"等,促进新加坡成为国

际海事金融中心。

3. 重视科技投入,提升港口信息化水平

新加坡港长期以来重视港口科技的发展,信息化水平处于国际领先地位,新加坡港的港口网络已成为新加坡全国港航系统。

四、上海国际航运中心

上海国际航运中心逐渐向提供高端航运物流服务方向靠拢,已初步具备成为新一代国际航运中心"引领者"的条件与基础。该中心主要有以下特点:

1. 建设高效率的海陆集疏运物流体系,逐步形成立体物流网络

立体物流网络成为国际航运中心功能影响力的重要支撑,其更加强调空港与海港、港口与城市的联动发展,进而实现运输信息的广泛汇聚与交互,而非仅仅强调空港或海港的航线数量和密度。上海国际航运中心在深水港区采取"前港后场"的操作模式,通过32.5 km 的东海大桥将前场码头与后场物流园区连接,将原本松散的货物集中在物流园区,通过专用货运通道集约化运输到码头,并通过集疏运通道接轨区域性及国家运输网,实现海陆配套,极大地缓解了城港交通压力,并减少了运输成本、提高了运输效率。

同时,庞大的国际物流量、繁忙的国际航线等为信息化、智能化港航发展提供了丰富的应用场景。如振华重工基于港口业务发布了自主驾驶无人跨运车、智能集卡等应用;上海交付了全球首艘40 万 t 级智能矿砂船"明远号",自动驾驶和导航应用水平国际领先。

2. 信息化、智能化的物流设施条件

上海国际航运中心拥有全球领先的物流设施条件,以及相对完备的集疏运网络为信息化、智能化发展提供了有力的设施支撑。例如,洋山深水港四期码头是全球规模最大、自动化程度最高的港区,引领了智慧码头场景应用的"中国标准",港口业务实现全程无纸化,口岸各环节无纸化率达98%。上海港"E 卡纵横"等线上智能航运服务平台、跨境贸易管理大数据平台、航运交易平台持续推进。江南造船集团与上海交通大学、中国联通等开展5 G 智能制造战略合作,持续积累、创新基于5 G 技术的船舶建造模式和业态;"港航纵横"物流大数据平台已实现全物流跟踪可视化和箱动态标准化查询;上海港推出轮胎吊增强型虚拟现实(VR & AR)吊装模拟示范系统,为员工提供逼真的业务培训。

3. 聚焦国际货物运输功能建设向国际航运中心"引领者"转变

上海国际航运中心围绕国际贸易和货物运输能力的提升,不断强化组合港的合理分工、错位发展。随着产业链区域分工的持续深化、高端国际航运服务需求不断释放,上海国际航运中心建设聚焦城市和城市群多功能建设支撑,功能发挥也将从国际货物运输功能向金融、创新、科技等方面拓展,成为城市和城市群经济发展和功能提升的重要引擎。上海政府也开始从城市群一体化发展视角,深化以有效提升城市群物流效率、增强以产业联动和创新联动为目标导向的港口群联动。上海国家航运中心也逐渐从港口传统模式下物流效率提升向强化信息、智能等技术广泛应用下的物流效率提升转变。

同时,加大在集疏运网络、码头设施、泊位、航站楼等方面建设力度,积极搭建物流信息平台,大力推进物流信息的汇集与交互。已经在信息化、智能化方面实现了突破。未来,在绿色航运物流、智能航运物流等领域新技术大发展以及广泛应用的大背景下,上海国际航运中心建设必将充分依托信息网络、数据流以及智能设备和设施等进一步挖掘港口运作物流效率。

第四节　发展经验与启示

一、国内外航运中心与物流发展的经验

1.重视发展航运服务功能

国际航运中心核心作业区的发展诉求,已远远突破一般海洋运输业和码头服务业的管理范畴,目前世界上著名的航运中心一般也都是著名的航运服务中心,除了具备强大的集散功能和货物吞吐外,都同时兼备商务金融、海事商事等发达的航运服务功能。通过建设航运服务集聚区,有效地促进了航运服务功能整合、航运服务资源集聚、航运服务特色建设、航运服务效率提升、航运管理规范等的发展,使航运服务业的发展不仅靠政府或者企业的投资拉动,而是被强大的产业集群效应所推动。例如伦敦,就是建设现代航运服务集聚区的一个成功典范,伦敦通过对老码头区进行重新规划和开发,在中心城区建设航运服务集聚区等措施,使其能够一直占据世界现代航运服务业龙头的地位。

2.通达的物流集疏运体系增强服务经济腹地综合效能

物流集疏运体系作为连接港口城市与经济腹地的"大动脉",成为国际航运中心建设的重要支柱以及生存发展的重要基础。国际航运中心应具备铁路、公路、水路、管道等多种物流集疏运方式,根据港口自身和周边区域的运输条件,以及不同货物的运输需求,合理建设和配置公路、铁路以及管道,与水路运输体系形成完整、高效的物流运输网络和立体运输通道。完善的物流集疏运体系能够充分发挥航运物流业在其所在区域的扩散和集聚效应,有利于航运中心提供更有效的专业化服务,降低航运成本,提升其增强覆盖和服务腹地经济发展的综合效能。拥有完善的海运系统和广阔的航运市场虽然对伦敦、新加坡航运物流业发展起着重要作用,但高度发达的物流集疏运网络系统也是其建设成为国际航运中心的重要因素之一。发达的集疏运体系包括公路、铁路、内河、沿海及航空等。完整通达的水陆空立体运输通道,使各类货物可以源源不断地汇集到航运中心及其服务区域进行储存、转运、加工、销售等。

3.高规格的港口物流基础设施提升运力水平

通过推进高等级的航道建设、专业化的大型码头泊位建设、公共泊位建设、临港工业配套码头建设及重大件装卸码头建设等,有效地促进了港口物流增强综合效能,提供了更为齐全的服务,并极大地提高了港口的综合竞争力。内外众多航运中心城市均致力于强化自身港口物流的基础设施建设。此外,智慧码头的建设对提升港口物流运作效率、增强港口吞吐能力有较好的成效,例如,上海在建的洋山深水港四期将运营互联网、物联网和自动化技术,建设远程操控吊桥、全自动轨道吊设备和无人驾驶自动导航 AGV,大大提升了上海港的港口物流运作效率。

二、国内航运中心与物流融合发展的启示

1.用全面动态的思维去审视"两个中心"建设过程和发展阶段

"航运中心和物流中心"建设,无论从功能还是服务的角度,均需要联动发展,共同形成

合力。"两个中心"的发展相互影响,相互作用,相互促进,缺一不可,"两个中心"不是终极的、静止的和孤立的概念,其既受外部环境影响,又与自身条件息息相关。从自身角度看,"两个中心"建设在硬件基础设施上逐步趋于完善,因而现阶段的重点应在软件条件上下功夫,特别是要大力发展航运、高端物流服务业;从外部环境看,当今世界正发生复杂深刻的变化,国际金融危机深层次影响继续显现,我国经济发展已进入新常态。"两个中心"必须抢抓国家"一带一路"建设机遇,充分发挥重点港口城市综合优势,努力开展更大范围、更高水平、更深层次的区域合作。

2. 以落实国家"供给侧结构性改革"为出发点推动港口、运输、物流一体化建设

深入领会和贯彻国家关于"供给侧结构性改革"的重要精神,全面推动港口转型升级,推进港口城市产业一体化、航运交易金融一体化、物流物联集疏一体化,努力将城市、港口建设成为现代高端服务功能融合发展的重要载体,以经济效益为核心,不断提高港口服务能力和质量,引导港口企业多元化发展,由运输承运人向综合物流服务商转变;加强对物流运输资源的系统整合,大力发展多式综合联运,提高综合交通运输网络体系整体效能,充分利用五种运输方式,搞好运输方式之间的配合与协作,坚持以大通道为主轴,发挥海运、铁路和公路的各自优势,在区域大系统中去实现运输资源的优化配置,推进港、城及腹地经济联动发展。

3. 加强以航运与物流为主体的信息港建设

进一步提升航运中心的信息港建设,将分散在各自口岸管理信息平台的口岸信息资源整合到一个平台,为此可以利用航运交易市场的所谓"一站式"服务,把各自的信息平台集中起来,以现有的口岸物流网为基础,在专业物流信息方面,建成统一的航运和物流业务信息平台。另外在统一平台的基础上,建立与完善行业、企业、专业、港口、物流园区的航运和物流信息自理系统与信息网站。这些信息系统与网站群,构成了国际航运和物流信息公共服务平台的信息源与信息用户群。

4. 依靠政府推动,形成物流产业洼地,与航运中心建设同步发展

现代物流业发展迅速,但受传统观念影响,制造类企业的物流由第三方运作仍然需要一个过程,物流产业投资收益率不高,与航运中心建设不匹配,因此政府应采取更加灵活和优惠的政策,吸引和鼓励更多的资本向物流产业投入。同时结合航运物流及相关产业的现状和规划,针对港口物流、上下游航运服务业、临港产业等不同产业的功能属性和空间相互联系,以规模效应理念出发,促进其分类分区域进行集聚发展。各级政府要在完善全市整体物流发展规划的同时,重点扶持一批物流企业进一步做大做强,全面发展提升物流企业水平;鼓励发展为物流信息化建设提供配套服务的企业,共建区域航运物流体系,与航运中心建设同步发展,为航运中心建设提供可靠的支持。

第九章　电商与国际航运中心

本章介绍了电子商务与航运电商基本概念和发展模式,分析了信息技术及航运电子商务对建设国际航运中心的影响与作用,提出了发展高端航运服务业特别是航运电商对国际航运中心建设的一些有益经验和启示。

第一节　电子商务与航运电商

一、航运要素市场与电子商务

近年来,全球贸易和航运业面临来自外部与内部的双重挑战,我国航运业正在发生动力、运力、服务三大根本性变革。其中,跨境电商、大数据等新技术、新业态的出现,为航运业突破创新、走向高质量发展提供了动力。电子商务(简称电商)通常是指利用微电脑技术和网络技术进行的商务活动。电商已经成为当今国际航运中心发展的一种内在要求。

在 20 世纪 90 年代初,国际航运界就已经利用电子数据交换(Electronic Data Interchange,EDI)实现了舱单信息的传输,有观点认为这是电子商务在航运领域最早期的应用(高睿良,2018)。随着网络技术的迅猛发展,电子商务在各大航运产业领域得到了普及应用,比如海运服务、船舶交易、航运金融等专业市场。

1. 海运服务与电子商务

对于航运企业而言,电子商务首要功能体现在海运订舱、拖车服务、报关服务、仓储管理、在线支付等传统海运作业流程上。通过互联网、移动互联网等技术,可以创新客户服务模式、优化服务手段,包括在线电放提单、箱货查询、费用查询、船期查询、船舶跟踪等一系列查询服务,为客户提供便捷高效、选择多样的服务体验。此类电子商务应用的主要功能与表现形式如图 9.1 所示。

2. 船舶交易与电子商务

电子商务在船舶交易市场上的应用表现在,以网络、信息技术为手段,提供船舶在线交易、在线竞价/拍卖、船舶设计/建造等一系列功能及相关的配套服务。能够集聚全国船舶交易供求信息,加强船舶交易市场信息的沟通,为广大用户及政府、企事业单位提供专业、及时、全面的船舶交易信息和船舶交易远程服务,提供包括船舶交易信息挂牌、公示、信息报送、查询、统计以及船舶交易指南等在内的服务功能。有些交易平台还可以跟踪管理国际船舶交易行情,发挥信息平台的综合服务功能,拓展船舶交易衍生服务等。

3. 航运金融与电子商务

广义上的航运金融是指基于"航运资源资本化、航运资产资本化、航运未来收益及产权资本化"原则,以航运业为平台,航运产业、金融产业、政府等进行融资、投资、金融服务等经济活动而产生的一系列与此相关的业务总称。航运金融电商化,体现为运用先进的网络与信息技术,使电子交易深入服务于航运金融衍生品领域,包括航运融资租赁业务、期货保税交割业务、水运中转集拼业务等,为航运金融交易客户创建良好的交易环境,提供安全的资金监管和优质的资金结算等业务支持与服务。

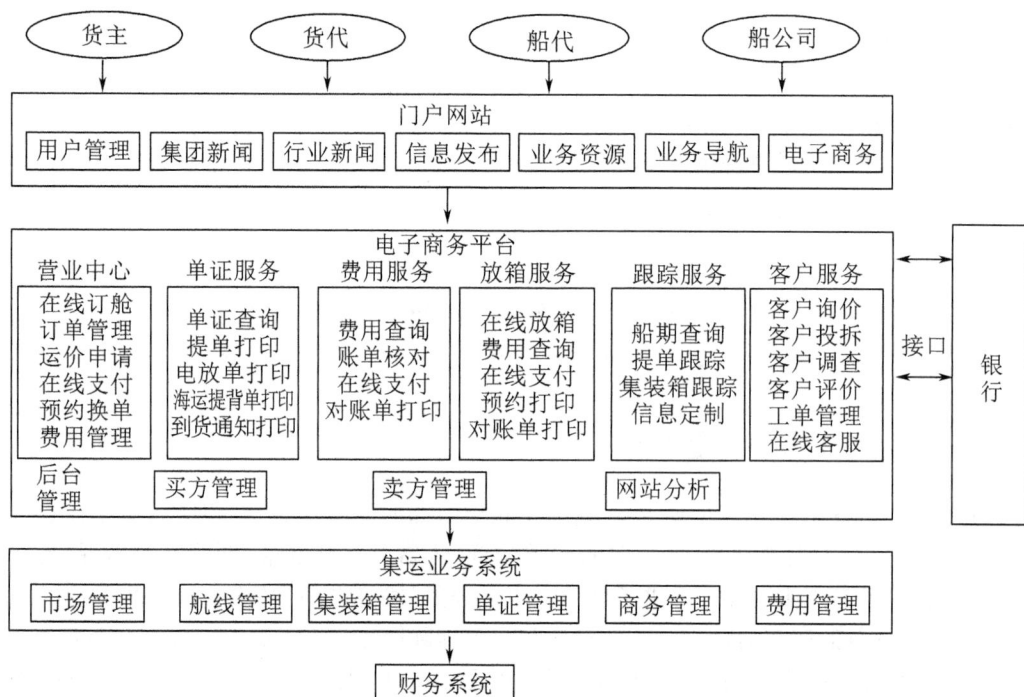

图9.1 航运电商平台总体架构图

二、航运电商发展模式

随着"海淘"的火热,传统外贸"集装箱"式的大额交易正逐渐被小批量、多批次、快速发货的外贸订单需求所取代。在传统行业纷纷触网的时候,航运企业也将目光投向了互联网。例如:2014年,当时的中海宣布携手阿里巴巴打造跨境电商物流平台,并在不久后推出"一海通"。航运企业纷纷开始推动航运电商业务,所以从企业层面看,国内的航运电子商务大体可以分为三种:

1. 船东系电商

船东系电商即航运公司开发为本公司服务的电子商务系统,例如中远的中远集运电商、泛亚航运电商、中远e环球等。这种电商类似于线上品牌直营店,出售"可供选择的船公司及其船期"、舱位价格。除了一般的海运服务,有些航运电商还拓展了电商平台服务,从电子支付、信用评级、融资中介、保险理赔等几个方面进行挖掘,且一并提供沿海运输接驳内支线及港口铁路信息查询功能,并通过定制方式满足客户的特殊需求。

2. 第三方电商平台

即由货代企业等建立的第三方电商平台,例如锦程物流网、沃特云平台等。平台模式电商类似于货代自己的门户网站,功能类似于线上货代(零售批发舱位)。但该类模式很多具体实施还是要基于线下的服务。

3.联合海运物流服务平台

联合海运物流服务平台即由电子商务企业与航运企业联合打造的一站式海运物流服务平台。该平台支持在线订舱、在线核对提单、在线支付等,同时还提供拖车、报关、退税和金融服务等海运配套服务。

从航运企业的角度考虑,航运电子商务与传统的商务模式不同,它的价值创造过程表现为船公司在货主客户和竞争对手的影响下产生的在线销售、线上订单管理、平台知识共享、线上服务资源利用,具有时效价值、品牌价值、资产利用价值、存量使用价值、稀缺资源挖掘价值,它的增值过程表现为在线整合上下游产业链、直接面向供应商和客户、实时追踪系统,提升了资源整合价值、伙伴关系价值以及可持续发展价值。

第二节　航运电商与国际航运中心建设

一、信息技术与国际航运中心发展趋势

信息技术的发展使贸易往来不再局限于围绕货物和船舶的方式,以贸易、金融、保险为主的现代服务业和货物的运输、交接完全可以在不同的地域完成,这使得航运中心与航运服务中心得以在地域上分离,航运服务中心也不存在腹地概念,其辐射范围可以覆盖全球。从电子商务在各航运要素市场的推广应用和航运电子商务的发展模式上可以看出,信息化建设与航运电子商务的发展对于国际航运中心建设而言非常重要,比如对于新加坡而言,信息技术(包括电子商务)为航运产业包括航运金融等高端航运服务业形成了有力的支持。如图9.2所示。

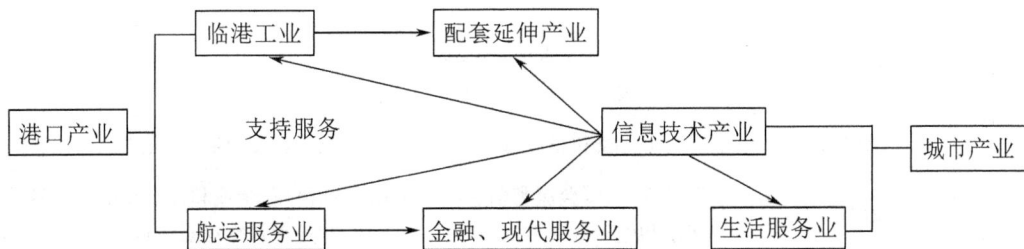

图9.2　新加坡城市产业体系

1.大数据与航运业发展

大数据(Big Data)是继云计算、物联网之后又一次颠覆性的技术变革,其具有数据体量巨大、数据类型繁多、价值密度低与商业价值高、处理速度快等特点。在航运领域,海量的数据不仅包括各类水岸运行监控、服务和应用数据,例如码头、航道、场站和港口等物流数据,还包括航运金融、船舶经纪等各类专业市场信息,以及商务往来、政务管理等部门关联数据,这些航运数据类型繁多,而且体积巨大。但目前国内外针对航运管理问题所产生一些电商产品,存在着系统功能单一、缺乏整合、技术落后等不足之处,表现在应用系统建设

分散、海量数据缺乏高效整合、航运流通数据利用率低等方面,航运业数据价值无法得到充分发挥。需要利用大数据及云计算技术,结合数据技术处理和存储航运数据,利用经验数学模型对海量航运数据进行多维度的分析和挖掘,并通过云端发布,将分析结果共享至各类授权用户,使航运参与者能快速、全面、准确地完成相关业务的评估和决策,实现航运业的准确化、高效化、智慧化管理。比如采用 OpenStack 建立云计算平台,将各类航运 IT 基础设施转化为设备资源服务,采用 Hbase 实现数据的快速存取。

2.航运电商与国际航运中心建设

"互联网＋"航运的"生态新融合"产生了航运电子商务,与传统模式相比在运营和管理上区别较大,也更有优势。航运电子商务模式在企业的运营和管理上区别于传统商务模式,具体包括主体层面、技术层面、运作层面、目标层面和市场层面(表9.1)。由此推演,航运电子商务有助于提升国际航运中心的总体价值创造能力,提高全球供应链的运营效率和技术溢出水平,因而发展航运电子商务有助于推动国际航运中心的"产业升级"。

表9.1 航运电子商务与传统商务模式在企业运营和管理方面的对比分析

		电子商务模式	传统商务模式
主体层面	市场主体	船公司、货主和增值的中间商	船公司、货主、船代、货代等
	关系结构	网式扁平化结构	链式垂结构
	上下游关系	直接面向客户和供应商	通过货代、船代等间接面向
	互联互通	横向和纵向部门信息有效沟通	企业内部共通,信息孤岛化
技术层面	传播媒介	互联网	电话、公报
	电子化程度	初期:E订单、E报关、E运输、E配送等;远期:E社会、E政府、E学习等	基于EDI的进出口报关
运作层面	服务内容	信息搜索、技术说明、电子销售、全程跟踪货物、公开监督等	
	支付方式	银行电子支付系统为主	银行转账、现金交易为主
目标层面	运作效率	提高物流、资金流和信息流的传输速度和处理效率	物流、资金流和信息流的传输速度和处理效率相对较低
	运营成本	信息搜索、商品谈判等交易成本降低	交易成本相对较高
市场层面	市场化程度	价格公开透明、市场开放竞争	价格机制相对封闭,公会垄断竞争或者企业联合经营

二、航运电商平台建设

无论是微观层面的航运企业,还是中观层面的航运要素市场,航运电子商务的作用都可谓举足轻重,国际航运中心建设自然也离不开航运电子商务的支持。航运电子商务平台的价值创造与实现过程,有利于实现平台客户规模化、运营时效高速化、流程管理最优化、航运服务公共化。纵观目前上线的各航运电商平台,信息、交易和服务是平台的三大核心功能,因此航运电商平台建设也应从这三个方面着手。有学者强调,这三大功能中,信息平台是基础,交易平台是核心,服务平台是保障,"三大平台"相辅相成、互为良性循环,如图9.3 为航运电商平台内部各平台间的关系。

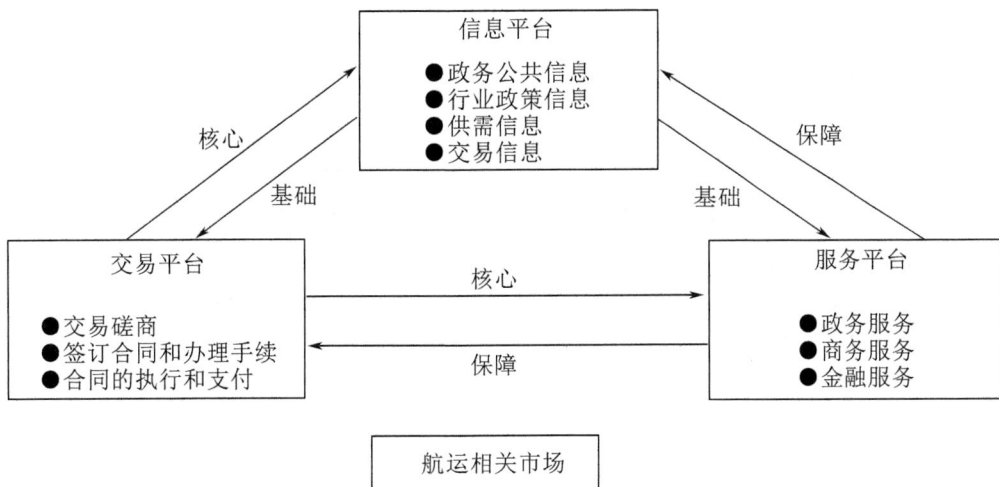

图9.3　航运电商平台内部各平台间的关系

1. 航运信息平台

航运信息服务是航运电商平台的基本功能。航运信息平台为客户提供时效性强、准确率高且便于存储的资讯、供需、交易等综合信息,并对信息进行处理、统计和分析,实现航运电商平台与相关企业用户的信息交换,最终形成优质信息,更好地服务于航运行业。航运信息平台所提供的信息主要包括:

(1)政务公共信息。该类信息主要指与航运业相关的政务信息,例如海事局、港航管理局、安监局等单位发布的通知、公告等信息。

(2)行业政策信息。该类信息主要指与航运业有密切关系的行业内的政策、文件、规划等。政务公共信息和行业政策信息属于电子商务信息四个等级的第一和第二等级,即免费信息和普通信息。

(3)供需信息。该类信息主要指市场供求双方发布的业务供需信息。

(4)交易信息。该类信息主要是成交之后展示的交易信息。供需信息和交易信息属于第三等级信息,即有价值的信息。由于这些知识类、经济类的信息具有较高的使用价值,信息的服务层次也较高。

2. 航运交易平台

航运交易服务旨在实现航运交易流程的电子化,形成实时的交易数据。航运交易平台主要包括交易磋商、签订合同和办理手续、合同的执行和支付三个处理步骤。

(1)交易磋商。该步骤指交易双方通过航运电商平台的交易平台,将双方在交易中的权利、义务,以及购买商品的种类、数量、价格、时间、违约和索赔规定等内容进行谈判和磋商后,以电子交易合同的形式做出全面详细的规定。在交易磋商的过程中,交易平台主要起到从中撮合,促使双方签订合同的作用。

(2)签订合同和办理手续。该步骤指双方同意并签署电子合同的过程,集中体现了签订合同和办理手续环节的主要内容。

(3)合同的执行和支付。该步骤指买卖双方办完所有手续之后,根据合同所规定的内容细节履行合同。

3.航运服务平台

航运服务平台将通过对政务、商务资源的整合来实现信息、服务的互联互通,并通过充分发挥航运电商平台集聚效应,使其逐步成为现代航运服务业大平台。航运服务平台包含三个方面:

(1)政务服务。该类服务是指平台向航运行业用户与政府主管部门提供的政务类事务服务功能,主要包括为航运行业相关的部门提供网上查询、网上手续办理等政务内容。

(2)商务服务。该类服务是指平台向交易主体(企业、个人等)提供的与交易有直接关系的服务,如平台客服系统提供的在交易前、交易中和交易后三个阶段中提供的咨询、在线支持等活动。此外,还具有可视化物流跟踪等其他增值服务功能。

(3)金融服务。该类服务是指与业务相关的贷款、抵押、质押、支付、结算、保险等功能。

第三节　发展经验与启示

目前,我国航运电商平台大多处于发展的初级阶段,即货运平台阶段。将来,随着我国跨境电商的不断发展,航运电商将向供应链两端延伸,提供跨境物流服务,升级演进为物流平台。而随着航运业与金融业尤其是商业银行的深度合作,以及平台金融类增值服务的扩展,平台将发展升级为金融平台(图9.4)。

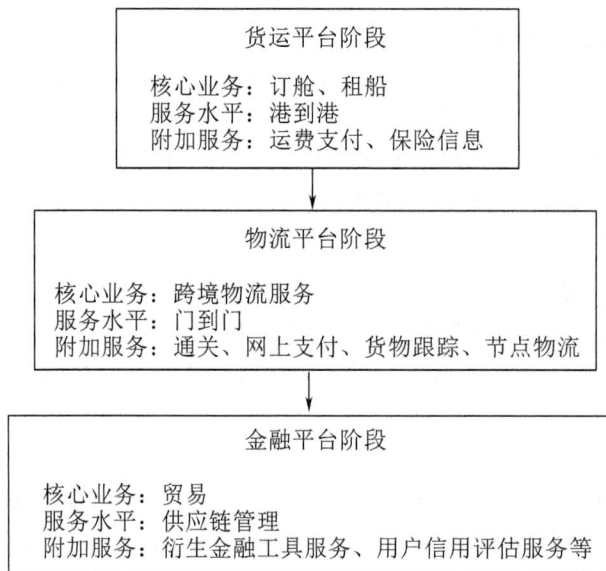

图9.4　航运电商发展模式规划

一、实现航运信息的充分共享

信息是基础,航运信息的充分共享是航运电商平台建设的前提。虽然国内许多港航企业都有较为健全的内部信息平台,但是港口、海关、商检、检疫、海事、边检等信息系统各自独立,相互之间不联网、代码独立、孤立分散,导致数据的混乱和资源冲突。在大数据技术的应用背景下,迫切需要建设航运业的大数据中心、实现航运信息充分共享,为航运电商平台的建设保驾护航。

二、着力于安全体系、标准化体系和诚信体系建设

随着电子商务在全球范围内的普及和推广,它所涉及的资金流、信息流的安全问题越来越受关注。航运电商平台的安全体系将从管理措施、技术措施和法律措施三个方面来保证交易的可信性和信息的安全性。

三、实现航运电商平台服务全流程的电子化和单证电子化

在建设航运电商平台的过程中,需努力提炼航运相关市场的业务流程共同点,建设好业务透明的功能支撑模块,例如支付通道、用户体系等,实现服务全流程的电子化。

四、充分发挥政府部门对于航运电商平台的引导作用

发展航运电子商务首先是市场调节起主导作用,但是也离不开政府部门的支持。在电子商务的建设过程中,不仅需要政府在政策方面的支持,而且在资金、航运电子商务人才方面也要给予支持,只有政府充分发挥引导作用,航运电子商务才能顺利的发展。

第十章 金融与国际航运中心

本章介绍航运金融的概念、航运金融服务发展规律及境内外国际航运中心发展航运金融的经验事实,分析金融与国际航运中心的关系,提出了广州发展航运金融的对策与建议。

第一节 航运金融发展的机理分析

一、现代航运业的主要特点

航运金融是港口、航运、船舶制造等企业从事投融资、结算、风险管理等金融活动的总称。航运金融的主要业务内容包括港口投融资、船舶融资、运费结算、航运保险、航运衍生品交易等。

航运金融服务派生于现代航运业的发展,现代航运业的发展规模和水平影响着航运金融服务的发展规模和水平。分析现代航运业的主要特点有助于把握航运金融服务发展的基本规律。现代航运业的主要特点如下:

(1)航运业具有显著的国际化特点。航运业国际化意味着竞争的国际化,这要求各国政府对航运业有相应的政策支持,否则会处于不利的地位。航运业的国际化带来航运金融服务需求的国际化,航运业需要金融机构能够提供完善的本外币、内外贸、离在岸等跨境金融服务。

(2)航运业本身是国际物流与资金流的中心。航运业在全球供应链体系中占据核心位置,需要有相应的供应链金融服务体系支持国际物流的发展。

(3)航运业具有显著的顺周期特点。这一特点表现为航运业的高风险性和波动性,同时也要求各国政府在低潮时出台相关政策,以保证在经济复苏和繁荣时能够重振雄风。

(4)航运业离不开航运金融服务的支持。航运业的资本密集性、高风险性特点决定其对融资、结算、保险等金融需求很大,没有发达的航运金融业支持,就没有发达的航运业。

(5)航运业对政府扶持政策的依赖性强。航运业事关国家经济与贸易发展,也具有一定的国防性,政府支持航运业发展有充足的理由。航运业的国际化特点与顺周期特点共同决定了政府支持政策的必要性。

二、航运金融服务业发展规律探析

1. 航运业与金融业相伴而生、相互促进

金融业对航运业的促进作用主要体现在,满足航运业投融资、结算和风险管理的需求,促进航运业做大做强;航运业对金融的影响在于推动金融交易规模扩大、激励金融机构产品创新、促进金融机构风险控制能力提升。在国际航运中心建设过程中,一方面国际航运中心建设带来了大量航运金融需求,另一方面发达的金融业和金融市场也是吸引航运要素集聚的重要条件。

2. 现代航运业具有金融化趋势

在经济金融化和金融全球化背景下,航运市场金融化趋势明显。其主要表现在:

(1)航运需求受到国际金融市场的影响大。航运需求为国际贸易的派生需求,而国际贸易受国际金融市场波动的影响大。

(2)航运主要成本金融化。燃油是最主要的航运成本,而油价波动直接影响航运成本,石油期货价波动受国际金融市场影响大,为了规避油价波动风险,航运企业又需要从国际金融市场寻求套期保期工具。

(3)航运产品金融化。运价与油价波动风险的存在使航运企业有必要提前锁定收入和成本,这为大量航运衍生品如 FFA、运费指数期货等的出现提供了机会,进而使得航运经济虚拟化趋势明显。

(4)船舶产业更新换代和转型升级严重依赖金融支持。

3. 航运金融服务业发展依赖自由、宽松的制度环境

综观全球重要的国际航运金融中心比如伦敦、香港、新加坡等,无不实行自由市场经济和宽松的法制环境。许多航运金融业务创新涉及税收、会计、法律、监管等制度的突破,没有宽松的制度环境是不可能实现的。

4. 航运金融服务业路径依赖强

当前全球国际航运中心具有伴随世界经济中心的东移而东移的趋势,但是比较容易迁移的是运力资源或较低端的航运服务业,作为高端航运服务的航运金融业不容易迁移。其原因有二:一是航运金融服务的国际化特点使其服务半径长,在信息时代很容易将服务范围延伸到全球每一个角落;二是航运金融服务业发展需要具有丰富经验的金融机构、复合型的航运金融专业人才、综合配套的中介服务体系、发达的金融市场、健全的法制环境等条件,而这些对于新兴国际航运中心而言需要一个长期的过程并付出艰辛的努力才有可能达到。

三、金融与国际航运中心的关系

航运业与金融业关系紧密:一是航运业是资本密集型行业且投资回收期限长,离不开金融业的大力支持;二是航运业是高风险行业,其风险体现在船舶货物海上风险、油价与运价的波动风险及汇率变化等国际金融风险,因而需要金融业为其提供风险管理工具或手段。航运金融是航运业与金融业高度融合的产物,是国际航运中心软实力的重要标志。

1. 国际航运中心大多是国际金融中心

无论是以高端航运服务业为特征的伦敦国际航运中心,还是以腹地型为特征的纽约国际航运中心,以及以中转型为特征的中国香港和新加坡国际航运中心,都是世界著名的国际金融中心。国际航运中心的形成过程中,会带来大量货物与人员流动,促进各种生产要素集聚,由此催生庞大的金融需求,引发金融服务的创新、金融机构的集聚和金融市场的形成,国际金融中心应运而生。国际航运中心与国际金融中心相辅相成,在开放型经济体制中,没有金融中心的支持,航运中心很难有大的发展,而没有航运中心带来的金融需求及要素集聚,金融中心也将难以生存。金融服务环境的完善将为航运业保驾护航,航运要素的

集聚也为金融业发展提供了更广阔的空间。

2. 航运金融服务是国际航运中心的重要功能

国际航运中心的功能包括货物集散、航运交易、航运服务及产业集聚等功能。金融是现代经济的核心,同样,航运金融也是航运经济发展的核心。港口与船舶融资状况直接影响港航业发展,发达的航运保险业是促进航运业健康发展的基石,顺畅的资金结算是航运业正常运行的根本保证。总之,航运金融是国际航运中心的重要功能。

3. 航运金融服务是国际航运中心全球资源配置能力的重要体现

如前所述,尽管国际航运中心随着世界经济中心的东移而东移,但高端航运服务业(如航运金融服务)不一定随之转移。目前尽管伦敦的港口条件已不占优势,但其国际航运中心的地位难以撼动,其中一个重要原因是其航运金融服务十分发达,船舶融资、航运保险等业务仍在全球独占鳌头。通过对航运资金要素配置的控制,伦敦国际航运中心影响着全球航运资源的配置,在全球航运界及航运市场具有举足轻重的地位。

4. 国际航运中心发展为航运金融带来强劲需求

近年来,随着国际航运中心向东亚转移,我国抓住这一机遇大力发展上海、天津、大连等国际航运中心,着力建设深水港、深水航道、集疏运体系等硬件以及航运交易、航运服务、运价指数等软件,不断提升国际航运中心的综合实力。在此过程中,也为航运金融发展带来庞大需求,比如港口与船舶融资需求、航运基础设施建设需求、航运保险服务需求、航运资金结算需求、航运市场风险管理需求等。

第二节　全球著名国际航运中心和 航运金融发展的经验

一、伦敦

伦敦是全球重要的国际航运中心和国际金融中心,其航运金融服务业十分发达。目前,全球 20% 的船级管理机构常驻伦敦,全球 50% 的油轮租船业务、40% 的散货船业务、18% 的船舶融资和 20% 的航运保险都在伦敦进行。伦敦是世界上最大的管理保险和赔偿保险中心,其中伦敦船东互保协会占据全球市场的 60% 以上。以伦敦为基地的商业银行发放的航运贷款占全球比重的 15%～20%。伦敦之所以能成为全球重要的航运金融中心,主要在于长期航运业发展的历史传承和优越的航运金融发展软环境,航运金融服务同航运中心的其他服务相辅相成,已成为伦敦国际航运中心软实力的主要标志。伦敦航运金融发达的原因在于:

(1)多年的航运业发展实践所传承下来的产业基础和政策支持体系。伦敦是最早的国际航运中心,工业革命之后,伦敦凭借英国的经济与贸易地位,很快成为全球著名的国际航运中心,这与英国政府的财政金融支持政策及宽松的金融制度是分不开的。英国在实行金融自由化过程中,伦敦很快成为欧洲美元中心,并吸引国外银行大量进入伦敦开设分支行,从而造就了伦敦国际航运金融中心。

（2）健全的航运金融法律服务体系。船舶融资和航运保险的绝大部分法律规则都源自英国航运业的早期实践,现在国际上许多船舶融资和航运保险的合同文本都以英国早期合同文件为基础修订而来。除海事法院外,伦敦还有许多著名的仲裁机构,例如伦敦海事仲裁员协会（LMAA）、皇家御准仲裁员学会（CIA）、伦敦国际仲裁院（LCIA）、国际争议解决中心（IDRC）和快速争议解决中心（CEDR）等。伦敦是全球最重要的海事争议和仲裁中心,全球90%左右的航运案件都在伦敦进行裁决。

（3）发达的金融基础设施和金融市场体系。伦敦是全球三大国际金融中心之一,全球知名金融机构云集伦敦,外资银行在伦敦设有250多家分行和支行,数量居各金融中心之首。伦敦跨境银行业十分发达,其跨境银行借出借入额在全球约占20%份额。伦敦有着全球最大的外汇市场,全球1/3外汇交易在此进行。此外,伦敦还有证券交易所、金融期货交易所、金融衍生品交易所、石油交易所、金融交易所等。

（4）完善的航运金融机构体系和辅助中介机构体系。伦敦拥有健全的航运金融保险和再保险金融机构体系,已有300多年历史的劳埃德保险行是世界最大的保险行,目前仍在航运信息交换、航运保险经纪等方面发挥重要作用。船舶经纪、保险经纪、保险公估、船舶检验、海事法律等航运金融中介机构非常完善,并且能高效运转,在业界信誉卓著。波罗的海航运交易所全球闻名,其所发布的波罗的海干散货运价指数,不仅是全球航运业发展的晴雨表,而且是航运衍生品交易的重要基础。

（5）高素质的航运金融人才队伍。伦敦重视航运服务专业人才的培养,许多大学都设有与航运教育有关的设计、工程、金融与经济学课程。伦敦城市大学的卡斯商业学校和伦敦都会大学都设置了国际航运商业课程,以培养航运服务所需的复合型人才。多年的航运金融发展使伦敦汇聚了大量高素质的船舶融资、航运保险、船舶经纪、海事法律等专业人才,这是伦敦能够成为全球重要的国际航运金融中心的原因之一。

二、香港

香港是亚洲重要的国际航运与金融中心,由于其优越的地理条件和自由市场经济体制,尤其是同中国内地紧密的经济联系,支持香港在国际航运与金融中心城市中的地位不断提高。香港发展航运金融的经验有以下几点:

（1）自由市场制度和自由港政策。香港特区政府倡导自由经济政策,尽可能提供有利的营商条件,包括个人自由、法治、廉洁高效的政府服务和公平宽松的营商环境。香港税制简单、税负低、资本自由进出、公司注册简便,这些都为航运金融发展和创新提供了适宜的环境。

（2）船舶注册制度使香港成为航运要素集聚之地。20世纪90年代,香港以船东利益为出发点改革船舶注册登记制度,吸引大量国外及内地船舶登记,伴随而来的是大量船舶管理和服务机构集聚香港。香港大约有400家公司经营船舶管理和代理业务,全球六大船舶管理公司都在香港从事相关业务,其中华林船舶管理公司和英国东方集团的总部设在香港。各类航运要素的集聚成为发展包括航运金融服务在内的现代航运服务业的重要基础。据统计,截至2018年12月,已向香港船舶注册处注册的船舶超过2 600艘,合计为1.25亿总t。此外,根据丹麦航运统计数据,2017年,香港是世界第四大船舶注册地。

（3）英国法律体系使香港成为亚太重要的海事仲裁基地。香港曾经是英国殖民地,在经济制度与法律制度上沿袭英国较多。香港司法制度独立,法律体系基本同国际法接轨,许多国际海事法律事务所在香港设立办事处,能提供包括船舶注册、买卖、租赁、保险等在内的所有海事法律服务。近年来在香港仲裁的航运案件不断增多,使香港成为全球三大海事仲裁中心之一。

(4)背靠内地的优势,使香港航运金融服务发展有了更广阔的空间。一方面内地经济与外贸发展,为香港航运业提供大量中转货源;另一方面内地港航业及外贸业的融资、结算、保险等航运金融需求,大多来香港寻求满足。

(5)发达的银行业及自由的货币制度使香港成为全球重要的航运融资与结算中心。据估计香港至少有20家成规模的专业船舶融资银行,加上融资租赁、投行、私募基金等金融机构,构成了一张巨大的船舶融资服务网。香港拥有低税率营商环境、流动性高的金融市场、港币自由兑换且与美元挂钩等优势,这些优势可以使港航企业在香港可以获取低成本融资,这是国内航运企业青睐香港融资的重要原因。目前香港航运融资额在全球所占比重为6%左右。同时,由于香港具有自由港的便利条件,很多大型船公司愿意将东亚地区航运业务的结算中心设在香港,结算账户一般开设在花旗、汇丰等国际大银行。

三、新加坡

新加坡依托其独特的地理优势,做优做强港口产业,大力发展国际中转业务,一跃成为全球重要的中转型国际航运中心。进入21世纪后,新加坡更加重视海事产业发展与集聚,优先发展的海事辅助服务业包括船舶管理与代理、船舶经纪、船舶融资、海运保险及海事法律仲裁服务。其中航运金融发展摆在十分重要的位置。为促进国际海事中心建设,2004年1月,新加坡成立海事基金会(SMF),新加坡海事基金会介于行业协会与政府顾问两个角色之间,同年成立金融仲裁工作小组(Finance Arbitration Working Group),其职责是协助促进新加坡成为国际海事金融中心。在新加坡海事基金会金融工作小组、政府金融主管机构、海事部门、港口当局及金融机构等的共同努力下,新加坡航运金融取得以下成就。

1. 航运要素集聚

据统计,新加坡目前有5 000多家航运公司,创造价值占新加坡GDP的7%左右。同时新加坡以高质量的船舶登记闻名,新加坡船舶登记处成立于1966年,以其高效的服务、多样化的选择性、严格的污染控制标准及良好的安全纪录而被全世界所认可。

2. 海事金融创新

鉴于航运基金的投资门槛较高,一般投资者因资金规模小、缺乏专业知识而难以参与,2006年新加坡推出了海事金融激励计划(Maritime Financial Incentive Plam),通过一系列的税收优惠措施,吸引社会资金进入船舶航运业。在该激励计划的鼓励下,新加坡海运信托基金应运而生。2006年以来,已有3家公司创立了海运信托计划,它们分别是太平洋航运信托(Pacific Shipping Trust)、第一船舶租赁信托(First Ship Lease Trust)及海事航运信托(Rickmers Maritime Shipping Trust),涉及融资船舶超过50艘。新加坡海运信托基金的主要特点是政策支持、平民参与,但它与一般基金不同之处在于政策优惠力度大。根据海事激励计划,租赁公司、船务基金或船务信托,在十年优惠期内买下的船只所赚取的租赁收入,只要符合条件,将永久豁免缴税,直至相关船只被售出为止。同时,该政策对基金管理人员的激励也很诱人,即负责管理船务基金或公司的投资管理人所获得的管理相关收入,只要符合条件,即可享有10%的优惠税率,为期十年。

3. 航运保险发展迅速

新加坡是亚洲主要的保险和再保险中心,21世纪头十年,新加坡总保险资产增长了5倍。世界上主要的保险和再保险公司都在新加坡设有办事处,劳合社从1999年开始将新加坡作为其亚洲业务中心。据统计,新加坡有26家保险公司经营船舶及其责任保险业务,有31家保险公司从事货运保险业务,还有16家再保险公司涉及航运保险业务。

此外,新加坡独立高效的司法系统具有很强的国际性,其海事法律承继英国法致力于快速解决海事海商案件。新加坡是海事海商法律服务的集聚地,目前新加坡有30家律师事务所提供海事海商法律服务。同时新加坡也是拥有高素质国际人才的仲裁中心,2004年新加坡海事仲裁委员会成立,目前该委员会有68个来自不同国家的个人会员和26家公司会员,集聚了45位国际仲裁员。

四、上海

上海航运金融发展起步早,基本上与国际航运中心建设同步。1996年11月成立上海航运交易所,它在成立之初就瞄准了世界闻名的波罗的海航交所,积极筹备航运指数编制,为下一步开发运价指数衍生品奠定基础,于1998年4月13日发布了中国出口集装箱运价指数(简称"CCFI")。尽管上海航运金融发展起步早,但真正快速发展是在2007年之后,尤其是2009年4月14日,国务院发布《关于推进上海加快发展现代航运服务业和先进制造业建设国际金融中心和国际航运中心的意见》(国发〔2009〕19号)(以下简称"意见"),其中第十四条是专门针对航运金融发展的举措。同年5月,上海市政府发布了贯彻国务院19号文件的实施意见,在实施意见中对航运金融发展的相关政策举措进一步细化。此外,2010年9月,上海浦东新区出台《浦东新区促进航运发展财政扶持办法》,对新引进的高端航运服务企业,经认定,给予一定金额的一次性补贴。其中,对在浦东新区设立的航运金融和融资租赁企业,经认定,享受浦东新区金融机构或融资租赁扶持政策。2014年中国首个航运和金融产业基地在上海陆家嘴正式成立,旨在吸引船舶租赁、航运保险等市场主体入驻,目前全国前十名的融资租赁企业已有3家落户陆家嘴。在陆家嘴的保险机构中,已有32家经营船舶险,包括全球保险巨头劳埃德保险和美国保赔保险协会亚太区管理公司等。陆家嘴已初步形成航运金融机构集聚的态势。

目前上海航运金融发展走在全国前列,基本形成了较完善的航运金融机构体系和航运金融产品体系。

一是各大银行成立专门机构从事航运金融业务,服务航运企业。2009年7月3日,交通银行率先成立航运金融部;2009年7月8日,中国银行上海分行成立国际航运金融服务中心;2009年9月,中国工商银行成立上海航运金融服务中心;招商银行也成立航运金融事业部。工行上海分行与上海航运交易所签署全面战略合作协议,并与上海航运运价交易有限公司共同搭建国际上首个航运运价第三方交易平台,工行作为这个平台的清算主办行提供保证金存管、代办交易商开户、交易商保证金转账及相关配套等一揽子服务。银行与港口、航运、造船企业的深度合作也全面铺开,比如中海集团与中行、招行和交行展开合作,上港集团同招行、光大银行、中行进行合作,上海外高桥造船有限公司同中国进出口银行和中国银行进行合作等。

二是保险公司在上海纷纷设立航运保险中心。2009年国务院"意见"中提出,在上海注册的保险公司从事国际航运保险业务享受免征营业税的优惠政策,该政策极大地推动了上海航运保险机构的集聚和保险业务的发展。上海已基本形成包括保险公司、再保险公司和保险中介机构在内的航运保险服务体系。

三是上海船舶融资租赁业务快速发展。2007年3月,新修订的《金融租赁公司管理办法》正式实施,其允许符合资质的商业银行设立或参股金融租赁公司。新办法出台后,我国金融租赁业进入快速发展时期。2007年12月28日,继工行独资公司工银租赁在天津滨海新区开业之后,交通银行独资设立的交银金融租赁有限责任公司在上海开业,注册资本20亿元,主营船舶、电信、飞机、工程机械等大型设备的租赁业务。2007年和2011年招商银行旗下的招银租赁和浦发银行旗下的浦银租赁相继落户上海,至此全国十大银行系金融租赁公司有三家落户上海。

四是首只国家层面的航运产业基金落户上海。2011年上海航运产业基金正式落户北外滩航运服务区,该基金的注册资本为2亿元,基金计划总规模500亿元,首期募集50亿元,资金主要投向船舶、港口、航运服务发展等领域。

五是航运衍生品交易影响力逐步增强。1998年4月,上海航运交易所向全球推出"中国出口集装箱运价指数(CCFI)",2009年10月,上海航交所发布新版运价指数(SCFI),2010年10月,由上海航交所控股的上海航运运价交易有限公司(SSEFC)成立,成为全球首个运力交易平台,已成功推出国际干散货、中国沿海煤炭、上海出口集装箱三大航运运力交易品种,覆盖了航运市场的主要货种及航线。2012年,SSEFC推出人民币FFA中央对手清算业务。

六是航运金融研究机构和人才培养体系逐步健全。政府、金融机构等合作成立了数家航运金融研究机构,旨在为航运金融发展提供智力支持。2008年7月4日上海国际航运研究中心成立,该中心挂靠上海海事大学,下设航运金融研究所,为政府和国内外企业与航运机构等提供决策咨询和信息服务;2010年3月18日,由浦东新区人民政府和苏黎世金融服务集团合作筹建的苏黎世国际航运与金融研究发展中心正式落成;同年7月16日,由上海国际航运研究中心与建设银行上海市分行、远东国际租赁有限公司、广发期货有限公司、中银国际证券投资有限公司等共同担纲的"航运金融研究所"在上海正式挂牌成立,致力于研究航运金融的前瞻性问题,跟踪全球航运金融发展的新情况、新趋势和新制度,研究航运金融发展规划和航运金融产品、服务创新、风险监控和管理等问题。人才培养方面,上海海事大学自2001年开始开办了金融学(海运金融)本科专业,定位于培养与航运相关的金融人才。2013年12月6日,依托上海海事大学,在交通运输部和上海市政府的大力支持下,上海高级国际航运学院正式挂牌成立,其通过举办"航运金融高级研修班"及航运金融EMBA教育培养航运金融高级人才。

五、天津

2010年10月,天津市出台了《关于促进我市租赁业发展的意见》,鼓励发展融资租赁业,对于新注册的租赁企业给予税收减免和资金补助,并在人才引进上享受优惠待遇。天津东疆保税港区自2008年成立之后一直将航运金融尤其是融资租赁作为支柱产业优先发展,力图打造中国融资租赁产业的重要基地。2009年7月,天津出台了《天津滨海新区关于加快北方国际航运中心建设的若干意见(试行)》,提出了要加快金融服务体系建设,壮大船舶产业基金规模,推进航运金融创新;2010年3月,财政部、海关总署、国家税务总局发布了《关于在天津市开展融资租赁公司船舶出口退税试点的通知》,对融资租赁企业经营的所有权转移给境外企业的融资租赁船舶出口,在天津市实行为期 1 年的出口退税试点;2011 年 5 月,国务院批复了《天津北方国际航运中心核心功能区建设方案》,天津东疆保税港区获得了国际船舶登记制度、国际航运税收政策、航运金融和租赁业务四个方面的创新试点支持政策。同时,天津的航运交易市场也在不断完善,成立了天津国际船舶交易所和天津东疆国际航运交易市场,在船舶交易、制造维修、电子商务、海事仲裁以及船舶融资、航运保险、离岸金融等方面进一步提升了航运市场的服务功能,为航运金融发展创造了很好的基础条件。2010 年 9 月,天津市颁布了《天津东疆保税港区促进航运金融产业发展鼓励办法》,成立专门机构——金融与租赁发展办公室负责航运金融规划、组织、协调、服务和管理工作,并对注册在区内的航运金融机构或离岸金融机构给予税收优惠、资金奖励和全程跟踪服务等支持措施。2013 年 2 月,天津市出台促进融资租赁业发展的财税优惠政策,对在天津新设立的融资租赁公司法人机构,最高给予 2 000 万元的一次性资金补助以及连续 5 年的营业税和所得税减免;对企业新购建的自用办公用房,最高给予 1 000 万元的补贴。在上述支持政策的促进下,天津融资租赁业发展一直走在全国前列。

除了优惠政策之外,天津东疆保税港区还专门设立投资促进中心和投资服务公司,为融资租赁企业提供全程跟踪配套服务。东疆保税港区国际航运和金融发展促进中心是专门促进船舶、飞机和大型设备租赁,以及航运金融、离岸金融发展的政府公共服务机构,同时也承担国际船舶登记制度创新和国际航运税收制度创新等工作。该中心拥有专业团队,帮助相关企业解决业务过程中的一系列问题,提高办事效率。该中心提供的服务包括注册登记、涉外商务、专业技术服务、咨询、业务推介等。此外,保税区内还有专门的服务公司帮助融资租赁企业代理完成各项业务手续,代理服务内容包括资格审批、工商注册、外汇结算手续、外债手续、工商年检、报关报检、税务代理、产品模式设计等。优惠政策的频频出台,配套服务的不断跟进,加之政府相关部门的密切配合,使天津东疆保税港区成为融资租赁业迅速成长的沃土。

在船舶产业基金发展方面,2009 年 12 月 29 日,全国首只船舶产业投资基金在天津设立,总规模 200 亿元,目前已投资船舶 60 余艘,总载重吨级超过 500 万 t,将于近期陆续完成并投入市场运作。船舶产业投资基金的发展,拓宽了船舶企业的直接融资渠道,在支持航运业、造船业做大做强,提升航运产业及上下游企业国际竞争力方面发挥了积极作用。

在运价指数编制方面,2010 年 9 月 28 日,天津国际贸易与航运服务中心发布天津运价指数。天津运价指数包括北方国际集装箱运价指数(TCI)、北方国际干散货运价指数(TBI)、沿海集装箱运价指数(TDI)。北方国际集装箱运价指数是反映天津地区集装箱市场运价水平的海运价格指数。TCI 的编制选取 16 条样本航线,覆盖天津出口集装箱运输的主要贸易流向及地区,包括欧洲、地中海、美洲、日韩、东南亚、波斯湾等;北方国际干散货运价指数是反映北方地区干散货市场运价水平的海运价格指数。TBI 的编制选取 9 条样本航线,覆盖南北美粮食产区,澳东煤区,南美、澳西铁矿石产区,东南亚菲律宾、印尼镍矿产区;沿海集装箱运价指数(TDI)是反映我国沿海集装箱市场在不同时期运力、运量等综合因素变动对国内贸易集装箱运价影响的海运价格指数。2013 年 12 月 16 日,天津国际贸易与航运服务中心又编制了北方国际粮食远期运价行情播报(IGF)。

六、大连

2004 年 12 月,辽宁省出台了《中共辽宁省委 辽宁省人民政府关于加快建设大连东北亚国际航运中心的决定》(简称《决定》),全力支持大连市建设东北亚国际航运中心。《决定》要求加快大连港进入国际国内资本市场进行融资的步伐,并在辽宁沿海港口资源整合中明确了大连港的龙头地位,使大连港通过资本渗透的方式整合港口资源成为可能。2005年11月,成立大连港股份有限公司,2006年4月,大连港H股成功在香港上市。在港口资源整合方面,目前已经形成以大连港为核心、分工明确、功能互补、辐射力强的辽宁组合港口集群。

2011年11月,由大连港集团和大连港股份有限公司共同发起成立的大连港集团财务有限公司正式营业,注册资本5亿元。该公司是辽宁省唯一的地方企业财务公司,2013实现净利润8 558万元,加上为成员企业赚取和节省的效益突破亿元;蕴含迸发态势的大连港航基金管理公司及旗下港航产业基金和港航清洁能源创投基金也颇受投资与金融界瞩目,已成功募集资金8.5亿元,实现投资6亿元;大连港控股的大连装备租赁公司,已成为极具发展潜力的中外合资融资租赁公司。通过实施合作共赢战略,大连港与建行、开发银行、浦发银行、平安保险、大商所、保险、证券类金融机构相继建立了战略合作关系,进一步拓宽了融资渠道,增强了商贸功能,完善了综合金融服务体系,为大连港转型发展提供了坚实保障。依托财务公司,2013年大连港通过发行银行间私募债、通道融资和信贷等组合金融工具,成功低成本融资超过100亿元,不仅为太平湾、大窑湾、长兴岛等核心港区的建设保障了资金供给,集团其他板块的业务也逐渐得到拓展。为了满足国际化战略发展的需要,大连港集团先后在香港设立港融控股公司,收购了荣海丰集装箱公司,借此成功协助大连装备租赁公司取得了中外合资企业资质和融资租赁资质,为集团做实海外业务建立了投融资平台,打通了境外低成本融资通道,以开展20亿元售后回租业务为例,一个业务循环就可节省6 000万元的融资成本。

2013年11月,大连市政府发布《大连市政府关于创新发展航运金融的实施意见》,成立了以常务副市长任组长的大连市创新发展航运金融领导小组,负责统筹推进全市航运金融创新发展,研究支持政策,协调落实各项措施。同时提出了支持大连港打造金融板块和高端服务体系、发展航运融资业务、拓宽航运企业融资渠道、提升航运保险服务水平、发展航运金融新兴业态、推进航运交易市场建设、构建便捷高效支付结算体系、发展航运金融中介服务体系等八项重点工作。还从建立协调机制、争取国家试点政策、落实扶持政策、加快人才培养、完善信息服务等五个方面提出了具体保障措施。

目前,已有国开行船舶融资中心、建行船舶融资中心、建行物流产品实验室、大连港航产业基金、船舶产业基金及大连船价评估公司等在大连设立,航运金融产品和服务方式日趋多样。东北亚煤炭交易所、东北亚现货商品交易所等一批大宗商品交易市场相继成立,有效汇集了商流、物流、资金流和信息流,提升了航运、金融资源聚集度。大连港股份分别在香港和上海证券交易所公开发行上市,成为国内首家以"A + H"股为双融资平台的港口类上市公司。大连港集团先后设立财务公司、船舶交易市场、船舶物资交易市场、股权交易中心、港航小额贷款公司、东北亚国际航运中心智库、航运金融研究院、航运信息研究院、航运人才市场等,航运金融服务体系已基本形成。

第三节 以航运金融为抓手促进
国际航运中心建设

下面以广州国际航运中心建设为例,探讨以航运金融为抓手,促进国际航运中心建设。

一、加快广州航运金融发展的意义

1. 积极借鉴境内外航运中心城市发展航运金融的经验

从境内外航运中心城市发展航运金融情况看,有以下发展经验:

一是航运金融发展政策先行。一方面积极争取国家层面的政策,比如第二船籍制度、离岸金融、出口退税等;另一方面,加强规划引领作用,出台支持航运金融发展的专项政策,比如天津和大连都针对航运金融发展出台相关支持政策。

二是因地制宜发展航运金融业务。上海最突出的航运金融业务为航运保险和运费衍生品交易,航运保险几乎占据国内半边江山,运费衍生品交易填补了国内此类业务的空白;天津最抢眼的业务为船舶融资租赁及船舶产业基金,天津融资租赁业务规模大约占全国1/3,而船舶产业基金属于中国第一家;大连下功夫发展的是港口融资,尤其是大连港财务公司在辽宁沿海港口群资源整合和大连东北亚国际航运中心建设中发挥了重要作用。

三是以航运金融创新为重要抓手。

(1)航运金融机构的创新。比如上海成立了上海航运运价有限公司,成功推进运费衍生交易品种;天津成立船舶产业基金,为航运业的融资开辟新的渠道;大连成立财务公司,为港口融资与结算提供便利。

(2)航运服务产品创新,比如上海推出的运费衍生品交易为航运企业提供了防范运价波动风险的工具。

(3)航运融资模式的创新。比如天津东疆保税港区已创新出近30种租赁交易模式;上海自贸区及天津东疆保税港区都有过单船融资租赁SPV模式融资的业务。

(4)重视航运金融人才培养。上海海事大学和上海高级国际航运学院建立了航运金融本科及工商管理硕士(EMBA)人才培养体系,上海高级国际航运学院常年开办航运金融高级研修班;为满足天津国际航运中心对航运金融技能型人才的需求,天津海运职业学院开设了金融管理与实务(航运金融)专业;大连海事大学经济学、交通管理等本科专业开设了航运金融学、海上保险、航运金融衍生品及风险管理等课程,旨在培养学生从事航运金融业务能力。

(5)加强航运金融研究力量。上海市以上海海事大学的依托成立了上海国际航运研究中心和上海高级国际航运学院,组织力量从事航运金融研究,并且引进了国外知名专家担任兼职教师和研究员;大连港集团成立专门成立航运金融研究院。

2. 充分认识加快广州航运金融发展的意义

广州是我国经济最发达、最活跃、开放程度最高的城市之一,雄厚的经济基础为港航业发展准备了充足条件。近年来,广州港货物吞吐量和集装箱吞吐量稳居全球第五位。同时,广州也是全国三大造船基地之一。一方面,外贸、港口、航运及造船等行业发展为广州航运金融带来旺盛需求。另一方面,广州建设与香港错位发展的国际航运中心离不开航运金融的大力支持。广州具备发展航运金融的良好条件与独特优势,比如港航业基础好、金融业发达、毗邻港澳的区位优势以及自贸区的政策优势等。因此,应加快发展航运金融服务,促进广州国际航运中心建设。

2018年6月,市政府发布的《建设广州国际航运中心三年行动计划(2018～2020年)》提出,要依托粤港澳大湾区建设,打造粤港澳大湾区国际航运金融综合服务体系。2019年2月,国务院发布的《粤港澳大湾区发展规划纲要》明确提出,大湾区应依托香港高增值海运和金融服务的优势,发展海上保险、再保险及船舶金融等特色金融业。2020年5月,中国人民银行、银保监会、证监会、外汇局发布《关于金融支持粤港澳大湾区建设的意见》,支持粤港澳大湾区加强航运金融合作。可见航运金融发展得到政府部门的高度重视。广州发展航运金融的意义有以下几点:

(1)加快航运金融发展,有助于广州国际航运中心建设。广州作为腹地型国际航运中心,航运基础设施建设至关重要。通过引进航运金融机构,拓展航运金融渠道,创新航运金融方式,增加航运金融服务品种,可以促进港口航道及集疏运体系建设,增强广州国际航运中心的硬实力,同时,发达的航运金融服务本身也是国际航运中心软实务的体现。

(2)航运金融发展,有助于提升广州区域金融中心地位。广州是我国重要的区域金融中心之一,金融业已成为广州的支柱性产业。航运金融作为产业金融或者特色金融,专注于航运资金与资源的优化配置,可以丰富区域金融中心功能,大大提升广州区域金融中心在珠三角地区的辐射能力和竞争优势。

(3)航运金融发展,有助于提升广州现代航运服务业的综合实力。发展航运金融,可以带动港口、船舶等航运相关产业发展,进而促进与之关联的现代航运服务业快速成长。航运金融服务作为高端航运服务业可以提升广州现代航运服务的能级与水平,促进广州市产业结构向高端化方向发展。

二、加快广州航运金融发展的对策建议

1. 加强航运金融发展的规划、组织与引导

航运金融作为广州国际航运中心建设的核心内容与关键因素,为促进其快速发展,应发挥好地方政府的引导作用:

(1)制定广州航运金融服务发展的专项规划,进一步明确发展目标、发展重点和发展路径,引导航运金融服务集聚发展。

(2)学习新加坡和天津经验,成立专门机构负责组织、协调、引导航运金融服务业发展。建议成立专门的投资促进服务中心,为航运金融机构的注册登记、业务操作及金融创新提供一整套服务,消除其业务发展和金融创新中的一切障碍。

(3)成立相关航运金融企业协会,比如船舶融资租赁企业协会、航运信贷银行业协会及航运保险企业协会等,加强行业自律,引导行业发展,维护行业规范。

2. 建立与国际接轨、能促进航运金融发展的法规政策体系

学习借鉴国内外国际航运中心发展航运金融的先进经验,尤其是构建能促进航运金融发展的法规政策体系。首先梳理与国外法规政策相抵触、与国内航运金融创新不适应的政策与法规,重点是税收、会计、外汇管理、金融监管等政策。比如与香港16.5%(适用于有限

公司)和15%(适用于非有限公司)、新加坡17%的企业所得税税率相比,我国内地企业税负(25%)偏重,税制也相对复杂,大多数从事航运金融的企业既要缴纳所得税,还要缴纳增值税、城市维护建设税及教育费附加等。

其次,对于不合时宜的法规与政策,分两种情况,一是国家层面的法规政策,应积极争取试点或参与修订;二是地方层面的法规政策,应在地方事权范围内给予及时调整。借鉴大连和宁波经验,建议广州市专门出台《关于促进航运金融创新发展的实施意见》,将散见于不同文件的支持政策系统化和具体化。最后,自广东自贸区获批以来,国家及省市相继出台《中国(广东)自由贸易试验区总体方案》《关于支持广州南沙新区深化粤港澳台金融合作和探索金融改革创新的意见》(即"南沙金融15条")《广州国际贸易单一窗口建设试点工作方案》,从金融创新、口岸监管模式创新等方面提出相关政策,有助于广州航运金融的发展,但仍需要政府、企业和各有关单位共同配合推进落实,为航运金融的发展营造良好的政策制度环境。

3.完善航运金融发展组织机构体系和金融市场体系

首先完善航运金融机构体系。鼓励和支持中外资银行设立航运金融部从事航运融资、结算、租赁等业务;鼓励中外资银行与港口、造船和航运企业建立战略合作关系;鼓励和支持境内外保险机构设立航运保险营运中心,鼓励保险公司大力发展船舶保险、海上货运险、保赔保险等传统航运保险业务,探索开展新型航运保险业务,积极培育航运再保险市场;探索成立区域性船东互保协会吸引国内外船东互保协会在穗设立分支机构,积极发展保赔保险,增强航运企业的风险转嫁能力;积极筹建港口投资基金、船舶产业基金、航运信托基金、航运专业保险机构、港航企业财务公司等新型航运金融机构;放宽准入条件引进香港航运金融机构在穗设立分行或代表处。其次完善航运金融发展所需的中介辅助机构体系。航运金融业是一个综合性和专业性极强的行业,每项业务都需要有很多中介服务机构协助配合才能完成。比如船舶融资中的融资租赁业务,涉及船舶检验、船价评估、海事登记、法律、会计、审计等各个环节。因此,广州发展航运金融,不单是要发展航运金融机构本身,还要发展与其相关的中介服务机构,比如船舶经纪、船舶检验、船价评估、保险公估、保险经纪、融资担保、海事法律服务、海事仲裁等机构。最后构建航运金融交易平台。扩展现有广州航运交易所功能,加快其航运金融产品交易平台建设,逐步将该交易平台转化为证券化航运金融产品交易的主要市场。执行平台交易税收优惠政策,参与平台交易的个人、企业和金融机构可以享受税收优惠。允许符合条件的航运企业通过平台直接向家庭和机构发行航运企业债券、短期融资券,允许中小航运企业联合发行集合短期融资券。条件成熟时,引进运费衍生品交易。

4.营造航运金融创新的体制环境、法律环境与政策环境

目前我国航运金融发展已经进入到"创新驱动"阶段,原有的粗放发展模式已经不再适应现有港航业发展的新要求。航运金融创新包括机构创新、服务模式创新、融资方式创新、金融工具创新等。从广州实际情况看,目前最需要的是机构创新及融资方式创新。其原因是,在广州国际航运中心建设过程中,需要有更多的航运金融机构提供广泛的航运金融服务,同时需要开辟更多的融资渠道吸引更多的社会资本投入港航业发展。航运金融机构应加大对航运金融产品的研发力度,推出更多能满足港航企业需求的新兴航运金融产品和服务。结合航运企业特点,积极开展在建船舶抵押贷款、船舶租赁与信托、中小航运企业政策性担保贷款等,通过金融服务创新,满足不同类型、不同规模企业的多样化航运金融需求。

为了促进航运金融创新,首先政府要进行体制机制改革,建立适应航运金融创新的体制基础。加快服务型政府建设,提高行政效能;设立负责航运金融发展的专门机构(可以兼任),对航运金融业务发展进行组织、规划、引导,同时设立促进航运金融发展服务中心,为航运金融机构业务运营提供一揽子服务,帮助解决其航运金融创新过程中的一系列问题;建立相关部门协同合作机制,整合不同部门事权,为航运金融创新创造条件;其次应致力于构建良好的法律环境以及按国际惯例办事的优良作风,有效履行法律性条例和国际公约。根据国家有关法律法规,结合广州实际,制定与国际接轨的航运法规;在立法、司法和执法之间形成一个相互协调相互制衡的机制;建立健全海事仲裁机构,增强海事法律服务能力,构建公平的执法环境;理顺有关港航管理部门、航运企业以及相关企业之间的关系,降低交易费用,提高办事效率。最后应制定合适的优惠政策,降低企业成本。对于新注册的航运金融机构按照不低于融资租赁企业的优惠条件给予资金补助;对于现有的航运金融机构从事航运贷款、航运保险、融资租赁等业务给予税收优惠;鼓励银行开展造船企业在建船舶、船台(坞)、龙门吊等财产抵押贷款业务,对其抵押贷款利息给予一定比例的补贴。

5.为航运金融发展提供智力和人才支持

借鉴上海经验,培养本市航运金融研究力量。一是建立航运金融研究平台,就影响航运金融发展的关键问题展开课题研究,并提供相应的资金资助;二是发挥相关航运金融企业协会作用,组织力量积极开展行业调研,反映行业问题,提供相应的决策建议;三是加强政、校、企协作,实现产学研结合,充分发挥行业院校从事行业研究的主力军作用。

与此同时,广州应建立航运金融人才引进和培养机制,建设能支撑航运金融发展的高素质专业人才队伍。一是制定优惠政策,直接从国内外引进高层次航运金融专门人才;二是在高校增设航运金融专业,完善航运金融人才培养体系。譬如可以在航海院校开办航运金融专业或者在航运类专业设置航运金融类课程,也可以在重点院校设立航运金融EMBA或开办航运金融高级研修班,畅通航运金融人才的上升通道;三是大力发展航运金融职业培训,有选择性地在从事航运金融业务的金融机构如银行、保险公司、租赁公司、基金公司和信托公司等开办航运金融业务培训,提高从业人员素质。

6.加强穗港航运金融合作

由于穗港经济的高度关联性和互补性,穗港之间进行金融合作有着独特的优势。广州航运金融需求非常旺盛,而香港拥有从事航运金融服务的机构优势、经验优势和人才优势。同时,香港是国际金融中心,更是人民币离岸金融中心。所以广州同香港航运金融合作可以首先在离岸人民币投融资及人民币航运跨境结算业务取得突破。

一是可考虑进一步降低银行业的开放"门槛",特别是考虑相应降低香港银行在穗设立分支机构的条件,吸引香港银行,尤其是航运金融业务能力强的银行在广州设立分支机构,推动香港金融业与广州航运业的深度合作。

二是进一步扩大港穗之间人民币双向贷款业务,引进香港离岸人民币发展广州港航业,打开国际融资的香港通道,助推广州国际航运中心建设。

三是探索实现穗港保险业务通保通赔通付,形成穗港航运保险市场的一体化。

四是学习香港在离岸金融业务发展上的先进经验,利用南沙港自贸区的政策优势,以航运企业运费结算为突破口,争取离岸金融试点,允许已开办相应业务的金融机构设立离岸金融业务部,培育和发展离岸金融市场,为进一步建设离岸金融中心积累经验。

第十一章 经纪与国际航运中心

本章主要介绍航运经纪人的起源、功能以及在国际航运业务中的地位,分析国内航运经纪发展历程及经营风险和境外国际航运中心发展航运经纪的经验,梳理出了智能航运时代航运经纪的发展趋势,提出了加强对未来航运经纪人的教育、培训和认证的建议。

第一节 航运经纪人的起源及在航运业中的功能

一、航运经纪人的起源

英美法律中的经纪人是一个涉及面极其广泛的概念。早期的经纪人产生于货物销售或买卖交易领域,称之为经纪商。经纪人不占有产品,没有自主处分委托产品的权利,仅仅作为当事人之间订立合同的磋商人或谈判人。理论上,经纪人的定义可以在《法学大词典》中找到,这意味着根据客户的指示买卖证券、商品或其他财产并为此收取佣金的人是中间商人。他不以自己的资本进行交易,而只是充当双方的中间人,从而获得一定的利润。

船舶经纪业务起源于19世纪末的英国。传统上,船舶经纪人一般指船舶经纪人,即安排客户通过海运或从事船舶交易的人。在国际航运市场中,船舶买卖和租船大都委托船舶经纪人办理,船舶经纪人多是航运方面的专家,他们熟悉各种类型的船舶,精通有关船舶的交易,掌握航运市场的行情,通过向他人提供服务而收取佣金。大约在1744年,在伦敦市出现一家名叫弗吉尼亚波罗的海的咖啡馆。从那以后,它逐渐成为航运业的聚集中心,包括航运经纪人,这也是世界上第一个航运交易所。经过数百年的发展,船舶经纪人已经形成了一批分工明确的业务,从事船舶交易、租赁、融资、咨询和租船业务。

航运经纪人就其专业性来讲,远远超过了其他行业经纪人的要求。以租船经纪业务为例说明其专业程度,从租船方式看,主要有程租(voyage charter)和期租(time charter)两种。无论哪种租船方式都要签订租约,采用格式合同,程租使用较广的格式合同范本称"标准杂货租船合同"(uniform general charter party—gencon),简称金康合同。统一杂货租船合同,"uniform general charter",简称"金康合同",由波罗的海国际航运公会的前身"波罗的海白海航运公会"于1922年公布,1976年及1994年两次修订。期租则有"标准定期租船合同"(uniform time charter party—baltime)又称巴尔的摩租船合同。定期租船合同,又称"期租合同",是指船舶出租人与承租人签订的出租人在一定期限内将船舶租给承租人使用,而由承租人支付租金的书面协议。租船经纪人的工作主要包括合同谈判,需要熟悉的程租合同的主要条款有:

(1)合同当事人;

(2)船名和船旗;

(3)货物；

(4)装卸港；

(5)受载日和解约日(laydays and cancelling date)；

(6)运费(freight)；

(7)装卸费用的划分；

(8)许可装卸时间(laytime,laydays)；

(9)滞期费和速遣费(demurrage and despatch money)。

而进行定期租船的经纪业务需要熟悉的期租合同的主要条款包括：

(1)船舶说明(description of the ship)；

(2)租期(charter period)；

(3)交船(delivery of vessel)；

(4)租金(hire)；

(5)停租与复租(offhire/suspension of hire or onhire)；

(6)还船(redelivery of vessel)；

(7)转租。

此外,航运经纪人需要对航运,船舶市场有充分的了解,具有贸易、航运、金融、海事法律等基础知识和实践经验,同时还需要有广泛的客户关系才能开展租船经纪业务。

二、航运经纪业务功能

航运经纪的服务对象大多数也是船东、租船人、货主、船厂,航运经纪人主要是为航运业提供中介服务,其中以为船货双方提供租船揽货服务为主,因此航运业界的人通常将其称为航运交易的"润滑剂"。

在我国,航运经纪人这一概念是从船舶经纪人发展而来的,随着航运业的不断发展,航运经纪业务的功能体现在以下几个方面。

1. 租船经纪人(chartering broker)

租船经纪人是指在不定期船市场上从事航次租船、定期租船和光船租船的经纪人。他们拥有航运专业知识和技能,他们接受租船人和船东的委托,提供货物或船舶信息来源,和谈判租金,租船运费和其他条款参与合同另一方或其他经纪人作为租船人和船东的代理人在其授权范围内的乙方,但他们无权独立签订租船合同。订立租赁合同后,租赁经纪人应当按照出租人和承租人约定的条款订立租赁合同,跟踪货物动态,并将动态情况及时告知委托人。他们作为中间人的服务责任直至租赁期限届满,并按照事先与委托人约定的方式和比例收取佣金。

2. 船舶买卖经纪人(sale & purchase broker)

船舶买卖经纪人是指运用专业知识和技能,接受买方或卖方的船舶委托,提供技术规格和市场信息,以及船舶买卖双方与对方之间的主要或代理业务合同或对方的代理业务合同,谈判价格,生产船舶和安排船舶运输,推荐海事律师和涉及船舶业务的各种技术服务。同样,经纪人无权独立签订销售合同,交易完成后,其可以按照事先约定的比例收取佣金。

3. 货运代理人(agent)

货运代理人在业界一般不用"经纪人"称呼,货运代理人一般服务于定期船(班轮)市场。几乎所有国际货运代理的经营范围都是"海上和陆路国际货物运输代理、订舱、仓储、运费结算等"。他们代货主订舱本身就是一种中间人行为,与典型租船经纪人不同的是通常他们的货量还不足以订整条船,只能进行部分舱位订舱。

4. 船舶保险经纪人(insurance broker)

船舶保险经纪人是专门提供海运货物和船舶保险服务的经纪人。由保监会对他们进行审核和监管。一旦获得许可证,海运货物和船舶保险只是他们营业范围中的一部分。

三、航运经纪人与航运代理人

需要强调的是航运经纪人与航运代理人之间是存在区别的。航运经纪人是以货物托运人和收货人为一方与以船舶所有人或海上承运人为另一方之间的中间人。航运代理主要指国际船舶代理和国际货运代理。从合同内容看,航运经纪和航运代理存在以下几方面的不同:

(1)是否事先签署合同。在航运实践中,很少有书面合同约束力的双方之间的本金和运输代理,和书面文档如电传、电报或传真,双方之间交换通常是作为确定两方之间的关系和职责分配的基础。而船代和委托人一般会事先签订委托代理合同。

(2)是否代表客户从事活动。船舶经纪人以自己的名义进行中介活动,不以任何一方的名义与对方签订合同。船舶代理人以委托人或自己的名义从事经营活动,并作为委托人的代理人与第三方签订合同。

(3)是否有独立的意思表示。船舶经纪人不得独立表达其意图,而只能为客户提供按照客户的指示和要求订立合同的机会。船舶代理人有权在委托人的授权范围内独立发表意见并与第三方签订合同。

(4)与客户是否有固定的持续关系。船舶经纪人与发货人之间的问题是一种不固定的关系。然而,运输代理人和委托人之间有固定的连续关系。

(5)服务报酬和费用。航运经纪人很少要求他们的委托人预付小额现金。航运经纪人不能独立地进行意思表示,只是按照委托人的指示和要求,向委托人提供订立合同的机会。航运代理人在委托人授权范围内有权独立进行意思表示,代理委托人与第三人签订合同。即只有航运经纪人成功促成双方达成交易,才有权获得佣金;反之,如果最终未能成功促成双方达成交易则很难获得佣金,除非合同另有约定。

第二节　国际航运中心发展航运经纪的经验

一、航运经纪在国际航运业务中的地位

航运经纪人在国际航运业中的地位,甚至他们在国际航运中心形成中的作用,都可以追溯到伦敦市场的形成。伦敦和新加坡作为世界航运中心,依靠世界级的航运经纪公司掌握了全球航运的信息资源,从而保证了它们在全球航运资源配置中的话语权。由于航运经纪人在促进航运贸易和活跃市场中的重要作用,发展航运经纪人是发展现代航运服务业的需要,有利于推动国际航运中心建设。

二、国际航运中心发展航运经纪的经验

航运经纪人的发展与航运服务业尤其是高端服务业的发展是密切相关的,航运经纪人的发展壮大,是航运高端服务业发展和充分发挥作用的必要条件,而航运高端服务业的发展,又可以为航运经纪人的发展提供良好的市场环境。国际航运中心发展航运经纪业的主要经验为吸引国际领先的航运经纪公司进驻。从大多数新兴国际航运中心(如新加坡、中国香港)的发展经验来看,其早期都是通过引进老牌国际航运中心(如伦敦)的航运经纪业进驻,并全面接轨才发展起来的。先进的国际航运经纪企业带来了国际客户资源、行业标准和国际规则,能够促进当地航运经纪行业的国际化发展。新加坡政府大力推行优惠政策,吸引世界先进的航运经纪企业在新加坡设立办事处或分支机构,一些油轮经纪公司将总部迁至新加坡,极大地促进了新加坡航运经纪业的发展。香港的自由港政策吸引了许多世界知名的航运公司设立分公司或地区总部。

以香港自由港政策为例,其具体内容包括:

(1)贸易自由。凡进出口商品,除烟、酒、甲醇、碳氢油等以外,均不收关税。进出口贸易的报关手续也十分简便。目前香港的船舶经纪业已得到波罗的海航运交易所等国际组织的认可,船舶经纪业已达到国际水平。

(2)航运经纪服务业规模化。国际航运中心的航运经纪服务业形成一定的规模,个体企业也有一定的规模。航运经纪公司已增至约150家,其中包括全球最大的航运经纪公司克拉克森(Clarkson),该公司在伦敦证交所(London Stock Exchange)上市,雇员约1 400人。在新加坡注册的船舶经纪人有100多家。

(3)发展高端航运服务业。航运经纪业的发展离不开航运信息咨询、航运仲裁、航运金融等高端航运服务的支撑。伦敦的高端航运服务子行业,如航运信息、航运金融、航运仲裁和法律服务,与其航运经纪行业相匹配,在很长一段时期内处于世界领先地位。新加坡是全球金融中心,吸引世界著名银行和财团设立分行或亚洲地区总部,与之相对的,其海事法律制度和海事仲裁程序相对成熟,波罗的海国际航运理事会将新加坡列为仅次于伦敦和纽约的第三大国际海事仲裁地。

(4)建立有形航运交易市场。国际航运中心是航运经纪人的聚集地,因为它通常是航运交易的有形市场所在地和航运交易的结算地。伦敦国际航运中心的有形航运交易市场是波罗的海航运交易所,波罗的海航运交易所的主要业务之一是为进入市场的客户提供船舶交易和船舶租赁交易服务。在这里,船东很容易找到合适的买家和货物,找到合适的船只。波罗的海航运交易所是世界上最重要的船舶交易市场,世界上大部分船舶都在这里买卖和租赁。

(5)建立完善的行业规则。波罗的海航运交易所是由全球航运市场核心成员组成的会员组织,也是航运经纪业的行业组织,以克拉克森为代表的许多世界知名航运经纪公司都是波罗的海航运交易所的会员。波罗的海航运交易所成员必须遵守《行业规则》,即《波罗的海准则》,该准则中的经纪人行为规范十分细致和严格。例如,经纪人的职责之一是无论成交与否,必须对每一宗交易中的沟通信息进行详细记录;又如,经纪人有故意隐瞒重要交易信息或有欺诈行为等,会受到严厉处罚,包括被波罗的海航运交易所和所属公司开除。

三、加强对航运经纪人的教育、培训和认证

航运经纪业务比目前航运市场上广泛存在的国际货运代理业务更为复杂,对航运经纪人的知识和能力也具有更高的要求。在智能航运时代下,对航运经纪人开展全面深入的教育、认证和培训,决定了未来国际航运中心人才的核心能力。

伦敦在历史上拥有全球领先的、专业的航运服务教育体系,已经形成并具备多层次、全面并专业的航运教育和培训、认证体系。英国特许船舶经纪人协会(ICS)开发了一种新系统,以现代方式对船舶经纪人进行教育。ICS 根据远程学习计划创建了各种教育课程。2014 年 4 月,中国交通运输部职业资格中心与英国皇家特许船舶经纪人协会(ICS)签署合作意向书,就航运人才培养、职业资格互认、优秀教材开发等方面进行合作,这将进一步提高我国航运人才培养的规范化和专业化水平,为航运强国建设提供人才保障和技术支持。

第十二章　口岸与国际航运中心

本章介绍口岸的起源、基本功能、分类,结合上海、广州以及伦敦国际航运中心的发展分析了口岸与航运中心的内在关系,总结了国际航运中心与口岸发展的经验和启示。

第一节　口　岸

一、口岸的起源

现代意义上的口岸虽然仍延续古代边境"关卡"的职能,但主要作用是发展国际贸易和国际交往,促进世界和平。世界上早期的国际贸易主要依靠海上运输。随着早期海运的发展,地中海沿岸率先出现了一些对外贸易港口。约公元前 2700 年,腓尼基人就在地中海东岸兴建了西顿港和提尔港(在今黎巴嫩)。此后,在非洲北岸建有著名的迦太基港(在今突尼斯)。古希腊时代在摩尼契亚半岛西侧兴建了比雷克斯港。马其顿王亚历山大于公元前 332 年在埃及北岸兴建了亚历山大港。罗马时代在台伯河口兴建了奥斯蒂亚港(在今意大利)。

中国在汉代建立了广州港,同东南亚和印度洋沿岸各国通商。后来相继建立了杭州港、温州港、泉州港和登州港等对外贸易港口。到唐代,兴建了明州港(今宁波港)和扬州港。由明州港可直通日本;扬州港处于大运河和长江的交汇点,为当时水陆交通枢纽。宋元时期,又建立了福州港、厦门港和上海港等对外贸易港口。无论是在西方还是在东方各国的口岸史上,海港口岸都是先于航空口岸和陆路口岸之前产生的。随着英国的第一条铁路于 1825 年建成并正式通车和 1918 年 6 月 8 日伦敦 – 巴黎航空定期国际邮政运输的开通,世界各国陆续在国际航空、国际陆路联运、边境贸易地设置空运口岸和陆运口岸。

二、口岸的概念与性质

(一)口岸的概念

口岸是国家指定的对外来往的门户,是国际货物运输的枢纽,从某种程度上说,它是一种特殊的国际物流节点。许多企业都在口岸设有口岸仓库或物流中心,口岸物流是国际物流的组成部分。

口岸原意是指由国家制定的对外通商的沿海港口。但现在,口岸已不仅仅是经济贸易往来(即通商)商埠,还是政治、外交、科技、文化旅游和移民等方面的外来港口,同时口岸也已不仅仅只设在沿岸的港口。随着陆、空交通运输的发展,对外贸易的货物、进出境人员及其行李物品、邮件包裹等,可以通过铁路、公路或航空直达一国腹地。因此,在开展国际联运、国际航空、国际邮包邮件交换服务以及其他有外贸、边贸活动的地方,国家也设置了口岸。改革开放以来,我国外向型经济由沿海逐步向沿边、沿江和内地辐射,使得口岸也由沿海逐渐向边境、内河和内地发展。现在,除了对外开放的沿海港口之外,口岸还包括国际航线上的飞机场,山脉国境线上对外开放的山口,国际铁路、国际公路上对外开放的火车站、汽车站,国际河流和内河上对外开放的水运港口。

因此,口岸由国家制定对外经贸、政治、外交、科技、文化旅游和移民等来往,并供往来人员、货物和交通工具出入国(边)境的港口、机场、车站和通道。简单地说,口岸是指定对外来往的门户。

(二)口岸的性质

口岸是一个主权国家根据自己的政策需要和具体的地理条件而设置的,是一个国家对外交往的门户。在和平时期,口岸是国内外人员交往、对外贸易货物和交通工具出入境的场所,是增加国家财政收入的渠道。每个主权国家在口岸上都设置有检查检验机关。这些检查检验机关既要为外贸货物和交通工具的出入和国内外人员的交往提供服务、提供方便,又要为国家严格把关,维持口岸的正常工作秩序,制止非法出入境,缉毒缉私,防止传染病传入传出,维护国家主权和国家的安全。在爆发国际战争的非法时期,有的口岸将奉命关闭,转为保卫祖国的前沿阵地。

三、口岸的分类与功能

(一)口岸的分类

1. 按批准开放的权限划分

按照批准开放的权限可将口岸分为一类口岸和二类口岸。一类口岸是指由国务院审批,允许中国籍和外国籍人员、货物、物品和交通工具直接出入国(关、边)境的海(河)、陆、空客货口岸;原二类口岸是指由省级(地区)人民政府批准,仅允许中国籍人员、货物、物品和交通工具直接出入国(关、边)境的海(河)、空客货口岸,以及仅允许毗邻国家双边人员、货物、物品和交通工具直接出入国(关、边)境的铁路车站、界河港口和跨境公路通道。新二类口岸是指由国务院审批,允许中国籍人员、货物、物品和交通工具直接出入国(关、边)境的海(河)、陆、空客货口岸。我国开放的一类口岸见表12.1。

表 12.1　我国开放的一类口岸

地区	空港	陆港	水港
北京	北京	北京	
天津	天津		天津,塘沽
河北	石家庄		秦皇岛,唐山
山西	太原		
内蒙古	呼和浩特,海拉尔	二连浩特,满洲里	

表 12.1（续 1）

地区	空港	陆港	水港
辽宁	沈阳,大连	丹东	营口,锦州,大连,丹东,盘锦
吉林	长春	集安,珲春,图们,长白	大安
黑龙江	哈尔滨,佳木斯,齐齐哈尔,牡丹江	哈尔滨,佳木斯,齐齐哈尔,牡丹江	哈尔滨,佳木斯
上海	上海	上海	上海
江苏	南京,无锡,徐州,常州,扬州,淮安,盐城,南通,连云港		滨海港,太仓,连云港,大丰,南通,如皋,洋口,启东,镇江,张家港,南京,扬州,江阴,常熟
浙江	杭州,宁波,温州		宁波,镇海,舟山,温州
安徽	合肥,黄山		芜湖,铜陵,安庆
福建	福州,武夷山,泉州,厦门		福州,厦门,漳州,泉州,莆田
江西	南昌		九江
山东	济南,青岛,烟台		青岛,威海,烟台,潍坊,乳山,东营
河南	郑州,洛阳		
湖北	武汉,宜昌		汉口,黄石,宜昌
湖南	长沙,张家界		岳阳
广东	广州,深圳,湛江,汕头(揭阳潮汕),梅州	广州,皇岗,佛山,文锦渡,罗湖,沙头角,笋岗,拱北,常平,端州,三水	广州,黄浦,惠州,茂名,南海,番禺,东莞虎门,潮州,汕头,深圳蛇口,湛江,肇庆,中山,阳江
广西	南宁,桂林,北海	友谊关,凭祥,东兴,水口,爱店龙邦	北海,防城,福州,钦州,柳州
海南	海口,三亚		海口,三亚,清澜,洋浦,八所
重庆	重庆		
四川	成都		
贵州	贵阳		
云南	昆明,西双版纳,丽江	畹町,瑞丽,河口,磨憨,天保,金水河,猴桥,孟定	思茅,景洪、关累
西藏	拉萨	聂拉木,普兰,吉隆,日屋,亚东	

表 12.1（续 2）

地区	空港	陆港	水港
陕西	西安		
甘肃	兰州		
新疆	乌鲁木齐,喀什	巴克图,阿拉山口,红其拉甫,霍尔果斯,红山嘴,老爷庙	

2. 按出入境的交通运输方式划分

按照出入境国境的交通方式划分,可将口岸分为港口口岸、陆地口岸和航空口岸。港口口岸是国家在江河湖海沿岸开设的供货物和人员进出国境及船舶往来挂靠的通道。陆地口岸是国家在陆地上开设的供货物和人员进出国境及陆上交通工具停站的通道。航空口岸是国家在开辟有国际航线的机场上开设的供货物和人员进出国境及航空器起降的通道。

此外,在实际工作中,还经常使用边境口岸、沿海口岸、特区口岸、重点口岸、新开口岸和老口岸的提法。这些分类虽然尚未规范化,但它们在制定口岸发展规划及各项口岸管理政策方面,还是有一定积极作用的。

3. 按开放程度划分

根据开放程度不同,口岸可分为全面开放口岸和限制开放口岸。限制开放口岸,通常是指具有下列情形之一的口岸:仅允许我国内地交通运输工具出入境,仅允许人员或者货物及其承载的交通工具出入境,仅允许我国内地和毗邻国家的人员、货物、物品、交通运输工具出入境,仅允许特定时间内(如季节性)开放运行。全面开放口岸,是指具备全部功能、中央政府批准对外开放时没有附加限制条件的口岸。此外,除经国务院批准的正式对外开放口岸外,还有经国家口岸主管部门批准的临时开放措施,临时开放期间允许人员、货物、物品、交通运输工具从特定的区域暂时进出境。

(二)口岸的功能

(1)口岸是一个国家主权的象征。口岸权包括口岸开放权、口岸关闭权、口岸管理权。其中口岸管理权包括通行许可权、口岸行政权、关税自主权、检查权、检验检疫权等。

(2)口岸是一国对外开放的门户。对外开放表现在政治、经济、军事、文化、资源保护、制止国际犯罪、维护世界和平等领域的广泛合作和交流,这种国际的交流与合作通过海岸得以实现。

(3)口岸是国际货物的枢纽。口岸是国际来往的门户,是对外贸易货物、进出境人员、行李物品、邮件包裹进出的地点。

第二节　口岸与国际航运中心的联动发展

一、上海国际航运中心与主要开放口岸

上海目前已初步形成了以港口为门户,铁路为动脉,公路为骨架,航空、管道、水运相配套的面向国际的区域综合物流体系。截至 2018 年底,上海国际航运中心共有经国务院批准的对外开放口岸 3 个,分别是上海空运口岸(虹桥国际机场、浦东国际机场)、上海水运(海港)口岸以及上海陆路(铁路)口岸。表 12.2 ~ 12.4 给出了上海口岸的有关情况。

表 12.2　上海口岸类型及批准时间

类型	口岸名称	批准开放时间	开放状态
空运口岸	上海空运口岸(虹桥国际机场浦东国际机场)	1963.11	国际常年
水运口岸	上海水运口岸(黄浦江沿岸长江上海段杭州湾北岸洋山深水港区)	历史延续	国际常年
铁路口岸	上海铁路口岸	2009.11	地区(沪港)常年

表 12.3　2018 年上海市口岸出入境主要数据表

项目		2018 年	2017 年	同比/%
出入境人员 (万人次)	出入境人员总数	4 626.98	4 375.26	5.75
	入境人员	2 304.76	2 179.72	5.74
	出境人员	2 322.22	2 195.54	5.77
	出入境旅客	4 250.14	3 994.33	6.40
	出入境员工	376.84	380.93	−1.07
	中国公民 小计	3 342.74	3 107.02	7.59
	内地居民	2 974.15	2 745.50	8.33
	港澳居民	135.35	130.57	3.66
	台湾同胞	233.24	230.95	0.99
	外籍人员	1 284.24	1 268.24	1.26
	从海港出入境人数	415.91	455.15	−8.62
	从陆港出入境人数	10.91	11.43	−4.55
	从空港出入境人数	4 200.16	3 908.68	7.46

表 12.3（续）

项目		2018 年	2017 年	同比/%
交通运输工具（万辆、艘、架、列次）	总数	27.71	26.85	3.20
	船舶	2.39	2.49	−4.02
	飞机	25.28	24.32	3.95
	火车	0.036 6	0.036 2	1.10
	机动车辆	0	0	0

（数据来源：中国口岸年鉴 2019 年版）

表 12.4 2018 年上海海关主要数据统计表

项目		2018 年	同比/%
进出口货运量/(万 t)	合计	19 914.70	1.80
	进口	9 533.30	1.20
	出口	10 381.40	2.40
进出口贸易总值（万美元）	合计	64 061.62	7.33
	进口	26 965.65	9.24
	其中:江、海运输	13 052.46	8.80
	铁路运输	14.57	−6.70
	汽车运输	48.35	3.90
	航空运输	13 820.48	9.56
	邮件运输	5.27	2.13
	其他运输	24.53	315.36
	出口	37 095.97	5.98
	其中:江、海运输	27 924.25	6.99
	铁路运输	4.28	−58.25
	汽车运输	100.56	72.33
	航空运输	8 925.63	2.19
	邮件运输	0.04	−29.57
	其他运输	141.21	40.43
税收(亿元)	两税合计	4 267.60	−0.89
	关税入库	908.13	−5.06
	进口环节税入库	3 359.47	0.30

表12.4(续)

项目		2018 年	同比/%
货物检验 检疫(批次)	本年累计	172.45	36.30
	其中:出境	14.23	-7.68
	入境	158.22	42.40
货物检验检疫 金额(万美元)	本年累计	1 382.35	-6.67
	其中:出境	109.72	25.36
	入境	1 272.63	22.03

(数据来源:中国口岸年鉴2019年版)

1. 上海空运口岸(虹桥国际机场、浦东国际机场)

上海空运口岸是中国目前最大的空运口岸,包括虹桥国际机场和浦东国际机场。目前,上海是中国内地唯一拥有两座对外开放国际机场的城市。截至2018年年底,上海空运口岸形成了虹桥、浦东两大国际机场,3座对外开放航站楼,6条跑道和1个公务机基地的开放格局。

上海虹桥国际机场位于上海西郊,距市中心13 km。虹桥机场始建于1921年,当时主要用于军事用途。1963年11月,经国务院批准上海虹桥机场扩建为国际机场,次年4月开通上海至巴基斯坦卡拉奇国际航线。之后经过多次改扩建,虹桥国际机场拥有两座航站楼(其中T2航站楼为国内航班)、两条4E级跑道、1个国际公务机基地。目前虹桥国际机场主要开通至日本、韩国等国家和中国香港、中国澳门、中国台湾等地区航线。2018年,上海虹桥国际机场起降飞机26.7万架次,旅客吞吐量4 362.8万人次,货邮吞吐量30.7万t。

上海浦东国际机场位于上海浦东长江入海口南岸滨海地带,占地面积40 km²,距上海市中心约30 km。1999年,上海浦东国际机场建成通航,并经国务院批准作为上海空运口岸的重要组成部分对外开放。浦东国际机场拥有两座航站楼、4条跑道,3个货运区,是全球首个同时引进FedEx、UPS、DHL三大集成商入驻建设转运中心的机场。2018年,上海浦东国际机场起降飞机50.5万架次,旅客吞吐量7 400.6万人次,货邮吞吐量376.9万t,货邮吞吐量连续第11年位居世界第3。2018年,上海空运口岸进出口货邮吞吐量344.9万t(占浦东、虹桥两大机场货邮总吞吐量417.6万t的82.6%),出入境旅客3 968.1万人次(占两大机场旅客吞吐量11 763.4万人次的33.7%),出入境飞机25.2万余架次(占两大机场飞机起降77.2万架次的32.6%)。上海口岸公务机出入境航班2 580架次,同比减少5.4%,随机出入境人员2万人次,同比减少4.8%。上海航空枢纽在国家"一带一路"倡议中,持续发挥重要作用,在65个"一带一路"沿线国家中,上海已经开通了至35个国家的直飞航线。

2. 上海水运(海港)口岸

上海水运(海港)口岸位于中国内地海岸线中部,长江与东海交汇处,是中国最大海港和常年对外开放水运口岸。上海水运(海港)口岸最早形成的一批对外开放码头主要分布在黄浦江中、下游东西两岸,改革开放以后,特别是20世纪90年代以来,伴随着浦东开发开放和上海新一轮城市发展规划,上海迈开了建设国际航运中心的步伐,一些坐落在黄浦江沿岸的老码头逐步退出和外移,先后在长江上海段、杭州湾北岸和小洋山岛新建了一批新港区、码头并对外开放。1993年11月,上海外高桥港区一期码头建成并对外开放,随后二期至六期码头陆续建成对外开通启用。2002年6月,作为上海国际航运中心建设的核心组成部分——洋山深水港区开工建设。2005年12月,洋山深水港区一期工程竣工正式对外运营,从此结束了上海没有深水港的历史。接着,洋山深水港二期和三期集装箱码头又先后建成并投入运行。2014年12月,洋山深水港区四期工程正式开工建设,于2017年12月10日正式开港运行。目前,洋山深水港集装箱码头总岸线长5 600 m,共拥有16个深水集装箱泊位,设计年吞吐能力达930万标箱。截至2018年年底,上海水运口岸形成了包括黄浦江沿岸、长江上海段、杭州湾北岸、洋山深水港区4大开放水域、96座码头、310个泊位的对外开放格局。

2018年,上海海港口岸进出口货物吞吐量4.02亿t(占上海港货物吞吐总量7.3亿t的55%);进出口集装箱吞吐量3 574.8万标箱(占上海港集装箱吞吐总量4 201万标箱的85.1%)。全年进出上海口岸国际航行船舶4.04万艘次,其中进出国际邮轮1 005艘次、出入境邮轮旅客272万人次。自2010年起,上海港集装箱吞吐量已连续9年排名世界第一。

3.上海陆路(铁路)口岸

上海陆路(铁路)口岸位于上海火车站南端。2003年9月,根据CEPA协议,上海设立铁路上海站临时口岸,同年10月1日起,开行上海——香港(九龙)隔日往返直通式旅客列车。2009年11月,国务院批准正式设立上海铁路口岸。2013年4月27日,上海铁路口岸通过国家验收宣布对外开放,上海铁路口岸是长三角地区唯一的陆路出入境口岸。2018年,上海铁路口岸全年出入境列车366车次,出入境旅客9.9万人次。

二、广州国际航运中心与主要开放口岸

2015年4月8日,国务院印发《中国(广东)自由贸易试验区总体方案》,支持广州形成国际航运中心、物流中心、贸易中心和金融服务体系融合发展格局。同时出台《2015—2017年航运中心建设三年行动计划》、启动航运物流集聚区规划建设、建设南沙邮轮母港、南沙港铁路、试点"启运港"退税、推动成立广州航运交易有限公司、组建专业化地方法人航运保险机构、设立南沙航运产业基金及船舶产业基金。

截至2018年年底,广东省经国务院批准的对外开放口岸有59个。其中,空运口岸5个,分别是广州空运口岸(广州白云国际机场)、深圳空运口岸(深圳宝安国际机场)、揭阳空运口岸(揭阳潮汕国际机场)、梅州空运口岸(梅县机场)、湛江空运口岸(湛江机场);陆路(铁路)口岸6个,分别是深圳、广州、佛山、东莞、肇庆、广深港高铁西九龙站铁路口岸;公路口岸11个,分别是文锦渡、沙头角、皇岗、罗湖、深圳湾、福田、拱北、横琴、珠澳跨境工业区、青茂、港珠澳大桥珠海公路口岸;水运(海港)口岸25个,分别是广州、南沙、莲花山、蛇口、亦湾、妈湾、盐田、西冲、梅沙、大铲湾、珠海、九州、湾仔、万山、汕头、惠州、大亚湾、汕尾、潮州、广海、阳江、湛江、水东、潮阳、揭阳海港口岸;水运(河港)口岸12个,分别是新塘、斗门、虎门、江门、新会、三埠、鹤山、中山、南海、高明、容奇、肇庆河港口岸。

2018年,广东省口岸出入境4.3亿人次,同比增长5.7%,其中入境21 473.9万人次,同比增长5.7%,出境21 496.6万人次,同比增长5.7%,出入境交通工具2 005.6万辆(艘、列、架)次,同比下降1.4%。其中入境1 002.9万辆(艘、列、架)次,同比下降1.4%;出境1 002.7万辆(艘、列、架)次,同比下降1.4%;进出口货运量4.6亿t,同比下降2.1%。其中进口3.1亿t,同比增长0.1%,出口1.5亿t,同比下降6.4%;港澳供水出口13.01亿t;进出

口集装箱总量 2 897.7 万标准箱,同比增长 2% 。其中进口 1371 万标准箱,同比增长 2.5% ;出口 1 526.7 万标准箱,同比增长 1.4% ;海关征收入库税款 4 457.8 亿元,同比增长 8% 。

1. 广州空运口岸(广州白云国际机场)

广州白云国际机场位于广州市白云区人和镇以北、花都区新华镇以东交界处,距市中心海珠广场 30.7 km,是我国首个按中枢理念规划建设的航空港,大型国际航空枢纽,国内三大枢纽机场之一,华南地区最大的空运口岸,是中国南方连接国内各省市及世界各地,特别是中国至东南亚各国的航空交通枢纽。2004 年 8 月 5 日正式投入使用,现有 3 800 m × 60 m 道两条、3 600 m × 45 m 跑道一条。是国内第三个拥有 3 条跑道运营的机场,飞行等级为 4F,可满足 A380 飞机在内的各类大型飞机全载起降。机场采用两楼运作模式,一号航站楼已具备口岸功能,建筑面积 50 万 m²;二号航站楼 2018 年 4 月正式投入使用。商务航空服务基地于 2017 年 12 月建成启用,国际旅客设计容量为每年 2.5 万人次。按设计要求,一号航站楼、二号航站楼和商务航空服务基地具备口岸功能,可以满足约 50 万架次、8 000 万旅客量和 250 万 t 货邮量的运营需求。

广州白云机场综合保税区于 2010 年 7 月 3 日获国务院批准设立,批复面积 7.385 km²(包括中区、北区、南区三个区块),一期建设规划面积 1.645 km²,已于 2014 年 4 月 17 日通过国家验收,2014 年 7 月 29 日正式封关运作。2016 年 6 月 1 日起,白云机场综合保税区开展免除进口环节海关部门查验没有问题外贸企业吊装移位仓储费用工作,属全国空港范围首创。2018 年 1 月,国务院批复同意白云机场综合保税区整合方案,核减后规划面积 2.943 km²,分为中区和南区 2 个片区。

2018 年进出境旅客 1 740 余万人次、国际航线飞机起降 11 万余架次,分别同比增长 9%、6% ;24 小时临时入境 7 万余人次、72 小时临时入境约 0.6 万人次、24 小时直接过境 78 万余人次。白云机场新增国际及地区通航点 6 个、累计达到 88 个。

2. 广州主要陆路(铁路)口岸

(1)广州陆路(铁路)口岸

广州陆路(铁路)口岸是广州直通香港九龙的对外开放口岸。广九直通车于 1979 年经国务院批准在原流花车站开通。1991 年,广州市政府和广铁集团共同投资 6.8 亿元,在天河新建广九直通车站,并于 1996 年 9 月 28 日正式启用。位于广州市天河区中心地带,有大型地铁、公交车站等公共交通配套设施,规模大、设备先进、建筑新颖。口岸现日发广九线列车 12 对,旅客检查手续分别在 2 个出入境大厅办理,其中出境大厅有 13 个人工通道、9 个自助通道;入境大厅有 13 个人工通道 9 个自助通道。2018 年广九直通车开行 7 964 出入境旅客 326.06 万人次。2016 年 8 月 28 日大朗铁路货运站顺利开通首趟中欧班列,2018 年,中欧班列共开行 65 趟,2 984 个 40 尺集装箱,货值 4.5 亿美元。

(2)广深港高铁西九龙站陆路(铁路)口岸

广深港高铁西九龙站口岸位于香港特别行政区境内,为国际性常年开放铁路客运口岸,于 2018 年 9 月 23 日正式对外开。西九龙站内设立香港口岸区和内地口岸区,按照"一地两检"模式进行出入境查验,由双方分别按照各自法律,进行出入境监管查验。广深港高铁西九龙站口岸共有四层地下楼层,总建筑面积为 38 万 m²。地下一层为售票大厅,地下二层为抵达层,地下三层为离港层,地下四层为列车站台,口岸日设计通关流量为 20 万人次。内地口岸区总建筑面积约 10.9 万 m²,香港口岸区总面积约 2.41 万 m²,口岸运行时间为 6 时 30 分至 23 时 30 分,每天运行 17 小时。

目前广深港西九龙站口岸内地口岸区共有 96 条查验通道(其中人工查验通道 36 条,自助查验通道 60 条)。2018 年,广深港西九龙站口岸出入境旅客 541.3 万人次,日均 5.47 万人次。

3. 港珠澳大桥珠海陆路(公路)口岸

港珠澳大桥跨越伶仃洋,东接香港特别行政区、西接广东省珠海市和澳门特别行政区,是在"一国两制"框架下粤港澳三地首次合作共建共管模式的超大型跨海交通工程,是形成粤港澳大湾区城市群空间结构的重要骨架,对提升粤港澳大湾区综合竞争力、促进经济社会协调发展、保持港澳的长期繁荣稳定具有重大战略意义。

港珠澳大桥珠海公路口岸是全国唯一陆路同时连接内地、香港和澳门的枢纽口岸,是粤港澳大湾区城市群互联互通的关键节点。珠澳口岸人工岛填海工程于 2009 年 12 月正式开工,填海总面积为 2.09 km²,分为大桥管理区、珠海口岸管理区、澳门口岸管理区三个功能区。珠海口岸区总用地面积约为 1.07 km²。珠海口岸工程投资的概算批复为 53.44 亿元,建筑面积为 32.7 万 m²,顶棚面积为 15.2 万 m²。其主要建设内容包括口岸区、市政配套区和口岸交通配套区;其中口岸区包括出、入境货检区、旅检区和口岸办公区。

港珠澳大桥珠海公路口岸于 2018 年 10 月 24 日正式开通,至 12 月底,出入境旅客 330.36 万人次,货运量 5 795 t,进出口总值 19 659 万美元,出入交通工具 71 497 辆,关税环节税 571 万元。

4. 广州主要水运(海港)口岸

(1)广州水运(海港)口岸

广州水运口岸历史悠久,早在 2000 多年前的秦汉时期,广州古港就是中国对外贸易的重要港口,是中国古代"海上丝绸之路"的起点之一。1300 多年前的唐宋时期,"广州通海夷道"是世界上最长的远洋航线。至清朝,广州成为中国唯一的对外通商口岸和对外贸易的最大港口。改革开放以来,社会经济飞速发展使广州港发展成为国家综合运输体系的重要枢纽和华南地区对外贸易的重要口岸。广州海港口岸地处珠江入海口和我国外向型经济最活跃的珠江三角洲地区中心地带,濒临南海,毗邻香港和澳门,东江、西江、北江在此汇流入海。通过珠江三角洲水网,广州港与珠三角各大城市以及与香港、澳门相通,由西江联系我国西南地区,经伶仃洋出海航道与我国沿海及世界诸港相连。广州港由内港港区、黄埔港区、新沙港区、南沙港区和珠江口水域组成。2018 年广州港新增国际集装箱班轮航线 12 条、达到 103 条;新增内陆港或办事处 3 个、达到 36 个;新增友好港 4 个、达到 45 个。2018 年,南沙累计靠泊国际邮轮 94 艘次,到离港旅客 48.12 万人次,旅客吞吐量同比增长 19 23%。

(2)南沙水运(海港)口岸

南沙水运(海港)口岸于 1992 年 2 月正式对外开放,2005 年 4 月 28 日新客运码头投入使用。位于珠江的入海口河段西侧低岸,虎门大桥以南 1.6 km,西临南沙蒲洲高新技术开发区、南沙会议展览中心,南依五星级的南沙大酒店。距香港 40 n mile,距澳门 41 n mile,航程 70 min,设计标准为年客运量 160 万人次,设计旅客聚集量 1 600 人,为二级国际客运港。南沙客运港呈"叠浪"造型,建筑群包括主楼和副楼,基地面积 67 264 m²,主楼建筑面积 10 712 m²,设计高度 21 m,副楼建筑面积 2 230 m²。口岸出入境检查大厅设置验证通道 14 条,码头设顺岸式客船泊位 3 个,码头岸线长 292 m,每天往返香港 6 个航班。

2018 年,南沙水运口岸出入境人员 91.6 万次,同比增加 12%,出入境交通工具 3 343

艘次,同比下降 7.1% 。

(3)莲花山水运(海港)口岸

莲花山水运客运口岸 1985 年 6 月正式对外开放,属双边性口岸(广州与香港),位于广州市番禺区石楼莲花山联围村。拥有岸线 171 m,水深 5 m,泊位 2 个,码头吨位 1 200 t,该口岸是广东省最早开放的粤港水陆口岸之一,距香港 61 n mile,先进蒙华、安全舒适的双体高速客轮四艘,往返香港航程只需 1 小时 45 分,每天往返 7 个航班,其中莲花山港至香港中港城码头 4 个航班、莲花山港至香港机场 3 个航班。

2018 年,莲花山港口岸出入境人员 38.4 万次,同比下降 4.2% ,出入境交通工具 8 192 艘次,同比下降 7.3% 。表 12.5~表 12.6 给出了广州口岸的有关情况。

表 12.5 2018 年广州市口岸出入境主要数据表

项目		2018 年	2017 年	同比/%
出入境人员 (万人次)	出入境人员总数	2 154	2 020	6.61
	入境人员	1 017	1 004	6.65
	出境人员	1 083	1 016	6.57
	出入境旅客	1 966	1 832	7.28
	出入境员工	188	188	0.03
	中国公民 — 小计	1 565	1 442	8.45
	中国公民 — 内地居民	1 389	1 264	9.81
	中国公民 — 港澳居民	128	131	-2.28
	中国公民 — 台湾同胞	48	47	1.63
	外籍人员	590	578	2.02
	从海港出入境人数	161	162	-0.21
	从陆港出入境人数	326	334	-2.75
	从空港出入境人数	1 667	1 524	9.39
交通运输工具 (万辆、艘、 架、列次)	总数	16.3	15.8	3.52
	船舶	4.1	4.2	-3.59
	飞机	11.5	10.8	6.60
	火车	0.8	0.8	-0.48
	机动车辆	0	0	0

(数据来源:中国口岸年鉴 2019 年版)

表 12.6　2018 年黄埔海关主要数据统计表

项目		2018 年	同比/%
进出口货运量(万 t)	合计	7 677.21	−8.21
	进口	5 659.05	−9.61
	出口	2 018.16	−3.8
进出口贸易总值(万美元)	合计	23 183 753.931	4.37
	进口	12 408 010.44	7.98
	其中:江、海运输	5 749 688.06	10.00
	铁路运输	8 879.71	18.51
	汽车运输	6 538 580.84	5.36
	航空运输	110 861.83	116.31
	其他运输	0	0
	出口	10 775 743.49	0.51
	其中:江、海运输	4 803 017.76	−10.46
	铁路运输	52 307.43	19.06
	汽车运输	5 781 849.06	10.61
	航空运输	101 301.05	89.32
	其他运输	37 268.19	13.99
税收(亿元)	两税合计	1 398.29	6.58
	关税入库	278.05	−4.11
	进口环节税入库	1 120.24	9.61
货物检验检疫(批次)	本年累计	466 667	−2.22
	其中:出境	249 120	−5.66
	入境	217 547	2.05
货物检验检疫金额(万美元)	本年累计	4 501 919.34	6.04
	其中:出境	963 730.90	9.86
	入境	3 538 188.44	5.05

(数据来源:中国口岸年鉴 2019 年版)

第三节　口岸与国际航运中心联动发展经验

一、建立健全的标准体系

国际航运中心的建立和快速发展必须加强口岸体系的建立和管理,因此我国口岸必须加快建立健全的口岸标准体系。目前我国口岸已经形成了统一全国"单一窗口"用户管理和身份认证,实现了"一地注册、全国通用";建成了"中国国际贸易单一窗口"统一门户网站,统一界面、统一标识、统一域名规范,实现企业办事"一个入口";统一数据标准,统一接口管理与发布,各部门系统以"总对总"方式与"单一窗口"一次对接、服务全国;配套"单一窗口"工程实施,制定了涉及接口规范、设计规范、交换规范、安全规范、集成指南等方面共23项工程技术标准规范。通过推进标准化建设,才能有效确保高质量建设"单一窗口",形成全国互联互通的一体化"单一窗口"环境。

二、积极开展国际交流合作

在世界经济一体化的背景下,各国要积极开展国际交流合作,各积极开展与联合国贸易便利化与电子商务中心(UN/CEFACT)、世界海关组织(WCO)、亚欧会议(ASEM)、亚太经合组织(APEC)等国际组织,以及新加坡、俄罗斯、蒙古、越南等国家和中国香港、中国澳门等地区交流合作。2018年,世界贸易组织(WTO)对中国进行第七次贸易政策审议,中国国际贸易"单一窗口"建设成为审议的亮点之一,中国在2018年亚欧领导人会议上,成功推出亚欧贸易便利化倡议《推进"单一窗口"建设,促进亚欧互联互通》,中国与新加坡之间的"单一窗口"互联互通进入了实施阶段。

2016年在上海国际航运战略峰会举行了"中英高端航运人才发展计划优秀学员"授奖仪式和"上海航运和金融产业基地"的启动仪式两项活动,标志着伦敦和上海在国际航运中心建设方面的相互交流迈出了新的步伐。

三、各地要加强宣传,形成地方特色

各地方省委、省政府要高度重视"单一窗口"建设和推广工作,将其作为优化营商环境、扩大对外开放的重点任务进行部署。各地方口岸办要积极协调口岸有关各方,通过全覆盖宣传培训、"一对一"现场指导、专人收集反馈问题等措施,引导企业应用标准版新功能,不断推动标准版业务上量。2018年,全国各地累计开展各类免费培训1 200多场次,参加培训企业代表8万人以上。积极支持标准版危险品申报、中欧班列、中新(新加坡)"单一窗口"互联互通等试点项目建设。依托"单一窗口"平台和数据优势,拓展地方特色服务功能,有效支持海南自贸试验区、粤港澳大湾区和云南边民互市等建设。

四、跨部门信息交换共享

我国航运中心的建设必须加快口岸业务协同和作业无纸化,建立数据资源共享目录,建设多边交换的数据共享池。目前已经汇集了17个成员单位、71类3 429个数据项,累计

交换数据超过 31 亿条。根据《国务院关于印发优化口岸营商环境促进跨境贸易便利化工作方案的通知》(国发〔2018〕37 号)要求,自然资源部、农业农村部、商务部、人民银行、市场监管总局、林草局、药监局、密码局等 17 家部委积极推进监管证件联网核查,除 4 种因安全保密需要等特殊情况外,其余 42 种监管证件全部实现电子联网、在通关环节进行自动比对核查,企业不需要再向海关提交纸质监管证件。

要加强开展数据协调、简化和标准化工作。目前已经将国际贸易涉及的 11 500 个数据元合并简化到 4 401 个,简化率达 61.7%;海关总署实施关检融合整合申报,将货物申报所需各类单证数量由 89 种精简合并为 52 种,精简了 41.6%,并全部实现无纸化提交。海关总署、交通运输部、国家移民管理局共同推行船舶进出境向各部门"一单多报",变口岸监管部门审核由"串联"为"并联",原 72 种纸质申报材料除保留护照和临时入境许可申请名单外,其余 70 种纸质材料全部实现无纸化。

五、加快航运高端人才引进与培养

纵观国际知名国际航运中心的发展历程,不难发现,发展高端航运技术和高端航运服务的过程中无一能离开航运高端人才队伍的建设。例如上海港目前是以资本密集型和劳动密集型为主,未来上海港要注重提升航运软环境建设,建设高端航运服务业,需要加强航运人才队伍的建设,最欠缺的就是要有战略高度思想的综合性航运人才,特别是专业化人才,涉及国际海事仲裁、国际海事法、航运金融、航运保险等专业人才,高端航运服务人才是能够将航运硬软环境资源效用发挥到最大,调节各航运因素契合发展的关键。政府需要高度重视人才队伍的建设,鼓励实行产学研一体化的合作办学,同时政府应该实行专业的优惠和激励政策来吸引国内外优秀的高端航运人才,为我国国际航运建设的企业提供持续的新鲜血液,为我国国际航运中心的发展吸引更多的国内外贸易和业务,促进我国国际航运中心稳健的发展。

第十三章　邮轮与国际航运中心

本章介绍了邮轮、邮轮旅游及邮轮港口的基本概念,分析了邮轮港口对国际航运中心的助推作用,通过邮轮港口与航运中心的比较以及全球邮轮港口发展的样本分析,梳理出邮轮港口与国际航运中心融合发展的路径,提出了一些邮轮港口发展的经验与启示。

第一节　邮轮与邮轮港口

一、邮轮与邮轮旅游

邮轮(Cruise Ship)原是指海洋上定线、定期航行的大型客运轮船(Shipping - liner),早期还负责运载两地间的邮件,因为“邮”字与邮政事业有关,故此被称为邮轮。随着航空技术和旅游业的发展,原本意义上作为客运或邮政运输的邮轮逐渐退出了历史舞台,取而代之的是定位完全不同的现代豪华邮轮。到了 20 世纪 60 年代,现代邮轮产业得到蓬勃发展。

邮轮被称为“漂浮在海上的度假村”,邮轮不仅仅是一种运送旅客游玩的交通工具,而且是一种供人们休闲度假的综合服务场所,因为邮轮上具有丰富的生活、娱乐、休闲与度假的各类服务设施。邮轮旅游与其他休闲旅游的本质区别在于它既是一种交通方式同时又是一种旅游目的地。邮轮旅游的经历不仅包含巡游本身,同时还体现在欣赏停靠港口的景色,享受邮轮上精美的食宿,体验船上的豪华休闲娱乐设施,参加丰富多彩的岸上观光等。

二、邮轮港口

(一)邮轮港口的类型

根据自然条件、技术要求和服务功能的差异,国际上一般将邮轮港口划分为三种类型:邮轮母港、邮轮挂靠港、邮轮简易码头。其中邮轮母港是邮轮的基地和游客集散地,设置邮轮公司的地区总部或公司总部,为邮轮提供全方位的服务,包括邮轮的维修服务等。挂靠港是邮轮网络的延伸点,邮轮在挂靠港的停靠时间一般较短,大约 4 ~ 8 h 不等,供邮轮上的乘客上岸观光,同时对邮轮船舶进行一定的补给以及废料处置。邮轮简易码头仅供乘客上岸观光,停靠时间一般少于 4 h,基本上不增加补给。有研究表明,邮轮母港的经济效益是挂靠港的 10 倍以上。

(二)全球邮轮港口布局

全球邮轮港口基本形成了较为稳定的布局形态,主要分布在四大地区:北美、欧洲、亚太及大洋洲地区。其中北美和欧洲是邮轮港口聚集度最高的地区,分布着一大批世界知名的邮轮母港。

1. 北美地区

北美地区是目前世界上邮轮港口最为集中的区域之一,按照地理区域可分为东北地区、东南地区、西北地区和西南地区。表 13.1 是根据有关资料整理的北美东北地区主要邮轮的港口情况。

表 13.1　北美地区主要邮轮港口概况

邮轮港口	北美东北地区主要邮轮港口情况
波士顿 Boston	波士顿邮轮码头建于波士顿南部滨水地区,为北美地区最受欢迎的码头之一,在国际上排名第 11。码头有通往各大邮轮目的地的航线,且被多数邮轮评为航线上最值得停靠的邮轮码头。
诺福克 Norfolk	诺福克邮轮港位于重建的市中心的半月邮轮中心,是皇家加勒比邮轮、嘉年华邮轮和荷美邮轮公司的母港,离诺福克国际机场仅有 20 分钟车程,近些年该港已经成为前往百慕大、巴哈马和加勒比地区的门户,是发展最为迅速的美国邮轮港之一。从邮轮港出发只要步行就可以去码头附近的商业购物中心、餐馆以及其他艺术商店。
魁北克 Quebec	位于圣罗伦斯河旁的魁北克港,有两个专用邮轮泊位,长度共为 530 m,进出魁北克邮轮港的乘客目前接近 10 万人次。游客乘邮轮沿着美丽的河流可领略冰河峡湾的壮丽风景,每年 5 月初到 11 月中旬,是当地观赏鲸鱼的最佳时机。
曼哈顿 Manhattan	20 世纪 30 年代起就作为客运码头的曼哈顿邮轮码头如今是美国第 4 大邮轮码头,2004 年接待邮轮游客 845 778 人次。曼哈顿邮轮码头是欧洲跨大西洋旅行的主要邮轮母港,嘉年华邮轮、挪威邮轮、公主邮轮等著名邮轮公司均在此设立母港。邮轮码头分别设在 88、90、92 号泊位。因毗邻曼哈顿中心街区,港口周围酒店、餐馆、娱乐设施、购物场所丰富。
布鲁克林 Brooklyn	纽约布鲁克林邮轮码头位于红钩地区,于 2006 年开始接待邮轮旅游,总面积有 17 700 m^2 的两层接待中心,可接待游客 4 000 人,布鲁克林地区附近旅游景点丰富,如纽约水族馆、布鲁克林植物园、或稍远一点的中央公园。
巴尔的摩 Baltimore	处于帕塔普斯哥河岸,美国东海岸最繁忙的港口之一。巴尔的摩邮轮码头距市中心仅 4 km,设于高速公路 1—95 右边 180 m 处。
北美东南地区主要邮轮港口情况	
迈阿密 Miami	享有"世界邮轮之都"美称的迈阿密拥有邮轮码头 12 个,泊位岸线长度达 2 km,有近 20 艘邮轮以其作为母港,港口的邮轮年靠泊周转量位居世界第一,拥有完备的码头配套设施,邮轮码头离机场仅 15 分钟车程,附近有大型购物中心、宾馆、餐饮区,进关边检程序便捷。

表 13.1(续 1)

新奥尔良 New Orleans	以新奥尔良港为挂靠港的邮轮航线,可以使不同的游览风情集于一体。新奥尔良码头周边的景点丰富多彩,如密西西比河、法国风情地、世界一流餐馆。2004 年有超过 1 100 万邮轮游客抵达,新奥尔良港共有 2 个邮轮码头,3 个邮轮泊位,其计划再建设一个新的邮轮码头。
圣胡安 San Juan	圣胡安(西班牙语:San Juan)位于加勒比海大安的列斯群岛东部,是美国自治领地波多黎各的首府和最大城市,是美国管辖的第 42 大城市。该港是加勒比海地区最繁忙的邮轮码头之一,也是西半球第二大邮轮码头,如今每年 16 家公司的 700 多艘次邮轮到港,拥有 140 万人次邮轮乘客的接待量。
莫比尔 Mobile	美国新兴的邮轮母港 Mobile 码头地处市区,拥有一个两层的 6 100 m² 的客运中心及完善的旅客设施,码头处于交通结点,具有良好的通达性。周边配套设施亦较完善,有大量的旅馆、餐馆及景点。嘉年华邮轮的一条全年性航线即是以此为始发母港。
查尔斯顿 Charleston	查尔斯顿邮轮码头依托于以商业著称且美国历史上有名的查尔斯顿市,而今又以邮轮业而繁荣起来。步行即可到达市内各著名景区,查尔斯顿邮轮旅游地理位置优越。
劳德代尔 Fort Lauderdale	码头的地理位置条件良好,距市中心和机场仅十几分钟车程,为世界上第二大繁忙的邮轮港口。430 多千米的沿岸线,共有 12 个邮轮泊位为各大邮轮服务,每年接待 300 万邮轮游客。如 1 号泊位,码头面积达 434 m²,主要为 New Sea Escape 邮轮使用。
杰克逊维尔 Jacksonville	位于佛罗里达州的杰克逊维尔邮轮码头依托于风景美丽的杰克逊维尔,邮轮码头设施齐全,美丽的沙滩、秀丽的自然风光、世界级的高尔夫球场、顶级的台球设施为其增添色彩,另外还定期举办节事庆典。杰克逊维尔邮轮泊位长 390 m,水深 11.6 m,后配置一个近 6 000 m² 的现代客运中心。
	北美西北地区主要邮轮港口情况
旧金山 San Francisco	旧金山港是著名旅游目的地城市中的世界级的邮轮港口,每年约有 20 艘邮轮停靠其超过 45 次,并带来 80 000 人次的游客量。邮轮码头附近配套设施齐全,博物馆、剧场、歌剧院、商场、风景区等应有尽有。此外旧金山邮轮城内聚集了约 30 家顶级餐馆以打造其餐饮基地。
西雅图 Seattle	北美大陆桥桥头堡之一的西雅图港有两个邮轮码头,贝尔大街邮轮码头、30 号邮轮码头。贝尔大街邮轮码头有 5 200 m² 的双层停靠码头,南北长 488 m,东西长 122 m;30 号邮轮码头长 610 m,有 2 个邮轮泊位。挪威邮轮、加勒比邮轮、精英邮轮以贝尔大街邮轮码头为始发码头;荷美邮轮、公主邮轮以 30 号邮轮码头为始发码头。两码头的交通都十分便捷。

表 13.1（续 2）

温哥华 Vancouver	温哥华是世界著名的邮轮港口之一,是温哥华至阿拉斯加航线的邮轮母港,每年接待邮轮 300 艘次,接待游客 100 万人次。温哥华邮轮港口也是提供阿拉斯加之旅邮轮航线最多的港口,其有 2 个邮轮码头,距机场仅有 30 分钟车程。
火奴鲁鲁 Honolulu	夏威夷群岛的瓦胡岛上的火奴鲁鲁邮轮码头是夏威夷地区最著名的邮轮码头,邮轮码头旅游胜地聚集,分别有 Waikiki,珍珠港以及 Punchbow 火山。港口内有座塔楼市场,经营夏威夷土特产,如今已是标志性建筑之一。
安克雷奇 Anchorage	位于 Kenai 半岛 Resurrection 海峡的安克雷奇港,每年接待至少 90 艘次的邮轮停靠。安克雷奇港是阿拉斯加最著名的邮轮港口之一,苏厄德半岛距其 200 km,是风景如画的旅游胜地,被称作"Kenai 海峡国家公园的大门"。
	四、北美西南地区主要邮轮港口情况
长滩 Long Beach	长滩港是全美第二最繁忙的港口,曾经是美国太平洋舰队的母港,而今是嘉年华邮轮公司的邮轮母港,其中一些邮轮抵达和离开都在此;而其他的一些邮轮则停靠在世界邮轮中心洛杉矶的圣佩德罗湾。
洛杉矶 Los Angeles	洛杉矶邮轮中心坐落于圣佩德罗湾,距市中心约 2 km,为世界上最繁忙、最大的沿海港口之一。邮轮码头有 70 km 的海岸线,3 个泊位分别是 91、92、93A/B 号泊位,翻新计划将会使其有能力接待超过 3 000 客位的邮轮船只。洛杉矶港附近供娱乐设施,有如水族馆、海洋博物馆;另外还有迪士尼乐园、好莱坞、植物农场等。
圣地亚哥 San Diego	圣地亚哥邮轮码头位于市中心,附近景点颇多。每年接待超过 140 艘次的邮轮,荷美邮轮、精英邮轮以此为邮轮母港,另外公主邮轮、挪威邮轮、水晶邮轮等等也将此作为挂靠港。邮轮加勒比航线、墨西哥航线、夏威夷航线、塔希提航线都以圣地亚哥邮轮码头为结点。
格尔韦斯顿 Galveston	格尔韦斯顿港位于得克萨斯州 Galveston 海峡的峡口处,距海 30 分钟船程。Galveston 邮轮码头为嘉年华邮轮 Ecstasy 号和 Conquest 号的常年性母港。此外,其他的邮轮公司也皆有航线中途挂靠此港。

2. 欧洲地区

欧洲地区也是目前世界上邮轮港口最为集中的区域之一,表 13.2 为欧洲地区主要邮轮港口概况。

表 13.2 欧洲地区主要邮轮港口概况

邮轮港口	主要情况
阿姆斯特丹 Amsterdam	阿姆斯特丹港是荷兰的最大城市和第二大海港,阿姆斯特丹港是最受游客欢迎的邮轮港口之一,平均每季接待 100 000 人次的海洋邮轮游客和 60 000 人次内河游船游客。邮轮码头位于汉德尔斯卡德港区,邮轮码头海域面积 6 900 m²,陆域面积 35 000 m²,岸线长 600 m,深 10.5 m,可以同时进行 3 艘邮轮的进出港服务,可允许 330 m 长邮轮的自由调转,游客接待室提供着完备的餐饮、快速通关等服务。
雅典 Athens	雅典西南 8 km,临萨罗尼克湾的希腊东南部港市比雷埃夫斯港是雅典的外港。比雷埃夫斯港地中海地区重要的邮轮旅游港口,邮轮码头有 1 685 m 长的码头岸线,可 12 个泊位同时接待邮轮,曾经同时停靠过 11 艘邮轮,其中就有世界上最大的邮轮——长 340 m 的玛丽女王Ⅱ,共有 7 个邮轮专用码头,邮轮可停泊 48 小时,码头上有外币兑换、修船、行李、免税商店等服务。
巴塞罗那 Barcelona	巴塞罗那港是地中海的主要邮轮港,设有 7 个专门邮轮码头,可同时停靠多艘邮轮,距离机场 25 分钟车程,其宾馆、餐饮、交通的便利性在地中海各城市中处于领先地位。年接待一二百万人次邮轮游客,巴塞罗那是世界邮轮游客和邮轮公司最为青睐的目的港口之一,根据皇家国际邮轮杂志(Lloyd's Cruise International)的统计资料,巴塞罗那是欧洲及地中海最受欢迎的邮轮目的地港口。其中邮轮码头 B 有 6 500 m² 的面积,长为 700 m 的泊位可停泊 14 万 t、载客量为 3600 人次的邮轮;邮轮码头 D 南北邮轮码头共有 824 m 长的停泊岸线,其中南码头可以同时停泊 2 艘邮轮,最长的有 253 m。
哥本哈根 Copenhagen	哥本哈根港为北欧具有领先地位的邮轮港口,因拥有世界先进的邮轮港口和高效的运转水平,而深受各大邮轮的欢迎,并在英国伦敦举办的世界旅游市场展览会上,被授予"世界旅游奖"。2006 年有 300 艘邮轮载着 400 000 位游客抵达哥本哈根港。Langelinie 码头和自由港码头,水深 9～10 m,宽 150 m,白天、夜晚均适合航行。距机场 15 km,距市中心仅 5 分钟的车程,码头的交通亦十分便捷。
多佛 Dover	多佛是英国东南部港口城市,是英国通往欧洲他国的门户,多佛邮轮港是英国第二大繁忙和欧洲第八大繁忙的邮轮港口,每年接待 170 000 人次邮轮游客。邮轮中心建筑设施完善,游客服务完备;距市中心仅 1.5 km,邮轮中心交通便捷。
伊斯坦布尔 Istanbul	伊斯坦布尔横跨欧洲和亚洲,历史悠久。伊斯坦布尔邮轮码头是希腊诸岛和土耳其邮轮航线的重要母港,码头靠近文化悠久的老城区,周围遍布大型酒店、餐馆,交通亦非常便利。
里斯本 Lisbon	葡萄牙首都里斯本是著名旅游胜地,里斯本邮轮码头靠近市中心,距老城区仅 6 km,周边服务设施完备,酒店、餐馆方便进出;与机场相距不远,交通方便。

表 13.2(续 1)

邮轮港口	主要情况
尼斯 Nice	典型地中海港口城市尼斯邮轮访问量逐年增加,尼斯码头交通便利,距机场 10 分钟车程,附近多有时装店、博物馆、餐饮名店。港口由 3 个码头组成,可同时接待 5 艘邮轮。
奥斯陆 Oslo	奥斯陆港是欧洲的早期港口之一,是挪威最大的货运及客运港口。邮轮码头的设施先进,游客接待量年年攀升;尤其是大型邮轮将集中于旅游旺季 4 月 ~ 10 月前来挂靠。
罗马 Rome	世界著名旅游胜地罗马,旅游景点丰富,购物场所多,有世界顶级的奢侈品牌。而罗马的邮轮码头并不在罗马城市中,而是 Civitavecchia,距离罗马约 60 ~ 90 分钟车程。
威尼斯 Venice	意大利威尼斯被称为欧洲的入口,风光旖旎,充满艺术特色是其特征。威尼斯邮轮中心港共有 3 个专业的邮轮码头,第 3 个邮轮码头 2002 开始运营,拥有 9 000 m² 的现代建筑特征的客运中心为游客提供全方位的服务。邮轮中心可同时接待 9 艘大小不等的邮轮。
鹿特丹 Rotterdam	荷兰鹿特丹港世界上最大的港口,有"欧洲门户"之称。邮轮码头距市中心 2 km,码头岸线长 698 m,码头周围水深 12 m,顶级的邮轮港口服务,同一时间可接待游客最多 3 000 人,邮轮码头附近的辅助设施有旅游信息中心、外汇兑换、公共电话、餐厅/酒吧、的士服务。
斯德哥尔摩 Stockholm	斯德哥尔摩是欧洲波罗的海最受欢迎的邮轮旅游目的地,每年约有 260 艘邮轮,280 000 名国际游客到访此地,港口有专门停靠邮轮的码头,亦有专门为小游艇所设的码头;165 ~ 167 号泊位就是专设的邮轮泊位,长 414 m,水深 8 ~ 9 m。另外还有些泊位供小型游船使用,如长 137 m,水深 5 m 的 4 ~ 6 号泊位,长 210 m,水深 6 m 的 106 ~ 107 号泊位等等。
南安普敦 Southampton	南安普敦港是英格兰南部港市,是英国最繁忙的邮轮港口,被誉为"英国的邮轮中心",距离伦敦市中心大约 80 英里,有 Queen Elizabeth II Cruise Terminal(伊丽莎白女王 2 号)、City CruiseTerminal(城市邮轮码头)和 Mayflower Cruise Terminal(五月花邮轮码头)等三座邮轮码头,共 4 个邮轮泊位,每年接待邮轮超过 240 艘次,并成为英国公主邮轮、加勒比海邮轮的母港,另外如水晶邮轮、歌诗达邮轮、银海邮轮等世界著名邮轮常年挂靠此港。距离伦敦 1 个小时车距,南安普敦港旅游设施齐全,邮轮旅游的配套设施充分。
都柏林 Dublin	爱尔兰都柏林港位于市中心,处于交通要道口,拥有 7 个邮轮泊位,可停靠最长邮轮 300 m,每年接待 130 万的邮轮游客。港口接待的最大邮轮是 2004 年 Grand Princess 邮轮,长 290 m。

表 13.2(续 2)

邮轮港口	主要情况
科克 Cork	爱尔兰的 Cork 邮轮港位于风景如画的 Cork 岛上,是北欧著名的邮轮港口。拥有 3 个邮轮泊位,可停靠最长邮轮 320 m,港口服务水平良好。
爱丁堡 Edinburgh	苏格兰的爱丁堡邮轮码头位于具有浓厚文化氛围的爱丁堡,拥有邮轮泊位 3 个。

3. 亚太地区

亚太地区是目前世界上邮轮港口增长最快的区域,表 13.3 为亚太地区主要邮轮港口概况。

表 13.3　亚太地区主要邮轮港口概况

邮轮港口	主要情况
上海 Shanghai	上海吴淞口国际邮轮港(Shanghai Wusongkou International Cruise Terminal),位于中国上海市宝山区炮台湾水域,为中国门户邮轮母港,是上海建设国际航运中心的重要组成部分。共设有 3 座客运楼,总建筑面积达 8 万平方米,可满足四船 3.8 万人次/日旅客的出入境需求。目前已开通日韩、东南亚、欧洲、美洲、中东、澳新、港澳、极地、环球等航线航点。
香港 Hongkong	香港邮轮码头位于维多利亚湾侧的海运大厦,港宽 1.6 ~ 9.6 km,面积 5 200 hm²,邮轮泊位长达 380 m,可同时停靠两艘大型邮轮或四艘小型邮轮,可以停泊当今世界上最大、设备最先进的邮轮。
新加坡 Singapore	2001 年被世界邮轮组织誉为"全球最有效率的邮轮码头经营者"。新加坡邮轮中心分为新加坡国际邮轮码头及地方客运码头。国际邮轮码头有 2 个邮轮泊位,达到 12 m 的天然水深,长度分别为 310 m、270 m 的两个泊位。
巴生港 Port Klang	马来西亚最大港口巴生港,邮轮港 1995 年启用,距吉隆坡 45 分钟的车程,1997 年在"梦想世界邮轮之旅"(Dream World Cruise Destination)杂志中,获得"世界最佳港口设备"奖。巴生邮轮码头有 3 个邮轮泊位,总长 660 m,水深 12 m,可接待总长达 300 m,吨位 5 万 t 的邮轮,经营丽星邮轮公司航线居多。

4. 大洋洲地区

大洋洲地区邮轮港口情况见表 13.4。

表 13.4　大洋洲地区主要邮轮港口概况

邮轮港口	主要情况
悉尼 Sydney	悉尼港是重要的邮轮旅游目的地,并且是澳大利亚唯一的有两个邮轮码头的港口,达令港区的 8 号码头和圆形码头的国际邮轮游客码头,都位于悉尼市中心,并接近主要旅游区。每年的 11 月和次年 4 月的邮轮旅游旺季,悉尼邮轮港接待 30 多艘国际邮轮,其中公主邮轮将其作为邮轮母港。
奥克兰 Auckland	奥克兰港的码头集中在市区海边,紧挨着繁华的商业中心,分为客运码头、汽车滚装码头、散杂货码头和集装箱码头四个部分。是一个重要的旅游中心,每年处理大约 100 艘游轮。
布里斯班 Brisbane	位于澳大利亚一个重要的度假休闲胜地布里斯班河口处的布里斯班港是澳大利亚近年来发展迅速最快的港口,布里斯班共有 7 700 m 的海岸线,27 个外泊位,其中 1 个为邮轮专门泊位,交通便利,距机场仅 30 分钟车程。
墨尔本 Melbourne	墨尔本港是澳大利亚最大的港口,距市中心 15 分钟车程,其共有 4 个邮轮泊位,最长的达 223 m,深 10.9 m。邮轮码头每年接待海外游客 61 000 人次,此外还为邮轮提供着保养、维护等全方位的服务。

第二节　邮轮港口与国际航运中心的融合发展

一、邮轮港口对国际航运中心的助推作用

全球主要的国际航运中心城市有伦敦、纽约、鹿特丹、新加坡、香港、上海等,大多数航运中心基本上都有著名的国际邮轮码头,但并非所有的国际航运中心都有邮轮港口,也并非所有的邮轮港口都是国际航运中心,但邮轮港口尤其是邮轮母港的发展确实可以助推国际航运中心的加速形成。

二、邮轮港口与航运中心的比较

1.形成条件类似

国际航运中心必须位于国际主航道较近的位置,是国际航海运输的必经之路,具有海上通达四方的便利条件,具有便利的陆、空、水集疏运的地理位置,具有通达货物所需的各种短途运输的便利条件,港口所处的地区,应该是经济极其开放、国际化程度极高的地区,该地区与国际的经济交往频繁,国际贸易、国际资本流动的程度非常高,是世界经济分工体系中重要的一环。由于参与世界经济分工程度高,航运中心地区的国际贸易发展迅速,能够带动货源流量的增长和港口运输的发展。邮轮港口也要求海陆空交通条件便利,腹地经济发达,要有足够的邮轮客流量,所处地区(城市)开放程度高。

2. 港口条件类似

国际航运中心是以大型的、现代化的深水港为枢纽核心的港口群,不是一般的港口,也就是说,是港口不一定就是国际航运中心,但国际航运中心必须包含大型的、现代化的深水港口群以及强大的航运服务体系。深水港、深水航道是建设国际航运中心必备的硬件条件。由于现代航运业发展的基本特点之一是船舶的大型化、集装箱化趋势,所以港口航道的水深条件便是其能否成为国际航运中心的具有决定意义的硬件条件,提高集装箱运输和集装箱化水平也成为世界主要港口竞争国际航运中心的主要手段。为此,建设深水港码头、开通深水航道,便成为当今世界国际航运中心建设的重要内容。邮轮港口尤其是邮轮母港恰好也需要具备足够水深条件的港区和航道,要拥有足够长的邮轮海岸线,还要有足够的邮轮泊位数量,因为近年来邮轮船舶大型化趋势也越来越突出,比如当今世界最大的邮轮海洋交响号(Symphony of the seas)全长 361 m,总吨位 228 081 t,最大可载 6 680 名乘客,海洋和谐号(Harmony of the seas)全长 362.12 m,总吨位 226 963 t,最大可载 6 687 名乘客。

3. 发展的软环境类似

国际航运中心要具有广泛的、全球性的国际航线网络,或具有调动全球航线服务的港口以及全球性的广泛的航线服务覆盖面。因此要建设国际航运中心,必须运用现代化的技术手段管理港口,以支持港口的运作。国际航运中心建设的基础是港口,港口相关的管理涉及边境、海关等几十个管理部门,因此形成统一规划、统一管理、统一协调、统一调度的管理体系,是合理配置资源和确保港口高效运作的重要前提。邮轮港口的管理也要符合国际法规和国际惯例的出入关程序和口岸管理程序,要求有便捷的快速通关手续、货币兑换等金融服务。邮轮码头及周边要求配套设施齐备,服务质量优良,具有多方位开发航线资源的区位优势和便利的一般海陆空交通,靠近市中心和商务区,游客能快速方便地进入市区休闲娱乐区。

4. 对相关产业的拉动作用类似

国际航运中心的运作,不仅在于航运业本身的发展,而且在于航运业带动的先进制造业、现代服务业的乘数效应。航运业本身的发展依赖于国际航运中心港口城市、地区的国际贸易、国际金融等现代服务业的发展,反过来,航运业的发展又进一步推动了国际航运中心港口城市、地区的国际贸易、国际金融等现代服务业的发展。邮轮产业被誉为"漂浮在黄金水道上的黄金产业",邮轮产业链至少包括邮轮设计制造、邮轮公司运营、邮轮母港建设、邮轮人才培养等。邮轮产业涉及近 20 个相关产业的发展,可撬动 10 倍于自身的产业经济增长,其经济效益十分显著。邮轮母港的建设和运营对区域经济发展有非常重要的贡献,其贡献度与以邮轮母港运营为中心而形成的邮轮靠泊、维系、船供等一站式服务,游客休闲、娱乐、观光、餐饮等综合商业旅游配套,邮轮公司总部、旅行社及邮轮金融服务机构等邮轮母港产业链的完善程度有关。

三、邮轮港口与国际航运中心融合发展的路径

1. 发展理念融合

在发展理念上,邮轮港口与航运中心都要突出预见性与前瞻性,未来随着船舶大型化趋势的发展,港口的配套功能区也将随之发生变化,因此对其发展规模要有科学的预测性,要预留充足的拓展空间,以进行后续的配套开发。邮轮港口与航运中心的融合发展还要突出航运中心对地方经济贡献的拉动作用,以邮轮港口和航运中心的协同发展为引领,推动

城市经济高质量发展必将为建设世界级城市群探索极富战略价值的实践路径。

2. 发展规划融合

邮轮港口与航运中心的融合发展是一个世界性的难题,需要通过各种平台和科研院所,聚焦邮轮港口与航运中心融合发展的议题,持续开展具有前瞻性的理论研究和路径探讨。政府在制定邮轮港口布局规划方案时,要考虑到国际航运中心规划,同样在制定国际航运中心规划时,也要兼顾邮轮港口的发展。在具体规划上,要注重自然水域与城市发展融合。

3. 发展模式融合

邮轮港口与航运中心的发展都需要依靠科技和高端航运服务业的发展,包括高端装备制造的突破、航运+互联网的发展、航运大数据的应用等。从国际航运中心形成和发展的过程来看,世界级国际航运中心也都是国际航运服务中心,其现代航运服务业的发展不是仅靠投资拉动,而主要是靠产业集群效应所推动。产业集群由于实现了对集群内资源的相对集中和高效率的使用,能带来规模经济和范围经济效益,降低集群内企业之间的交易成本,产生强大的溢出效应。邮轮港口的发展也需要依赖于成熟的国际航运保险、船舶经纪、航运服务中介机构、船舶融资、海事保险等高端现代航运服务业。因此,建设现代航运服务集聚区,是加速形成航运中心和邮轮港口的共同发展路径。

第三节　全球邮轮港口发展样本分析

一、迈阿密国际邮轮母港

1. 基础条件

迈阿密是公认的“世界邮轮之都”,这里聚集了众多国际著名的邮轮公司,诸如嘉年华、皇家加勒比邮轮巨头的总部均位于此,邮轮靠泊量居世界之首。迈阿密之所以成为世界邮轮中心,主要得益于良好的区位优势和气候条件、成熟的邮轮市场、丰富的港口及旅游资源、完善的基础设施等。迈阿密港口拥有邮轮码头 12 个,泊位岸线长度达 2 700 m,有近 20 艘邮轮以其作为母港,港口的邮轮年靠泊周转量位居世界第一。

2. 服务设施

迈阿密国际邮轮母港拥有世界上最先进的管理设施系统、最规范的业务流程设置以及最便捷的服务。其两座邮轮客运枢纽站(Miami Cruise Port)能够同时为 8 400 名游客出行提供服务,还拥有许多相关设施,如舒适的休息大厅、多个商务会议大厅、全封闭并加装中央空调的游客上船通道,以及完善的订票系统、安全系统、登轮查验系统和行李管理操作系统等;拥有能够容纳 733 辆汽车的车库,先进的信息化服务能够高效率指挥码头内部的交通,为游客出行提供近乎完美的服务。迈阿密邮轮客运枢纽站的业务流程设置也相当规范,商店、游客、行李和船舶均为独立管理,并将第三层楼设计与船体位于同一高度,便于游客上下船。迈阿密邮轮码头位于市中心海滩的黄金地段,距机场仅有 15 min 车程,离市中心最近的大型购物、宾馆、餐饮区仅有几分钟车程。此外,迈阿密邮轮母港处处体现顾客至上的服务理念。一是服务范围无微不至,如私人汽车看管、汽车出租、搬运车预约、公共汽车查询、自助银行和问询处等均有提供;二是服务力求便捷。邮轮游客只需买票、验票、候船、登船,行李则由码头的行李处理设备送到各自的座位。同样,行李处理系统也会在邮轮游客回到目的港以后将其行李送到指定的位置,甚至可以直接传到飞机上或酒店;三是服务形式多种多样。迈阿密邮轮母港拥有天然的海边浴场,舒适宜人,距邮轮出入口仅 10 min 路程。

二、巴塞罗那国际邮轮母港

1. 基础条件

巴塞罗那港位于西班牙河口东岸,濒临地中海西北侧,是西班牙最大的海港和造船中心,也是欧洲最繁忙的港口之一,具有现代化的国际机场。凭借优良的港口设施、完善的配套功能和优越的地理位置,巴塞罗那港成为欧洲最著名的邮轮母港。巴塞罗那邮轮母港海岸线总长约 3 700 m,邮轮岸线长 1 680 m,前沿水深 –12 到 –8 m,邮轮专用码头 7 个,可同时停靠小型、中型和大型邮轮。

2. 服务设施

巴塞罗那邮轮港采用多类型码头运营模式,服务设施完备,功能齐全,其他邮轮码头区也具备出入境、安检、舷梯、免税店、纪念品店、外币兑换等基本服务功能。另外,在巴塞罗那邮轮中心的后方也有大型购物中心,可以满足邮轮游客的购物需求,邮轮码头周边也建立了亲水休闲、旅游观光、邮轮总部大楼以及地铁、巴士、旅游专线等公共交通基础设施,为邮轮游客提供全方位的服务。

三、新加坡国际邮轮母港

1. 基础条件

新加坡邮轮中心分为新加坡国际邮轮码头及地方客运码头。国际邮轮码头有两个邮轮泊位,达到 12 m 的天然水深,长度分别为 310 m、270 m 的两个泊位。新加坡邮轮中心目前已经成为世界各大邮轮公司在东南亚的枢纽港,年均接待约 700 万人次来自世界各地的游客,多次被英国的《梦幻世界邮轮观光地》杂志评为"最有效率码头经营者",并多次蝉联"最佳国际客运周转港口"。

2. 服务设施

新加坡在邮轮母港的规划建设和实际运营中都与城市旅游、娱乐、服务业发展密切联系,充分发挥邮轮母港品牌价值和客流量优势,以促进新加坡旅游、商业及服务集群发展。在兴建滨海湾邮轮港时,在现有区域商业及服务配套基础上,充分考虑邮轮港口建设而形成的邮轮母港产业链组团发展空间需求,其选址位于新加坡滨海湾 CBD 中心,周围聚焦了商业服务、娱乐休闲及办公商务区,从而形成以滨海湾为中心的邮轮综合商务中心。同时,临近物流港,便于邮轮船供业发展,并留有大片尚未开发土地,便于邮轮母港产业链延伸发展。

四、中国内地及港澳台地区邮轮母港

1. 香港国际邮轮港

香港地理位置优越,拥有天然深水港,依托于香港多样化的旅游设施以及专业的旅游业界,香港在亚太地区邮轮市场一直占有举足轻重的地位。香港拥有四个邮轮泊位,可以停泊不同种类和大小的邮轮,为香港及亚太地区邮轮经济的长远发展提供坚实的基础。

2. 上海国际邮轮母港

上海吴淞口国际邮轮港位于上海吴淞口长江岸线的炮台湾水域,即长江、黄浦江、蕰藻浜三江交汇处。邮轮港于 2008 年 12 月 20 日开工建设,于 2010 年 4 月 27 日成功试靠 11.6 万 t“钻石公主”号,2011 年 10 月正式开港试运营。作为“一带一路”和长江经济带的交汇点,上海吴淞国际邮轮港现已成为亚太地区最为繁忙的国际邮轮母港,并已超越巴塞罗那成为世界第四大邮轮母港,其中宝山已成为上海最重要的水上门户和国际客运港口。总投资约 8 亿元的吴淞口国际邮轮港后续工程已于 2015 年启动,扩建后的岸线总长度达到 1 600 m,目前已建成 4 个大型邮轮泊位。

3. 广州国际邮轮母港

广州南沙国际邮轮母港位于广东自贸试验区的南沙新区片区,总规划岸线 1 600 m,规划建设 4 个 10 ～ 22.5 万总吨邮轮泊位,可停靠世界上最大的邮轮。其中一期工程岸线总长 770 m,建设规模为 1 个 10 万总吨邮轮泊位、1 个 22.5 万总吨邮轮泊位和一座建筑面积 6 万 m² 的航站楼,年设计通过能力 75 万人次。一期工程于 2017 年 7 月正式开工,2019 年 11 月开港运营;二期工程全部建成后,将拥有 4 个邮轮泊位、2 座航站楼,年通过能力不低于 150 万人次。广州南沙国际邮轮母港是全国规模最大的邮轮母港综合体之一,同时也是集邮轮旅游、港澳客运、珠江内河观光客运等多种业务于一体的广州水上旅游客运枢纽。

第四节　发展经验与启示

一、基本条件

世界著名的邮轮港口都是依托优良的地理位置、环境气候、人文文化、旅游资源以及邮轮码头的完善配套设施来吸引更多的邮轮前往挂靠的,同时让游客体验到全方位高质量的服务。以下将选取几个有代表性的世界著名邮轮港口进行阐述。如表 13.5 所示,它们在地理位置、气候、文化、旅游等方面都具备得天独厚的条件。

表 13.5　世界著名邮轮港口的发展条件

条件	迈阿密	巴塞罗那	新加坡
地理位置	位于佛罗里达市中心海滩的黄金地段,距离机场 15 分钟车程,距市中心最近的大型购物广场、酒店几分钟车程	位于西班牙河口东岸,地处市中心,具有便捷的各种换乘交通设施和现代化的国际机场,可直飞中东、美洲及欧洲各国	位于综合性海滨开发项目之内,周围聚集了无数的旅游目的地。毗邻购物中心之一——怡丰城,其对面即是圣淘沙岛——这里坐落着圣淘沙名胜世界的综合度假村、主题公园、野生动物保护区、园林和探险乐园。离市中心仅数分钟距离,并具备靠近樟宜国际机场的优越位置

表 13.5(续)

条件	迈阿密	巴塞罗那	新加坡
环境气候	温暖、湿润的亚热带气候,是美国本土冬季及最温暖的城市,1月平均气温19.5 ℃,7月28.3 ℃,年均降水量1 290 mm	地中海式气候,冬季多雨湿润,平均气温11 ℃,夏季干燥炎热,平均气温24 ℃	热带雨林气候,气温湿热,日温差和年温差极小,月平均气温24 - 27 ℃,年降雨量2 400 mm,没有台风的袭扰
人文文化	有"文化的大熔炉"和"美洲的首都"之称,受庞大的拉美族群和加勒比海岛国居民的影响大,与北美洲、南美洲、中美洲及加勒比海地区在文化和语言上关系密切	巴塞罗那城是加泰罗尼亚文化的发祥地,同法国的文化和语言发展渊源颇深。有教会大学和加泰罗尼亚医学院等高等院校	早期离乡背井到新加坡再创家园的移民者将各自的传统文化带入新加坡,各种族之间的交流与融合,不仅创造了今日多民族的和谐社会,也留下了丰富的多元化文化特色
旅游资源	旅游资源丰富,有"美国东岸的好莱坞"之称,延绵不绝的白色沙滩占据全美沙滩的1/4 长度	市内博物馆众多,罗马城墙遗址、中世纪的古老宫殿和房屋与现代化建筑交相辉映,不少街道仍保留着石块铺砌的古老路面。建于14世纪的哥特式天主教大教堂位于老城中央。有"伊比利亚半岛的明珠""地中海曼哈顿"之称,被誉为欧洲真正的聚会城市	新加坡是世界上最著名的清洁卫生国家之一,虽然面积不大,既没有名山大川,也没有名胜古迹,旅游资源并不丰富,但是由于政府重视旅游业的发展,有关法律法规健全,实施严格,不仅开展观光旅游,而且重视开展购物旅游,发挥其作为"购物天堂"的优势
配套设施	舒适的休息大厅、商务会议大厅、全封闭的上船通道、完善的订票系统、安检系统、登船查验系统、行李操作系统、大型车库、先进的信息系统	配套设施完备,除了供游客基本候船和联检的设施以外,还包括大型购物中心、地铁巴士等公共交通设施,码头附近周边也建立了亲水休闲、旅游观光、邮轮总部大楼	新加坡邮轮中心拥有便捷的火车、大巴和出租车系统;滨海湾邮轮中心地处南滨海湾,有两条轨道交通线路,并建有新加坡第一条海底隧道(滨海湾快速公路),形成了"公交+轨道"站点或至轨道站点的接驳车交通系统

注:资料来源根据网络整理

二、基本经验

纵观国内外著名邮轮母港的发展特征可以看出,便捷的交通运输条件、完善的港口基础设施、丰富的市场资源和邮轮航线、人性化的服务、出入境口岸政策与国际接轨等条件均是邮轮母港不可或缺的重要因素。尤其是新加坡邮轮产业的成功经验值得借鉴,他们主要集中在邮轮的母港产业链运营方面,其快速发展离不开政府的大力支持,政府在邮轮母港建设、运营中积极搭建发展平台,提供发展支撑。

1.邮轮港口选址

邮轮港口的性质和规模应根据腹地经济、旅客流量和集疏运条件来确定,邮轮港口宜选在地质条件较好的地区,天然水深适当,不宜在地形、地质变化大以及水深过深、水文条件复杂的地段建造,同时也不宜选址在水深太浅从而维护挖泥量过大的场所。港口应预留有足够的水域和陆域面积,其中港口水域宜选在天然掩护,浪、流作用小,泥沙运动较弱的地区;港口陆域纵深应满足拟建码头功能及相关管理的要求。邮轮港口所在地应具备良好的纵深旅游资源,具有在短时间内分散游客的能力。要合理利用岸线资源,适当留有发展余地,进行多方案备选,要统筹兼顾商港、渔港、军港、临海产业、旅游及其他部门之间的关系,并与城市及交通运输规划相协调,充分保护环境,遵守国家现行的有关规定。

2.邮轮码头(中心)规划

从当前中国邮轮产业的发展阶段来看,邮轮港口(码头)及配套设施的设计和规划是重中之重。邮轮产业的支撑不仅依靠邮轮客运中心,还依托于周边的一系列基础设施,而邮轮接待中心的功能布置,又取决于周边设施和码头设施的功能定位,邮轮中心主体建筑应具有灵活性而非单一的邮轮游客接待,还应考虑会议、会展、聚会等。配备单独的商店、汽车、出租车、公交车、乘客上下和安检区域,尽量减少旅客拥挤和排队等候的时间,且能充分分割乘客、船员和运营管理行为,码头区域要预留足够的空间以对邮轮进行有效补给,还要设置方便旅客的咨询区域,且有效管理邮轮和非邮轮活动。

三、未来展望

1."互联网+"将在邮轮港口领域得到广泛应用

"互联网+"应用在邮轮港口领域,将会对邮轮港口带来新的发展空间。在此基础上,传统企业和互联网平台竞争激烈,企业通过提高用户体验、提升效率等方式提高市场竞争力,为邮轮港口行业提供新的增长空间。

2.邮轮港口的科技体验将会进一步普及

未来随着科技赋能 VR、大数据、云计算、人工智能、5G 等技术的普及,邮轮港口将会加大引入 ERP、OA、EAP 等系统,进一步优化信息化管理环节,从而提高整个行业的效率。

3.邮轮船舶趋向大型化

邮轮船舶的大型化对邮轮港口和邮轮码头在泊位长度、岸线水深、离岸空间、安全屏障、码头建筑、乘客集散以及整个工程技术等方面都将提出更高的要求。

4.更加重视邮轮目的地建设

未来的邮轮市场将会更加倾斜于具有独特历史人文景观以及丰富的旅游资源和岸上休闲娱乐活动的地区,因此,邮轮港口城市一方面要重视邮轮港口配套设施的建设和服务能力的提升,另一方面更应注重"港口－腹地"型邮轮目的地的建设和规划,将发展的眼光从邮轮港口转变到邮轮目的地上来。

第十四章 展示与国际航运中心

国际航运中心是一个在全球配置航运资源的主要港口城市,重视港口城市的航海形象展示是非常重要的。本章介绍了港口城市形象展示的含义,通过海事博物馆、展览馆、海事论坛、港口论坛等展示了航运中心的历史及其变迁、发展成就、地位与作用,指出了各类港口城市的形象展示与航运中心的建设及发展相辅相成。

第一节 港口城市形象展示

一、形象展示的意义

用有效和生动的语言刻画和描写有形或可见的表现,可以称之为形象展示。就一般意义而言,形象可以是产品形象、组织形象、文化形象、环境形象,等等。

产品形象,指产品质量、性能、价格以及设计、外形等给公众的整体印象,通常用产品的质量、性能、价格以及设计、外形、名称、商标和包装表达产品形象;组织形象,指单位的体制、制度、方针等在公众心中的感受,通常用企业的体制、制度、方针、政策、程序、流程、效率、效益、信用、承诺、服务、保障、规模、实力表达组织形象;文化形象,指历史传统、价值观念、企业精神等,通常以历史传统、价值观念、企业精神、英雄人物、群体风格、职业道德、言行规范、公司礼仪等表达文化形象;环境形象,指单位的建筑物、标志物、布局装修、展示系统、环保绿化等形象。

二、城市形象特征

一般而言,城市形象是城市(或特定的区域)给人的印象和感受,是城市内部与外部公众对城市内在实力、外显活力和发展前景的具体感知、总体看法和综合评价。城市形象的特征主要有:一是自然性。城市形象是生活在城市中的人们长期的生活方式和社会实践熏染的结果,是城市文化风貌的自然体现,具有自发性和自在性。二是象征性。城市形象代表着城市的第一印象,要具备及时联想性。三是独特性。城市形象应该是被识别城市独有的,有别于其他城市的。四是多样性。从构成要素看,城市形象可以是城市建筑、山脉、水体等物质文化景观,也可以是城市人的独特精神文化。五是公益性。城市形象是城市的公共财富,犹如城市上空的灯塔,可使整个城市分享光辉、共同受益。

三、城市形象标志

城市形象标志是将一个城市的人文历史、文化习俗、地理环境等特征加以整合,转化为一种象征性的图形符号来传达出这个城市的形象和理念。随着全球性的经济一体化,城市化进程也飞速发展,城市之间的竞争也愈加激烈,这个竞争不仅仅局限于城市之间经济、政治、文化方面,也是世界文化形象的竞争。建立一个良好的城市形象,有助于这座城市竞争、发展,有助于提高知名度,吸引资金,聚集人才,旅游等。现代城市标志反映了一个城市的特征,除了塑造出独一无二的城市形象、建立城市身份识别和获取经济效益,也有利于推广城市品牌,越来越多的城市意识到城市形象标志对于推广城市魅力的重要性。

四、港口城市形象展示方式

一般而言,港口城市可以通过港口设施、航海博物馆、展览馆、海事论坛、港口论坛等进行形象展示。从硬件上看可通过现代化的港口码头、建筑物、雕塑、主题公园等设计;从软件上讲可以通过举办展览、论坛、介绍等方式进行。通过这方面的展示,反映航运中心的历史及其变迁、建设成就、地位与作用以及描绘发展趋势。

第二节　航海博物馆与国际航运中心

一、博物馆

博物馆是征集、典藏、陈列和研究代表自然和人类文化遗产的实物的场所,对馆藏物品分类管理,为公众提供知识、教育和欣赏的文化教育的机构、建筑物、地点或者社会公共机构。博物馆通常是非营利的永久性机构,对公众开放,为社会发展提供服务,以学习、教育、娱乐为目的。1977年,国际博物馆协会(ICOM,简称国际博协)对博物馆给出的定义是:博物馆是一个不追求营利、为社会和社会发展服务的公开的永久性机构,它对人类和人类环节见证物进行研究、采集、保存、传播,特别是为研究、教育和游览提供展览。

(一)分类

根据博物馆的主要性质,博物馆的类型可划分四大类,即:社会历史类、自然科学类、文化艺术类和综合类。

(1)社会历史类博物馆,是以研究和反映社会历史的发展过程,历史上的重要事件和重要人物等为主要内容的博物馆。

(2)自然科学博物馆,是以自然界和人类认识、保护和改造自然为内容的博物馆。

(3)文化艺术类博物馆,包括绘画、书法、工艺美术、文学、戏剧、建筑等。

(4)综合类博物馆,是兼具社会科学和自然科学双重性质的博物馆。

(二)功能

博物馆的三大基本功能是收藏、展示和研究,具体地说,首先要征集与博物馆主题、范围相关的文物、史料及艺术品,并妥善保管、科学管理、细致维护,因年久破损的要予以修复;其次博物馆还必须具备展示功能,向社会展示收藏的文物和文献,传播相关历史文化和遗存;第三,博物馆必须具有开展研究的功能。研究包括两个方面:专业研究和博物馆学研究。专业研究是指与该博物馆相关的学术研究领域。博物馆学研究也是每个博物馆应该注重的学术研究。此外,博物馆还具有教育、娱乐等方面的功能,特别是教育功能。博物馆教育是社会教育的组成部分、也是人们终身教育的理想课堂。

二、航海博物馆

1. 中国航海博物馆

(1)中国最大的航海博物馆

中国航海博物馆,全称为上海中国航海博物馆(China Maritime Museum),是经国务院批准设立的中国第一家国家级航海博物馆,旨在弘扬中华民族灿烂的航海文明和优良传统,构建国际航海交流平台,培养广大青少年对航海事业的热爱,营造上海国际航运中心的文化气氛。博物馆位于上海浦东临港新城,占地面积 24 830 m^2,建筑总面积 46 434 m^2,室内展示面积达到了 21 000 m^2。2006 年 1 月 20 日在临港新城滴水湖举行中国航海博物馆工程开工奠基仪式,2010 年 7 月 5 日全面建成开放,地址为上海市浦东新区申港大道 197 号。

(2)功能与特色

中国航海博物馆馆内展区分为三层,第一层设置了航海历史馆、船舶馆、海员馆,以及渔船与捕鱼专题展区;第二层设置了航海与港口馆、海事与海上安全馆、军事航海馆,以及航海体育与休闲专题展区。第三层设计主要功能为:文物收藏功能、学术研究功能、社会教育功能、陈列展示功能、其他功能海员馆中的航海模拟器。

中国航海博物馆以"航海"为主线,以"博物"为基础,按门类设五大分馆、十二个展区,并设有球形天象馆、4D 影院和儿童活动中心和学术报告厅等设施。博物馆以实物、实物模拟、图片、文字、多媒体等手段进行展示。

(3)馆藏情况

航海历史馆。以时间为主线分为古代、近代、现代三个展区。同时历史馆以技术副线为隐线,将浮力渡水、独木舟、木板船、帆、桨、橹、舵、指南针等造船和航海技术随时间主线并行展开,反映中国航海技术的发明与演变过程,是中国航海博物馆的重点展馆。

船舶馆。分为船舶结构与设备、船舶制造两个部分,通过对船舶结构、设备及建造的分解、介绍与展示,呈现清晰、透明的船舶图纸。制作了 1:6 大型万吨级货轮高仿真剖面模型,船长约 25 m,高度贯穿两层展示空间,用以展示船舶结构。

航海与港口馆。展示了海洋环境、从古至今各类保障船舶航行的仪器、仪表等技术资料,包括地文航海、天文航海、无线电航海等以及港口与航道的文物和实物。

海事与海上安全馆。海事馆通过实物及辅助图文展示海事沿革与海事监管执法。海上安全馆通过实物、模型、多媒体、电子地图等展示海上救助、海上打捞以及反海盗专题内容。

海员馆。主要展示与海员工作、生活紧密相关的实物、文献。位于展馆中心的航海模拟器以大型集装箱船驾驶室为模拟器原型,生动展示现代化船舶驾驶工作的特点。

军事航海馆。分为中国人民海军建设和军舰知识两大展示内容,重点展示了各类军舰模型、海军军旗及海军军装,高仿真复原了潜艇指挥舱。

航海体育区。主要展出与航海体育、休闲相关的帆船、帆板、摩托艇、皮划艇、赛艇等实物及模型。

天象馆(球幕影院)。具有天象演示和球幕电影双重功能,集教育与娱乐为一体的高科技数字穹幕影院。

（4）展馆标识

图 14.1 给出了博物馆的建筑图,图 14.2 给出了馆徽。

图 14.1　博物馆建筑物

图 14.2　博物馆馆徽

2. 中国港口博物馆

（1）功能与作用

中国港口博物馆位于浙江省宁波市北仑区梅山湾新城,建筑面积 40 978m²,于 2014 年 10 月建成开馆,是国家一级博物馆和国家 4A 级旅游景区。

中国港口博物馆定位以港口文化为主题,集展示、教育、收藏、科研、旅游、国际交流等功能于一体,体现国际性、专业性、互动性的我国规模最大、等级最高的大型港口专题博物馆,成为挖掘港口历史、传承港口文化、传播海洋文明的重要基地,成为新世纪海上丝绸之路的重要文化支点。

中国港口博物馆将承载"港通天下"的文化内涵,为国内外研究中国港口历史、探求港口未来的学者提供学术交流平台;为参观者了解中国港口发展过程、掌握港口知识提供深入学习环境;为广大青少年科学感知港口的发展、培育对港口的兴趣提供直观形象和互动氛围;为海洋文明和港口文化的传播和提升提供全面展示和深度研究空间。

（2）展厅与内容

①"港通天下"中国港口历史陈列。陈列以历史时间顺序为主线,按照远古、古代（夏商周至 1840 年前）、近代（1840 年至 1949 年前）、现代（1949 年至 2017 年）四个历史阶段,展

示我国港口的发展变化。主要展现各历史阶段中国港口发生的具有断代性、标志性、里程碑意义的重要史实、典型事件、重大成就,既反映各个历史时期全国港口的发展全貌,也反映特定历史时期重要港口的独特作用。

②"创新之路"现代港口知识陈列。陈列以当代港口技术为背景,按照港口基本构成、主要功能、基础设施、重要设备、关键技术、支持系统,展示现代港口的技术特征和地位作用。以专业功能为主线,分为港口建设、港口作业、港口支持系统三个展区。

③"水下考古在中国"专题陈列。陈列内容分为"机构与人员""技术与装备""调查与发掘""保护与交流""规划与展望"等五个块面,集中展示我国水下考古与水下文化遗产保护二十多年来的发展历程和主要成果。此外展厅内设置了半开放式的出水沉船修复展示区,公众可透过通电玻璃参观"小白礁Ⅰ号"等古代沉船保护场景与修复流程。

④港口科学探索馆。从港口时空变化与人物角色变化的角度入手,围绕港口科技、航海航运、海洋地理、海上安全等主题,设计包括港口装卸、货物检测、浪涌体验、风力发电、地震海啸等相关展项展品,形成参观者对港口及海洋知识的全面体验。

⑤"数字海洋"体验馆。以"数字海洋"核心技术为基础,以人类了解海洋、利用海洋、未来海洋为主要内容,运用虚拟、特种影像等高新展示手段,寓教于乐,使参观者走进展厅犹如深入海洋世界,在全沉浸的视觉与听觉感受中学习、了解海洋知识。

⑥"海濡之地"北仑史迹陈列。陈列以"北仑历史就是不同时期北仑人博纳兼容、开拓进取的历史"的主题思想,来表现各个历史阶段北仑发生的重要史实、典型事件和重要人物。

3. 港澳地区海事博物馆

(1)香港海事博物馆。该博物馆位于香港赤柱,由香港航运界的热心人士于2003年底开始筹建,2005年9月8日正式开幕。香港海事博物馆旨在展示南中国沿岸的航运史及香港所扮演的角色,由香港国际航运团体经营,现位于香港岛中环8号码头。

(2)澳门海事博物馆。澳门海事博物馆主要介绍该地区的主要海事活动,包括:中国南部的捕鱼方法和传统渔船、科学技术和交通工具、葡萄牙和中国的海事历史。是澳门历史最悠久的一家博物馆,对面是妈阁庙。澳门海事博物馆1987年建成,1990年开始正式启用展览大楼。海事博物馆的主题不但反映了澳门历史与大海之间的密切联系,还有系统地阐述了中国和葡萄牙在海事方面的历史,说明了大海对人类及文化所具有的重要性。

4. 其他海事博物馆

(1)丹麦海事博物馆。该博物馆处于丹麦最著名的建筑和一个新兴的文化中心之间。博物馆在特定的背景下以创新的形式展示了历史与现代,尤其是考虑到毗邻的世界遗产——卡隆堡宫,将整个博物馆设计在一个干涸船坞的地面之下。

(2)新加坡海事博物馆。该博物馆坐落于圣淘沙名胜世界的海滨坊,采用钢筋和玻璃打造出引人注目的船体外观。包括海事讲座、儿童互动课堂,以及登上实体的复制古老船舰探索历史。

(3)悉尼海事博物馆。该海事博物馆保存和记录了澳大利亚的海事发展史,将航海发展展现得淋漓尽致,因为此海事博物馆涵盖好几个地方,所以是个可以转上一整天的地方。

(4)鹿特丹海事博物馆。该博物馆是荷兰历史最为悠久的博物馆,位于一座十分现代化、前身是一家航海俱乐部的钢筋混凝土建筑当中。一进展厅便看到三块占据了整个墙面的大屏幕,同步播放着码头、甲板上的场景,出色的音效和画面让人有身临其境之感。

（5）德国海事博物馆。该博物馆位于不莱梅港，是一个历史悠久的博物馆，拥有展馆、图书馆和研究所等设施，旨在探索人与海之间的关系。

此外，美国、英国、澳大利亚等都建有国家海事博物馆。

三、航海博物馆与国际航运中心的相互作用

1. 航海博物馆是国际航运中心的文化地标

一般来说，航海博物馆无论是设计理念、展示内容，还是建筑风格、地理位置都会与港口城市、航运中心的过去、现在、未来紧密联系，会成为一个城市、一个行业的文化地标。如中国航海博物馆作为国内第一家国家级航海博物馆，自落户上海并于 2010 年 7 月 5 日开馆以来，始终秉持"弘扬航海文化、传播华夏文明"办馆的宗旨，致力于保护航海遗产、普及航海知识、增强保护海洋意识。开馆十年，已接待中外游客 300 余万人次，向人们展示着航海文化的魅力，体现了上海国际航运中心的建设成效和日益重要的全球影响力，同时航运中心的发展也会不断丰富航海博物馆的内容和形象。

2. 航海博物馆充分展示了航海文化功能

航海博物馆所具有的收藏、展示和研究以及教育、娱乐等功能会将一地、一域、一国、全球关于航海方面的物品、思想、交流等予以展示，体现博物馆对航海文化的展示功能。同时，航运中心的建设与发展不断吸引各地乃至全球的物流、人流、资金流、技术流、信息流，进一步支持航海博物馆所在城市经济和社会发展。

第三节　会展与国际航运中心

一、会展的含义

会展是指会议、展览、大型活动等集体性的商业或非商业活动的简称。其概念内涵是指在一定地域空间，许多人聚集在一起形成的定期或不定期、制度或非制度的传递和交流信息的群众性社会活动，其概念的外延包括各种类型的博览会、展销活动、大中小型会议、文化活动、节庆活动等。特定主题的会展是指围绕特定主题集合多人在特定时空的集聚交流活动。广义的会展是会议、展览会、节事活动和各类产业/行业相关展览的统称；狭义仅指展览会和会议。会议、展览会、博览会、交易会、展销会、展示会等都是会展活动的基本形式，世界博览会、广交会、世界港口大会、海事展览会等为最典型的会展活动。

二、世界港口大会

世界港口大会由国际港口协会发起，每两年举行一次，邀请来自全球各地知名港航行机构代表参会，被誉为国际港航界的"奥林匹克"盛会，对世界经济的发展起着非常重要的作用。迄今为止，世界港口大会已举办 31 届，举办城市包括美国休斯敦、洛杉矶、意大利热那亚、澳大利亚悉尼、德国汉堡，以及印尼巴厘岛等多个国际知名城市。中国上海曾于 2005年成功举办第 24 届世界港口大会。截至目前，国际港口协会会员覆盖全球近 90 个国家，总计约 300 个会员，其中正式会员约 170 个，临时会员及名誉会员约 130 个。国际港口协会会

员每年的海运贸易量达到全球海运贸易总量的60%,海运集装箱运输量达到全球海运集装箱运输量的80%。

每届港口大会除了国际港口协会董事会、各区域午餐会、技术委员会分组会议外,大会主题还会安排一场开幕式、一场闭幕式、一场主题论坛、一场专题演讲、一场全体大会、一场小组讨论、若干个平行分论坛等。如2019年(第31届)世界港口大会在广州市白云国际会议中心正式开幕,本届世界港口大会以"港口与城市——开放合作,共享未来"为主题,共有来自50多个国家的千余名受邀嘉宾和专家学者参与大会。在大会的主旨演讲中,包括"以港口带动区域经济发展的中国方案""海运业的发展及港口物流业的前沿问题""一带一路倡议为全球经济带来的新动能""世界经济新格局与全球贸易未来走势""产业链上关键节点的关键作用""未来港口数字化转型之路"六场主旨演讲。六个分论坛分别是"一带一路倡议带来新机遇""湾区港口与城市竞合发展""新技术给港口业界带来的新挑战""跨境贸易新模式与电子商务的法律问题""中国和世界新兴邮轮市场""港口节能减排"。会上国际港口协会与会港口代表及各专家学者将就共同关心的问题进行深入的研讨,为全球港航和经济发展注入新动能。

通过世界港口大会,让全球来宾了解广州、体验广州,不断提升了广州港在国际行业中的影响力,港口"朋友圈"阵营也不断壮大,在商贸合作、拓展航线、组织培训等方面都与国际紧密相连,广州正逐渐成为联通世界的国际大港。在广式生活体验中,各国来宾真正沉浸在广州的城市生活之中,一览"千年古港"、"千年商都"的风采,粤剧艺术博物馆、陈家祠、中山纪念堂等广州文化名片,让四方宾客感受到了这座城市的厚重、包容、开放和自信。

三、海事展览会

主要港口城市为了增强影响力和美誉度,会定期通过专业海事展览会向世界展示新形象、新发展、新作为。如中国国际海事展、中国广州国际海事展、大连国际海事展览会、新加坡亚太海事展览会、德国汉堡海事展览会、迪拜国际海事展等。

1. 中国国际海事展览会

中国国际海事展览会是于1981年创办的集学术、展览、贸易于一体的大型国际海事交流活动,为国际海事业界交流合作最主要的平台之一。经过40年的发展,在上海举办的中国国际海事展览会已成为全球海事领域最具规模和影响力的品牌展会,成为中国与国际海事界寻求全方位、多层次合作的桥梁和纽带,成为国际海事界了解中国船舶与海洋工程装备、航运、港口等产业的重要窗口,为展示海事技术发展最新成果,为中外海事技术、经贸合作、船舶融资、安全保险、规范规则、环境保护等领域的沟通和合作起到了积极的促进作用。

2. 广州国际海事展览会

广州国际海事展览会是由中国船舶工业行业协会、中国造船工程学会主办,由广东省船舶工业协会、广东造船工程学会、中华人民共和国广东海事局等多家联合协办的综合性展览会。被视为船舶海事行业的"晴雨表"。现已成为双数年份在亚洲地区举办的规模最大、人气最旺的海事会展,是国际海事界寻求全方位、多层次交流与合作的桥梁和纽带。

该展览会的主要展品为船舶设计和建造、船坞和修船厂、船舶营运和管理、船舶登记和检验、船舶修理机械与设备、疏浚设备、导航和通信系统、轮机工程和船用设备、推进系统泵和阀、海洋工程、计算机系统、网络和软件、环境保护装备和设施、起重和升降设备、海上货运和物流、油漆和涂料、冷冻系统和冷藏系统、港口、码头设备和服务、港务局和码头作业公司、安全、救援和保护设备、海事出版、海洋环境和安全、船级社、船用燃料及润滑油、港口及码头、港口设施、船舶融资、保险和经纪公司、航运物资及船用材料、贸易协会及咨询服务等。

3. 德国海事展

德国海事展是世界造船领域规模很大、档次高、影响力强的专业性国际海事贸易展览会,聚集了国际上所有业内知名企业。德国海事展在汉堡举办,由德国汉堡会展公司主办,德国造船及海洋技术协会、德国机械协会、德国电子工业协会等协办,每两年举办一届。

4. 迪拜国际海事展

迪拜国际海事展每届展览会为期两天,每次都吸引了一大批有影响力的人士,参展者有机会与最具影响力的展商会面,就区域航运和物流领域进行深入的讨论,指导和解决方案,推动行业内协商合作,是中东市场最重要的展览会。

5. 新加坡亚太海事展览会

新加坡亚太海事展览会由世界著名的励展博览集团主办,每两年一届,致力展示最新的海事工程与港口技术。展品范围包括造船,修船及船用设备、工作船、海洋工程、海洋技术、海洋通讯科技、船用舾装件、航海仪器仪表、修造船厂设施及设备、港口服务,设施及设备、码头设施及设备、货运处理系统、大型钢结构、集装箱、甲板设备、环保设备、电力及电子系统、航运服务及管理、海运海港保安及防疫系统、海军及防卫系统、通讯、电力及电子系统、救生设备、货物处理系统及设备、船用设备和电器配件。

四、会展与国际航运中心的相互作用

涉及港口、航运的大会、展览会能有效提升城市与国际航运中心的知名度、美誉度。能够举办或获得会展主办权的城市基本上是港口城市或者是世界著名的有影响力的国际航运中心。

会展搭建起与世界港口、航运、船舶、海事等组织沟通合作的桥梁,扩大港口城市或国际航运中心在国际港航界的整体竞争力和影响力,提升城市的国际知名度和影响力,为加速港航业与城市融合发展建设,推动城市经济社会发展发挥作用。

"城以港兴,港为城用,城兴港荣"是港口城市发展的普遍规律。有关资料显示,全球财富的50%集中在沿海港口城市,世界上35个国际化大都市中,有31个是依托港口发展起来的。航运中心建设与发展必将进一步推动港口城市的建设与发展,为以港口、航运、船舶、海事为特色的各类会展提供平台。

第十五章　信息与国际航运中心

本章介绍了航运信息、航运信息平台的内涵及其与国际航运中心内在互动机理,分析了信息与航运中心融合发展机制以及国际航运中心信息平台建设典型样本,梳理出了国际航运中心与信息融合建设的一些有益经验和启示。

第一节　信息与航运中心内在互动机理

一、航运信息与国际航运业

航运信息资源推动了国际航运业的发展,在国际航运业发展的过程中,航运与信息的产业之间始终息息相关。航运信息的处理和获取能力已经成为衡量一个航运中心软实力的重要标准。

1. 航运信息的内涵

国际航运业务涉及港口、水路运输、造修船、航运金融、航运保险、口岸、船员服务、航运服务等一列相关产业的业务。相关的角色有船舶管理人、船舶代理人、船舶经纪人、船东、承租人、船员、船厂、船级社、互保协会、港口、口岸部门。

航运信息是对航运业务活动状态的不确定性的描述。因此,其涵盖的范围很广,包括水路交通运输信息、航运服务信息、物流供应链信息、海事管理信息、口岸服务信息、船舶工业信息、宏观经济和大宗商品贸易信息等众多信息。

2. 航运信息的畅通和融合增强了航运供应链的安全性和透明度

由于先进的航运信息技术如物联网、云计算、大数据、无人驾驶等的发展,传统的人工安全控制系统被替代,实现箱货管理的自动化、智能化,避免了人工系统可能造成的疏忽,由此提高了航运安全保障系统的可靠性。

基于数据平台上的信息流,建立港际系统互联,使得信息被完整、定向、快捷地传递到相关港口的管理信息系统中,通过计算机的数据处理功能进行相关的信息资源的调度。港航企业可以全面整合集成各类应用系统,方便信息资源的统一管理和调度,从而消除信息孤岛,增加了航运供应链的透明度。

3. 航运信息的应用提高了航运业决策的水平和服务质量

掌握和运用航运信息可以帮助政府和企业更好地管理和调配航运业务涉及的各项资源,而政府和企业掌握的航运信息质量将直接影响决策的水平,从而影响政府的管理能力和企业的竞争力。例如航运信息有利于船公司缩短船期、加快船舶周转、减少航线用船数量、降低船舶使用费用,也为船代、货代、报关行制单、报关、结汇带来了极大的便利,提高了货物通关服务的便捷性和航运管理效率。

　　国内外一些大型航运企业的航线遍布全球,同时也将自己的代理点分布在全球各地,企业信息实现网络全球化,在全球范围内部署信息系统,从而达到公司与全球的分支机构之间各项业务的信息传输、统计分析、决策支持,对全球船队的生产动态跟踪,对航运生产经营活动进行动态控制,从而提高了服务质量。

　　4.航运信息促进了国际集装箱多式联运业的发展

　　从20世纪80年代开始,在电子数据交换技术的推广应用下,产、供、运、销乃至海关、银行、航运、保险、货主、港口等各个业务环节通过现代的通信网络而有机地联系起来。此时发达国家一些重要港口陆续建立起货物运输信息系统,例如不来梅港的"LOTSE"系统、荷兰鹿特丹港的"INTIS"系统,这些系统涉及船公司、代理行、公路、铁路、港口,甚至海关、银行、保险公司等相关单位的信息。这些信息系统的开发建设推动了国际多式联运产业的发展。

　　随着物联网技术的发展,利用物联网技术整合了海运、水运、空运以及陆运等各个运输环节,注重各类业务运行状态的透明感知,注重各业务环节的互联互通,注重各业务的智能化应用,形成了规模化、集约化、快捷高效、结构化的现代化港口集疏运体系,实现了多种运输方式一体化发展,提升了航运综合运输能力。

二、航运信息化与国际航运中心

　　1.信息化对强化国际航运中心的资源配置能力具有重要作用

　　信息化技术着眼于进一步强化国际航运中心的资源配置能力。放眼全球各类著名航运中心,尽管有不同的发展模式,但都可以称得上是"信息化重镇",例如利用信息化手段积极推进集疏运信息化系统、港口信息化、贸易通关信息化的建设,从而提供高效和优质的服务。

　　信息化在国际航运中心建设方面的发展空间广阔。针对航运中心大规模的物流航运发展,若没有信息化的支持,很难在较短的时间里取得大的成就。国际航运中心要实现在全球范围内进行航运资源配置、建设现代化港口集疏运体系及现代航运服务体系等目标,无一例外都需要借助信息化集疏运这一现代利器。

　　2.国际航运中心对信息化支持的需求明显

　　随着我国国际航运中心建设的深入推进,航运信息化更加注重"需求导向、数据驱动、全程可视、远程智能、云端共享、电子商务、互联融合、生态发展",形成港口、航运、物流、监管等综合信息共享和应用体系,打造国际航运中心综合信息共享平台,信息化支持对以下方面愈显重要,主要体现在如下领域:

　　(1)实现航运服务体系中的船舶交易、船舶管理、航运经纪、航运咨询、船舶技术和高端航运服务业(航运金融、航运保险等)相关机构的配套发展,不断形成国际航运要素积聚体系。

　　(2)实现集疏运体系中的港口、远洋运输、内支线运输、公路运输、铁路运输、航空运输相关单位的协同作业,共同建设交通一体化运输体系。

　　(3)实现口岸服务体系中的监管单位和港航管理机构的通力协作,持续提升口岸服务效率。

　　3.航运中心信息化从航运信息系统化向航运信息平台化发展

　　"互联网＋航运"既是互联网技术发展对航运产业效率提升的一种技术支持,也是互联网所代表的平台经济对航运业传统经济模式的一种再造。平台经济以其"外部性"特征和对"长尾"市场的独特吸引力,逐渐改变着整个港口、航运业。在互联网的作用下,信息交换的边际成本接近于零,因此整个航运产业更趋于扁平化,中间环节被压缩,标准化程度更高,分工更细致,平台在整个产业链中的作用也越发明显。

目前,以"互联网+航运"为路径的航运业务模式创新平台型的中国企业已经超过 70家,如亿海蓝、船老大、码头网等。除中国以外,世界上知名的航运互联网平台还有丹麦的 Youship、美国的 INTTRA、德国的 GT Nexus 和 Kn - freightnet、英国的 Shipserv 等。

以"互联网+港口"为目标的港口业务模式创新平台在中国也已突破 10 余家,如上海港"1 港通"、宁波-舟山港"易步通"等。这些港口互联网平台提供的服务主要涉及口岸通关一体化信息服务、金融服务、物流电商、数据对接、业务预约、SAAS 云服务、船舶供给等方面。

近年来,在航运大数据领域涌现了以美国的 IHS、以色列的 Windward、德国的 Vessel Tracker、挪威的 Xeneta 等公司为代表的一系列航运大数据企业,中国则涌现了亿海蓝(船讯)、船达通(龙船)等一批大数据创新平台。

三、航运信息平台与国际航运中心

国际航运中心需要航运信息平台的支撑,欧洲目前的世界航运中心地位与世界领先的航运信息平台的贡献是分不开的。

1. 航运信息平台的内涵

航运信息化正在向着航运信息平台的方向发展。航运信息平台是通过航运信息资源的融合汇聚来满足航运业不同参与者需要的网络化信息系统,是服务于航运相关业务的信息平台。它将航运业务涉及的信息资源融合到基于云计算技术的信息资源池中统一进行管理,并通过网络和移动互联网提供支持自定义的多种服务。

2. 航运信息平台是落实航运中心航运资源配置的抓手

随着"物联网""云计算""大数据"等信息技术的发展,更多的管理、监督和服务决策都将基于大量的数据分析结果做出。物联网技术为航运信息平台提供了重要的信息来源,云计算技术为构筑航运信息平台提供了基础环境。

国际航运中心需要具有对港口、航运、国内物流的资源配置能力,而完善和高效的航运信息平台是落实航运中心航运资源配置的抓手。世界著名国际航运中心都拥有发达的信息平台。

航运信息平台特别是航运信息服务平台的发展水平体现着航运信息服务水平的高低,从而影响到航运中心的航运服务软实力和航运资源配置能力,对航运中心的发展具有重要的战略价值。

3. 航运信息平台的建立是国际航运业转型升级的需要

航运信息不仅贯穿于国际航运业的各个领域、各个环节,还来源于政府部门、行业协会等组织机构。因此,航运信息平台的建设是国际航运中心发展国际航运业必不可少的环节,对国家国际航运业转型升级有着至关重要的作用。

目前一些信息化建设被简单地看作是业务辅助工作,对促进航运业提升服务能力和竞争力的作用尚未得到充分发挥。而航运信息平台是航运信息系统在物联网、云计算、大数据等新一代信息技术的影响下,在航运业面临转型升级的需求下,发展出来的一种信息系统新模式,其基础是将原本各信息系统中分散的、残缺的数据融合成为大数据并以信息资源的方式进行管理。

因此航运信息化建设采取平台化战略的实质是航运信息系统的全面网络化、信息资源的全面融合化,将促进我国航运业转型升级。

4.航运电子商务平台形成航运中心航运新型业态

航运业正向着专业化、集约化经营,创新经济增长点,大力发展航运金融、保险、海事仲裁等现代航运服务业,安全绿色发展等方向转型。航运电子商务平台将取代航运中心现有的航运商业模式,从其内在机理来看决定因素如下:

(1)成本因素。航运电子商务通过信息平台降低了航运业务活动的成本开销,提高了服务的便捷性。

(2)市场竞争因素。大公司期望通过电子商务减少中间环节、提高利润率,小公司则期望通过平台战略组合占据更多市场份额。

(3)服务整合因素。航运业转型升级的一个要点是要发展现代航运服务业,成功的航运电商平台将成为优质的现代航运服务业的寄生平台。

(4)资源调配规模效应因素。由于航运电子商务平台具有网络外部性特征,随着规模的扩大规模效应会为平台用户带来越来越多的利益,这种利益或早或晚总会超过现有商业模式,因而备受期待。

(5)技术因素。航运电子商务平台是航运市场随着信息技术发展而自然产生的进化,是顺应信息化发展规律的结果。

5.航运信息集成平台促进了航运中心航运信息资源的整合

从历史角度看,伦敦、纽约、汉堡等国际航运中心的演变形成,都经历了航运信息资源的整合过程。从最初世界经济中心的确立,汇集全球最多最齐全的贸易信息和最大的航运交易市场,到后来借助广阔的经济腹地提供全球范围内的货物中转和集散,再到发布权威的高端航运服务信息,这是一个信息资源逐渐整合并最终实现优化配置的过程。

航运中心的航运信息整合离不开持续改进和完善的航运信息集成平台。在汉堡,所有与航运相关的业务都集中在 DAKOSY 平台,并且由市场化运作的企业负责运营。新加坡和中国香港地区在政府的积极推动下,航运信息平台通过市场力量不断升级和改进,大大简化了用户的操作从而吸引各国货物在此中转。

第二节　信息与国际航运中心融合发展

航运信息平台按照融合发展大致分为三类:第一类是航运信息平台与航运电子商务融合发展,形成航运电子商务平台,主要为企业提供信息服务;第二类是航运信息平台与航运电子政务融合发展形成航运电子政务平台,主要为政府和监管部门提供服务;第三类是航运信息平台与航运信息服务融合发展形成航运信息服务平台,主要面向行业和社会提供公共信息服务。

一、航运信息平台呈现由垂直化向融合化发展趋势

航运中心信息化建设首先是在业务需求驱动下,按照梳理后的业务流程来实现信息化

系统建设。长期以来，虽然国际贸易依靠国际物流实现货物运输，而国际物流依靠交通运输服务完成货物的空间位移，但是交通、物流、贸易三个业务却被垂直分隔开，这种现状导致了三个业务所对应的信息系统也相互分离。

2016年，商务部联合多个部门出台了多项政策推动托盘标准化，其中也包括与之相关的多项物流环节标准。以"集托网"为代表的全国性托盘循环共用系统，从贸易端货主处切入，改变物流业与集装箱运输业的托盘标准。2016年年底，阿里旗下的一达通联合马士基推出"舱位宝"，从物流平台逆向整合海运订舱平台业务，并且最终服务于阿里的国际贸易平台。从这两个事件所呈现的商业行为中，可以看到贸易、物流、交通融合发展的趋势正悄然逼近。

1. 用户群融合

在传统信息平台中每个用户有固定的角色，在平台概念上一个用户可以在不同活动中拥有不同的角色，拥有同一个角色的不同用户之间也可能发生联系。例如，在一个租船平台上，船东既可以将自己的船租出，也可以租用别人的船，也许还可以担任经纪人做船舶交易的中间人。

2. 功能融合

在信息资源融合的基础上，原本不相关的功能可能会融合在一起。例如集装箱出口业务过去需要填写"十联单"，报关、报检、订舱等单证有大量重复信息，却要在不同的信息系统中完成，在航运信息平台基础上信息的融合使这些业务融合，用户只需操作一次，便可以完成所有出口业务数据的提交；又如海上卫星通信可以将语音通信、视频通信、短信服务等融合在一起。

3. 服务融合

航运信息平台除了实现基础性功能外，还可以凭借其信息融合优势，提供更多的增值服务。例如，电子口岸平台可以提供线上支付、数据分析、货物追踪等服务。

4. 跨界融合

航运信息平台凭借其网络化特点，更容易跨区域、跨国运营。未来在航运电商平台的发展影响下，航运业务同样可能在非口岸城市开展，航运中心城市有可能通过网络覆盖更广阔的经济腹地；航运信息服务平台的发展，有可能让货主在全球范围内了解货物的位置并准确预测到达时间，数据中心不必建立在人力成本、物业成本、电力成本更高的大型城市，而可以迁往投入开销低的地方；在航运电子政务平台的发展影响下，跨省的联合监管、执法、救援等合作有望实现，跨国的贸易往来也将更加便捷。

二、航运信息平台与航运电子商务融合发展

1. 航运电子商务平台促进我国货代企业更加优质的发展

由于交易频次高、市场需求大、入门门槛相对较低等因素，我国目前发展起来的航运电商平台大多是货物运输类的平台，主要开展在线租船、订舱业务，特别受关注的是标准化程度高、附加值高的集装箱订舱业务。航运电子商务平台替代原本由货运代理所承担的业务，将银行的金融业务也直接融入电子商务平台上。在我国，货运代理企业除了提供运输代理服务，还通过订舱差价盈利，存在靠关系、拼价格的不健康竞争行为。航运电子商务平台的发展缩短了传统货运业务利益链条，重新建立利益分配机制，能为整个链条的资金源头——货主和船东带来效益。因此，航运电子商务平台的发展必然会挤压包括货代、船代、

经纪人、报关行等一系列主体的生存空间。但是,借助于平台的业务流量聚集能力和公正性,虽然货代行业生存空间缩小了,但也更加促进其拓展自身专业知识和技能以及创造更加优质的代理服务,对规范我国航运业起到积极的作用。

2. 构建航运电商平台"生态圈"

航运电子商务是一种面向网络经济时代的航运业创新商业模式,突破信息技术与航运业务、线上交易与线下操作的融合。航运电商平台之间的竞争实际上成为航运电商间航运资源整合再造能力的竞争。航运电商平台并非仅仅提供简单的航运交易渠道或中介服务,其本质在于打造一个完善的、可持续的"生态圈",即除了要为航运相关商业活动提供一个交易环境外,还要负责建立起完善而中立的沟通机制、交易机制。

航运电商平台的发展进程需要经历网络外部性达到引爆点之前的培育期以及达到引爆点后用户规模指数式增长的成熟期。随着航运电商平台不断的融合发展,下列三类平台将会脱颖而出:

一是来源于货代、交易所或者信息公司的第三方平台,其充分利用规模庞大的货代企业,实现合作共赢,核心竞争力是共赢模式创新,是航运领域的"淘宝"和"去哪儿"。

二是来源于大型船公司、码头集团或企业战略联盟的重资产平台,其需要成功的资源整合和资本运作,通过对航运关键资源的掌控为客户提供更全面、更具个性化的服务,其核心竞争力为资源的占有与控制,是航运领域的"京东"和"携程"。

三是差异化发展的轻资产平台,例如船舶业务类和客运业务类平台蕴含了不少发展机会,其中邮轮、游艇业电商平台和船舶修造类都具有较好的发展潜力,其核心竞争力是对细分市场的敏锐触觉。

3. 航运电商平台将以贸易平台为发展趋势

由于航运电商平台有其特殊性和专业性,其功能不能被现有物流、贸易电商覆盖。但随着时间的推移,航运电商平台的发展和完善最终会与物流、贸易电商平台同化,他们之间的界限也会逐渐消失。

目前国内航运电商平台普遍处于航运电子商务的初级阶段,核心业务是租船和订舱,服务水平基本局限于在港到港的业务,附加服务主要是保险、支付、结算、融资等。

国外一些航运电商平台进入跨境物流平台阶段,以跨境物流服务为核心业务,为托运人提供"门到门"的一条龙服务,并提供通关、信用担保、货物追踪、港口物流等一系列增值服务。

航运电商平台特别是货运类的航运电商平台的发展将以贸易服务为核心业务,物流、航运等业务仅仅是贸易中实现货物运输的手段,可为全球制造业提供供应链管理级别的服务,包括供应链相关衍生金融服务和信用监督服务。例如阿里巴巴这样已经具备国际贸易撮合能力,并通过资源整合具有了物流、航运服务能力的综合平台,将有可能发展为贸易平台。

三、航运信息平台与航运电子政务融合发展

1. 航运信息平台必将向航运电子政务平台过渡

我国的航运政务管理相关部门包括口岸管理部门、海事管理部门和水运交通管理部门。口岸管理部门和海事管理部门都具有明显的垂直化管理特征,较早实现了全国范围内的垂直信息系统整合。随着跨区域联合管理、执法需求的加强,原有的垂直整合信息系统

的子系统间数据独立,信息只能向上级而无法向下级流动,缺乏面向社会的在线服务等问题逐渐显现出来。

航运信息平台具有跨地域、功能广、自定义、数据汇集、多角色的特点,运用到航运电子政务平台上可以有效地解决数据流动、跨区域联合管理、多角色多部门参与的问题,同时业务调整更容易,并可随时添加更多功能。同时,随着我国政府职能从监管、审核向服务型政府转变,航运电子政务也势必要具备面向互联网提供航运政务信息服务的功能。可以说,随着时代的发展,航运电子政务系统必将向航运电子政务平台过渡。

在航运大数据的时代背景下,建立一个将政府信息资源化,实现信息资源共享流动,并且可以面向互联网提供在线政务信息服务的航运电子政务平台逐渐成为一种趋势。

2. 航运电子政务功能的融合将形成统一的航运电子政务平台

航运相关的政务业务主要包括口岸政务业务、海事政务业务、水运管理政务业务,实现相应政务业务的公共电子政务平台分别称为口岸电子政务平台、海事电子政务平台、水运电子政务平台,在我国水运电子政务有相当一部分业务已经整合到了电子口岸中。他们都具有一个总的发展背景,都需要体现政府向服务型转变的特点,这就要求这三类航运电子政务平台都需要建立面向互联网的服务门户网站,并可以通过网站整合后端的各类政府服务资源。因此,在航运电子政务平台建设中需要围绕门户网站建设和行业反馈确定建设需求,以需求为牵引拉动航运相关政务服务信息集中融合到统一的信息平台上。从长远的角度看,航运电子政务服务还会有进一步的融合趋势,未来航运电子政务平台最终有可能实现统一,其发展方向为"单一窗口"模式和"一站式服务"模式,实现跨区域合作管理与执法、提供更好的跨境服务、实现众多的公共服务平台。

四、航运信息平台与航运信息服务融合发展

航运信息服务平台,是以提供集成化信息服务为目标,将港航有关信息资源连接并融合起来的一站式服务平台。航运信息服务平台可以由政府扶持,第三方实体建设运营,同时提供基础性公益服务和增值性收费服务。

航运中心信息服务具有独特的垂直性,成为航运中心众多软实力中连接航运服务产业的基础软实力。而航运中心信息服务的能力标志就是作为航运业公共基础信息服务的航运信息服务平台。

1. 航运信息服务平台实现各类航运信息资源的融合

航运信息服务平台需要融合空间信息资源、航运信息资源和物流信息资源,实现航运业众多组织参与的且广域分布的空间信息、航运信息和物流信息的交互与共享以及信息系统集成,从而实现以船舶、航道、货物等航运要素的动态信息实时交换为重点,提供航运航海基础地理信息、船舶动态信息、航道信息、港口信息、船舶信息、船员信息、货运信息、水上交通信息、船舶交通监管信息、水上应急指挥调度信息、综合物流信息、法律法规信息、航运市场信息、航运市场指数信息等各种航运信息的发布和服务。

2. 航运信息服务平台推动所有的港航单位联动发展

航运信息服务平台的主要功能是面向航运中心港口、航运业和社会提供基础性信息服务,其所代表的航运信息服务能力是航运软实力的重要代表。对航运业务资源的有效配置必须通过对航运信息资源的有效管理来实现。虽然我国与航运相关的政府、企业、科研机构都已经建立了自己的信息系统,有了一定的信息化基础,但仍然存在缺乏信息共享机制、

信息资源分散孤立、标准规范建设相对滞后、信息资源综合利用程度低的问题。航运信息服务平台作为一种基础性航运信息服务,提供了信息共享和交换的解决方案和机制,实现包括港口、航运服务企业、航运支持、监管和保障单位等航运企业各参与方的业务联动,从而形成了涵盖航运业各个方面较为完善的航运综合信息服务体系。以此提升航运的安全、降低整体航运和物流的成本,提高航运乃至物流整体的效率和效益,实现航运和物流的现代化管理。

3.突破和深化集疏运及产业信息资源融合

集疏运信息属于航运中下游产业信息资源的一部分。与集疏运体系相关的公路、铁路、水运和外港由不同的部门管辖,经营主体由不同的企业构成,信息整合面临利益平衡的鸿沟。因此,需要尝试以港口为主体,组建具有外港装卸、内河、陆路和铁路运输功能的联合体,加速集疏运体系信息整合的进程。

中、下游航运产业信息的基础数据是提炼航运高端信息的基础。因此,自下而上将中、下游航运产业的信息融合交由一个市场主体或者一个行政机构来承担。在集疏运信息整合的基础上,以集疏运经营主体为载体,吸引更多监管机构、企业加入,逐步扩大信息整合范围,把各个经营主体培育成航运产业信息的整合节点。当布局分散、数量庞大的产业信息资源汇聚在一个地方时,其他航运主体和航运咨询机构获取第一手信息将不再困难。

第三节　典型样本分析

一、英国伦敦国际航运中心信息平台建设

英国伦敦的航运高端服务与航运信息整合拥有良好的互动关系,航运信息整合能力是其他城市不可复制的软实力,其保障了伦敦在船舶融资、海上保险和航运交易等高端航运服务方面遥遥领先的地位。例如,德鲁里航运咨询机构、克拉克森海运咨询机构、劳氏海运信息集团以及成立较早的波罗的海航运交易所等都设在伦敦。这些著名的航运信息分析机构可以提供优良的综合信息服务,服务产品包括印刷品、网站、数据库等。以劳氏海运信息集团为例,它能够提供全球商船船队各艘船舶的最新动态、航次历史、完整的船舶所有人/管理公司结构、船舶规范以及相关的航运资信报告等。这些信息对船舶融资、海上保险和船舶交易等航运高端服务的风险控制起到支撑作用。

二、德国汉堡国际航运中心信息平台建设

基于 DAKOSY 信息平台,汉堡港的航运管理达到世界领先水平。汉堡港口的信息服务平台(DAKOSY)是航运服务信息资源整合的典范,其发展由政府主导,开发由汉堡数据交换系统有限责任公司承担,整合对象囊括了几乎所有的航运部门和机构,包括空运承运人、海运、进出口商、船公司、码头装卸公司、理货公司、船务公司、铁路、公路、沿海支线和内河等从事集疏运的公司,以及水上警察、消防队等监管机构。例如海关对进口货物从事关税检查和征收业务,通过 AT.LAS 系统连通 DAKOSY 平台就可获得相关的数据,出口查验时则通过 ZAPP 系统和 DAKOSY 系统相连,客户通过 DAKOSY 平台连接海关系统就能完成进出

口货物的报关。DAKOSY 能通过 INTERNET 网络语言使客户之间能够实现 B2B 电子商务运作,并且形成了以汉堡港为中心的通信服务和 IT 服务的核心业务,服务范围远远超过了汉堡港港区,涉及与汉堡港区及其腹地之间的多种运输网络,能够面向运输网络提供电子商务服务,其客户涉及大约 800 多家公司和与交通运输相关的运输机构。

三、新加坡国际航运中心信息平台建设

新加坡港口的通关效率举世闻名,该港口基于"单一链接多个接口"的原则,在 20 世纪 80 年代就开发运用贸易网络平台(Trade Net System)和港口综合信息平台(PortNet)。贸易网络平台不仅整合范围广,而且信息集成水平高,在政府主导下通过横向联合,将海关、港务集团、国际企业发展局以及其他监管部门等连接到一个整体系统网络中,实现信息共享;通过垂直联合,已与 5 000 多家公司的管理信息系统实现联网,确保信息流的畅通,为用户提供 24 小时的进出口贸易和货物运输服务。港口综合信息平台则集成了海事、码头、船代、货代、运输公司,并与自由贸易园区信息平台相连通,并逐步向世界其他港口延伸。目前,港口综合信息平台有 7 000 多家用户,平均每年处理超过 7 000 多万宗交易。企业只要输入仓单 EDI 信息(包括申报船名、航次和箱号,不需要输入申报货物的品名、规格和数量等信息),就可自行申报,实行系统自动放行,达到货物中转的"一站式服务"。

四、鹿特丹国际航运中心信息平台建设

鹿特丹航运中心一贯重视信息化建设,并关注港航物流企业的利益诉求。自 2004 年起,鹿特丹一改之前复杂烦琐的港区系统,起用了简单易行的鹿特丹港业界共享系统,从商务、航运、港口、港务局四个方面,针对收发货人、船公司、码头企业的需求提供信息服务。一家名为 Port Infolink 的公司就专门为鹿特丹港建立了经济有效的信息共享系统。该系统由 750 多个企业和机构共享,平均每月信息流量达 30 万个,其中包括电子数据互换及互联网服务等。业界共享系统已成为鹿特丹港口不可或缺的现代化设施,是该港口网络化及完善腹地连接之后的第三大竞争优势。

五、香港国际航运中心信息平台建设

由香港国际码头公司(HIT)等企业组建的运输团体网络有限公司开发的 EDI 网络(Cargonet 货流网络),可以使货主、货运代理公司及船公司相互通信联系;货运代理人能利用这个网络向航空公司和船公司订舱。而运输经营人能够制作电子提单和货物清单;系统还与银行联结起来以便能用电子开立、传递及收受信用证及商业汇票。此外,这个网络还与政府网络相联结,以便执行诸如汇付款项、领取政府许可证等业务。香港 EDI 系统在某种程度上更像一种电子商务系统,当然,信息的提供也是其核心功能之一。同时,香港特区政府机构的航运信息服务也相对完善,许多高校等研究机构也能提供航运信息服务。香港贸发局致力于建设一站式信息资源中心,提供市场信息、分析报告、发布数据等航运信息服务。

六、上海国际航运中心综合信息共享平台

上海市"十三五"国际航运中心建设规划中明确了推动智慧航运功能发展,即建设国际

性示范电子口岸,推进航运大数据建设,搭建海事综合性信息管理与服务平台,推进智能化港口建设,提高空港物流信息化水平。

上海国际航运中心建设三年行动计划(2018—2020)提出完善国际贸易单一窗口,实现相关信息共享,建设跨境贸易管理大数据平台,推动数据安全开放和信息透明共享。加快建成长江集装箱江海联运综合服务信息平台。完善集卡预约平台功能,提高进出港作业效率。拓展上海港港口业务受理中心业务范围,全面推行网上受理。全面推进集装箱设备交接单、提货单电子化。

目前,上海航运中心门户网站基本上形成了满足各方需求的"一站式"跨区域航运信息平台。该平台围绕打造航运、贸易公共信息平台以及电子商务应用拓展标准的建设目标,各类航运物流企业可以一站式查询,对船、箱、货在上海口岸的流转动态和作业信息进行查询;可以定制与自身业务相关的各类口岸物流作业信息,并进行状态跟踪;可以使用统一入口接入各类行业应用。

2014年9月,中海科技、中海集运与阿里巴巴三方构建了物流电商平台"一海通"。"一海通"背靠中海优越的海外资源及物流服务能力,依托于自建的综合物流互联网平台、可靠的IT研发技术、综合运营管理,整合出了一套具有全程监管能力的供应链服务体系。采购商下单后,商品直接从国内保税仓库发货,相比传统进口模式,时间可节省15–60天。

第四节 发展经验与启示

一、完善航运信息融合利益均衡机制

新加坡、釜山和汉堡,在航运信息整合方面注重利益的均衡,航运监管机构包括边检、海关和税务等部门有管理权限,但仍然需要链接航运信息综合平台获取数据信息。我国航运中心在短时间内无法达到它们的水平,但应该在"一单两报"的基础上,逐渐整合工商、外汇和税务部门的信息,向更大范围的信息整合方向发展。

二、制定航运信息融合标准和法律体系

在对航运信息进行融合时,各类报表的标准化工作要提前研究制定。要最终实现像国外航运中心港口的一站式服务模式,数据填报的标准、数据的显示标准等都需要进行规划和制定。另外,航运信息融合离不开法律的支撑,航运信息融合的关键问题要有明确的法律要求,例如保密性、安全性和共享性等,各类法律之间也不能存在互相矛盾的地方。

三、加强航运信息高素质复合型人才培养

航运信息融合需要既懂航运业务又懂信息技术的高端复合型人才,而这类人才不是靠高等教育就可以培养出来的,需要通过从业经历来锻炼出丰富的业务经验。目前,国内航运电商主要集中在大连、上海、北京、宁波等地,而其他口岸城市则少有这样的平台,这一现象与几个城市海事、交通类院校和航运高端人才的聚集有很大关系。所以需要尽快通过配套政策,吸引海内外的高素质人才,加快提升国际航运中心航运服务信息整合能力的建设。

四、营造有利于航运信息资源融合的宽松软环境

国际航运中心的发展历史表明,要有效地整合航运信息服务资源,还需要与之匹配的软环境。伦敦、汉堡、新加坡、中国香港等国际著名航运中心的航运信息资源的融合在很大程度上得益于自由港制度。因此,我国在建设国际航运中心过程中,航运信息资源的整合需要争取政府的政策支持,实现体制机制的创新。

五、提升航运信息平台化及融合化水平

一是利用无纸协同化提升航运信息平台化水平。航运中心港航企业平台的无纸化业务发展受到企业间"信任"问题的阻碍。一直以来,只有具备强大公信力的"权威"易于促成信息化项目的成功,而平等的业务主体却因猜忌而很难达成商业合作。在这种情况下,区块链技术应运而生,为解决信任问题提供了方案,但数据在"上链"之前的采集过程仍然没有信任保障。同物联网技术一样,未来电子签证的签发权也决定电子商务的流向。

二是利用"财业一体化"提升航运信息融合化水平。"财业一体化"指业务的数据自动生成财务凭证,财务凭证可以联查业务数据,业务数据也可以联查财务凭证。目前的航运中心信息化思路出现变化,信息系统的侧重点从满足企业管理转向支撑业务开展,使得自下而上的信息流出现横向流动,呈现"纵横交错"的现象,有利于各个部门协同完成企业的业务。各部门在实现绩效目标的同时,也满足了上层的要求。很多企业在进行"财业一体化",就是一个探索如何通过提高港航信息融合度来实现制度创新的典例。

六、利用"互联网+"实现航运要素的跨界融合

航运要素的国际性和流动性特征在一定程度上决定着在航运业务链内部信息实现流动之后,势必还需与外部其他领域的信息实现互联互通、有机整合。航运要素与其他领域要素跨界融合,在互联网因素的作用下将变得更易实现。"互联网+"可为多种业务实现跨界融合提供一条可行性通道,运用互联网使信息自由流转、高度共享成为可能。此外,在"互联网+"影响下,平台重视客户需求的特性得以放大,各类航运电子商务平台以客户需求为导向,丰富航运服务在线应用,实现信息跨领域互联互通,争取最大限度地为客户服务。这种创新思维将进一步打破传统业务的固有边界,延伸航运产业价值链条,以服务对象需求为导向,将多种航运要素业务"按需"集聚在平台上,纳入一个综合信息服务平台中,提供"一站式"服务。例如,以货物运输为服务对象,可将航运领域的报关业务、货物代理业务和集卡拖车等业务与金融领域的保险、融资、保理、征信及支付等业务,海事法律业务及信息业务进行跨界融合,建立在线订舱平台。用户可通过在线订舱平台完成在线舱位/船期/运价查询、在线订舱、在线投保、在线支付和在线申请融资贷款/保理等业务。

第十六章　指数与国际航运中心

本章介绍指数和航运指数的一般意义,分析了指数在航运业中的运用以及主要航运指数的编制、功能、作用,指出了航运指数与国际航运中心建设的关系,在此基础上得出了若干启示。

第一节　指数在航运业中的运用

一、指数的含义

指数有广义与狭义之分。说明同类现象对比的相对数称为广义指数。广义指数既包括总指数,也包括个体指数,既包括时间上的对比,也包括空间上的对比。综合反映不能直接相加的社会经济现象总体变动的相对数称为狭义指数。

指数的编制源于物价的变动。18世纪中叶,由于金银大量流入欧洲,欧洲的物价飞涨,引起社会不安,于是产生了反映物价变动的要求,这就是物价指数产生的根源。有些指数,例如消费品价格指数、生活费用价格指数,同人们的日常生活休戚相关;有些指数,例如生产资料价格指数、股票价格指数、航运价格指数等,则直接影响人们的投资活动,是社会经济的晴雨表。指数作为一种对比性的统计指标具有相对数的形式,通常表现为百分数。它表明:若把作为对比基准的水平(基数)视为100,则所要考察的现象水平相当于基数的多少。例如某年全国的零售物价指数为108%,这就表示:若将基期年份(通常为上年)的一般价格水平看成是100%,则当年的价格上涨了8%。

指数按所研究对象范围的不同,可分为个体指数和总指数。个体指数反映某种社会经济现象个别事物变动的情况,例如反映某一种商品物价变动的情况;总指数综合反映某种事物包括若干个别事物总的变动情况,例如反映若干商品总的物价变动情况。按照常用的计算总指数的方法或形式,可以分为综合指数和平均指数。综合指数指从数量上表明不能直接相加的社会经济现象的总指数;平均指数指以个体指数为基础,采取平均形式编制的总指数。有时为了研究需要,在介于个体指数与总指数之间,还编制类指数。类指数的编制方法与总指数相同。指数按所表示的特征不同,可以分为数量指标指数和质量指标指数。数量指标指数反映现象总体的规模和水平的变动状况,例如产量指数,职工人数指数等;质量指标指数则反映现象总体内涵质量的变动,例如商品物价指数,劳动生产率指数等。指数按在指数数列中所采用的基期不同,可以分为定基指数和环比指数。定基指数指在数列中以某一固定时期的水平做对比基准的指数;环比指数则是以其前一时期的水平作为对比基准的指数。

二、主要航运指数

航运指数一般是指航运交易所(或机构)对其发布各种运价指数等指数的总称。

(1)波罗的海指数

1.意义

波罗的海指数是目前世界上衡量国际海运情况的权威指数,是一个反映国际贸易情况的领先指数,由波罗的海交易所发布。波罗的海交易所在1744年诞生于英国伦敦针线街的"弗吉尼亚和波罗的海"咖啡屋(Virginia and Baltick Coffee House),是世界第一个也是历史最悠久的航运市场,目前全球46个国家的656家公司都是波罗的海交易所的会员。1985年开始发布日运价指数BFI(Baltic Freight Index),该指数是由若干条传统的干散货船航线的运价,按照各自在航运市场上的重要程度和所占比重构成的综合性指数。1999年国际波罗的海综合运费指数BDI(Baltic Dry Index)取代了BFI,成为代表国际干散货运输市场走势的晴雨表。它既可以清晰地反映市场行情,也可以指导企业和贸易商对生产和销售进行灵活调整,在航运界可谓声名显赫、作用非常。BDI构成见表16.1。

表16.1　BDI构成表

名称	吨位	主运货物
波罗的海轻便型指数(BHMI)	5万t以下	磷肥、碳酸钾、木屑、水泥
波罗的海巴拿马指数(BPI)	5万t~8万t	民生物资及谷物等大宗物资
波罗的海海岬型指数(BCI)	8万t以上	焦煤、燃煤、铁矿砂、磷矿石铝矾土等工业原料

2.规则

选取合理的航线。一是航线选择要求地理分布平衡,航线既反映大西洋又反映太平洋的贸易,还有各大洋间的贸易(保持往返航线的平衡),每条航线权重不超过20%;二是指数构成航线上的成交要有一定的成交额,或者重要的相关航线,季节性航线不予考虑(如大湖,几内亚);三是有合理数量的精确成交报告,可能或确实受一个或少数租家控制的航线不予考虑。

遵守规则的计算小组。由一个国际知名、信誉良好、有代表性的20家经纪人公司组成的3个小组,负责计算当天各船型的运价指数,其中H Clarksons & Co Ltd、Fearnleys、Howe Robinson & Co Ltd和SSY等4家经纪人公司兼任三个小组的成员。根据这20家会员公司与波罗的海交易所签订的合同,各公司相互之间都要对提交给小组的运价或日租金水平严格保密。

适当的操作方法,即这20家公司根据在全球范围内收集的最新市场成交情况,分析得出当天各船型指数所包括的各条航线运价或日租金水平,单独提出交给小组,如果某一航线缺少最新的运价或租金水平,则参照其他航线的情况来确定该航线在当天可行的运价或日租金水平。为公平和准确,小组要从这些公司提交的各航线运价和日租金水平中,去掉最高和最低价,再分别计算出各航线的平均运价和平均日租金水平,各航线的平均运价或平均日租金乘以换算常数(由权重与基数的积求得),得出各航线的换算指数,将各航线的换算指数相加后的结果,即得出各船型当天的运价指数,在每个工作日的伦敦时间 13:00 波罗的海交易所正式对外公布。

3.计算方法

(1)分别计算 BFI、BCI、BPI、BHI、BHMI

1985 年 1 月 4 日 BDI 确定为 1000 点,第 1 条航线的平均运价是 9.078571 美元/吨,该航线有 20% 的权重,从而得出该航线指数贡献率为 1 000×20% = 200,第一条航线的权重换算因数为 200/9.078571 = 22.029898,以后该航线的权重换算因数就固定为 22.029898,依次类推,其余航线的权重换算因数计算也同样如此。各航线的权重换算因素只有当航线发生变化时,才会相应随之调整。以后指数的计算用当天航线平均运费乘以权重换算因数,得出指数贡献率,指数贡献率相加后的结果就是当天的 BFI 指数。随着国际干散货运输业的发展,BFI 分解成 BCI 和 BPI 两个专业船型指数,BCI 和 BPI 的计算原理与 BFI 相同。

(2)汇总计算 BDI

BDI 的指数计算方法是将 BPI、BCI 和 BHI 指数相加,取平均数,然后乘以一个固定的换算系数得出的。2001 年初波罗的海交易所将大灵便型船的运价指数 BHI 调整为 BHMI,BHMI 是以美元/天为单位,计算方法是各航次期租航线的权重乘以各航线运价的汇总值。

(二)新华・波罗的海国际航运中心发展指数

"新华・波罗的海国际航运中心发展指数",由新华社中国经济信息社联合波罗的海交易所,于 2014 年首次面向全球推出,主要从港口条件、航运服务和综合环境三个维度表征国际航运中心城市发展的内在规律,反映一定时期内国际航运中心港口城市综合实力。目前指数的影响力与日俱增,已成为评价各大航运中心发展状况的重要指标。

1.指数构成

指数体系包括 3 项一级指标,18 项二级指标,见表 16.2。其中,一级指标主要从港口条件、航运服务和综合环境三个维度表征国际航运中心城市发展的内在规律;二级指标是基于功能属性对一级指标的具体展开,考虑了真实性与全面性,同时考虑数据可获得性,各层次之间通过指标加权后逐级合成。

表 16.2　新华・波罗的海国际航运中心发展指数指标体系

一级指标	二级指标
港口条件	集装箱吞吐量
	干散货吞吐量
	液散货吞吐量
	桥吊数量
	集装箱泊位总长度
	港口吃水深度

表16.2（续）

一级指标	二级指标
航运服务	航运经纪服务
	船舶工程服务
	船舶管理服务
	海事仲裁服务
	航运保险服务
	船舶维修服务
综合环境	政府透明度
	政府数字化管理程度
	经济自由度
	关税税率
	营商便利指数
	物流绩效指数
综合得分	全球排名

2. 样本筛选

国际航运中心发展指数样本选择遵循的基本原则既充分考虑港口城市核心指标的数据标准，又全面整合全球航运专家委员会专业评价意见。前者为主，后者为辅，定性与定量相结合。

第一步，以核心指标的数据标准为基础，主要考察港口城市的集装箱吞吐量、散货吞吐量、吃水深度、港口城市经济腹地、航运服务发展等指标。

第二步，基于中国经济信息社与波罗的海交易所共同拥有的全球航运专家委员会委员专业性评价建议，以初选池样本为基础，对可能存在的如下类别港口城市通过投票表决方式，形成样本精选池：

第一是对于部分进入初选池的样本，尽管当前吞吐量规模较大，但考虑其航运服务功能较弱，拟由专家委员会投票决定是否剔除，例如亚太地区拥有不少这样的新兴港口城市；

第二是对于未进入初选池的一些港口城市，尽管当前吞吐量规模较小，但这些城市航运服务水平较高、综合经营环境良好，拟由专家委员会投票决定是否纳入样本，例如欧美地区拥有不少这样的传统服务型港口城市。

纳入样本投票机制补充说明：采用"提名－研究－投票"的流程方式。提名环节更加注重港口城市的全球地位公认性；研究环节更加注重港口资金流、信息流、货物流融合先行性，以及港口功能对城市发展的贡献度；投票环节更加注重多专家背景下的公平性。

第三步，经过以上两步筛选机制，形成最终国际航运中心样本城市，并根据年度数据不同进行动态调整，只有符合筛选标准的港口城市才具备进行全球竞争力评价的可能性。

3.计算方法

第一步,数据处理。新华·波罗的海国际航运中心发展指数二级指标数据主要来源于波罗的海交易所、德鲁里、世界银行、世界经济论坛等权威机构。各指标由于性质(规模、排名、比率等)不同,如果直接用原始指标值进行分析,就会突出数值较高的指标在综合分析中的作用,相对削弱数值水平较低指标的作用,从而使各指标以不等权参加运算分析。为避免这一点,在进行指数计算之前应当进行标准化处理,用相对化处理法对统计变量进行无量纲化处理。将原始数据分为两类:一类是0~100分的打分值,此类指标可以直接参与计算;另一类是绝对值指标,根据数据的分布规律,通过标准差标准化方法进行处理。

第二步,权重确定。新华·波罗的海国际航运中心发展指数权重体系设定采用层次分析法(AHP算法)。

第三步,模型计算。在前期理论研究基础上,根据指标之间的关联性,建立指数模型,并计算得出指数结果。

4.评价运用

新华·波罗的海国际航运中心发展指数发展报告每年7月份左右发布,评价部分包括综合评价、分类评价、稳定性评价和区域评价。以综合评价为例:指数结果显示,2020年全球航运中心城市综合实力前10位分别为新加坡、伦敦、上海、香港、迪拜、鹿特丹、汉堡、雅典、纽约-新泽西、东京。综合对比2014—2020年评价结果,总体较为稳定。作为亚太地区最重要的航运枢纽,新加坡继续保持了整体领先,连续7年处于第1位。而伦敦凭借高端航运服务的优势积累再次回到了第2位。上海作为集装箱吞吐量第一大港,近年来不断改善港口硬件设施、集疏运网络、航运服务水平与营商环境,排名进一步提升,首次位列前三名。香港的货物吞吐量、航运经纪服务与法律服务等指标评分有所下降,航运保险业务规模也被上海超越,以致总排名从去年的第2位下滑至第4位。而作为中东地区的航运枢纽,迪拜也连续3年位居第5位。鹿特丹、汉堡保持了自2018年以来的位次,分列第6和第7位,发展态势保持稳定。受益于"一带一路"作用,雅典的排名再度提升,居于第8位。纽约-新泽西排名下降1名,东京则提高1名,综合排名再次回到了前10。

(三)其他航运指数

1.上海国际航运研究中心发布的指数

中国航运景气指数(China Shipping Prosperity Index,简称CSPI)于2010年开始运行。该指数选择了具有代表性的航运企业作为样本企业,建立了定期调查联系制度,每季度中后期开始调查,对航运企业经营状况的定性问题通过定量方法计算,得出航运市场景气状况与发展趋势的判断值。中国航运景气指数主要包含中国航运景气指数(CSPI)(图16.1、表16.3)、中国航运信心指数(CSFI)(表16.4)、中国航运景气预警指数(CSAI)(表16.5)和中国航运景气动向指数(CSCI)四大指数。CSPI和CSFI是通过与数百家航运企业建立定期景气调查制度,实行季度调查,季度发布,适合短期预测。CSAI和CSCI是通过相关数据挖掘中国航运业的发展变动规律,月度发布。中国航运景气报告是根据中国航运景气指数撰写的中国航运业的景气发展报告,主要是从微观企业经营指标到全球及我国的宏观经济、贸易形势,深入分析中国航运业发展现状和预测未来波动趋势,为企业决策和政府政策制定提供依据。

中国航运景气指数

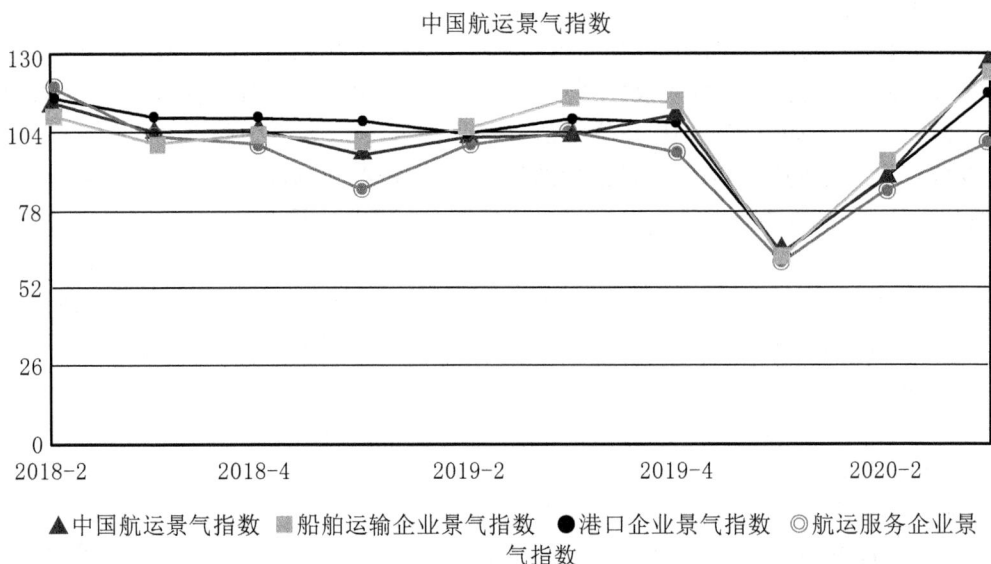

▲中国航运景气指数 ▪船舶运输企业景气指数 ●港口企业景气指数 ◎航运服务企业景气指数

图 16.1　中国航运景气指数

表 16.3　中国航运景气指数·数据信息(点)

日期	中国航运景气指数	船舶运输企业景气指数	港口企业景气指数	航运服务企业景气指数
2020 – 3	118.4	125.27	126.55	101.09
2020 – 2	89.37	93.25	88.9	84.67
2020 – 1	62.95	63.51	63.73	61.42
2019 – 4	107.55	113.3	109.46	97.99
2019 – 3	108.74	115.13	104.17	104.8
2019 – 2	102.87	104.92	102.48	100.51
2019 – 1	98.2	100.03	108.49	85.47

表 16.4　中国航运信心指数 · 数据信息(点)

日期	中国航运信心指数	船舶运输企业信心指数	港口企业信心指数	航运服务企业信心指数
2020 – 3	115.63	119.38	129	97.26
2020 – 2	64.79	67.8	57	68.56
2020 – 1	39.05	32.85	49.77	36.61
2019 – 4	107.58	106.09	113.21	103.93
2019 – 3	108.31	104.2	113.33	108.78
2019 – 2	89.42	83.29	90.18	96.83
2019 – 1	103.62	97.52	122.08	93.28

表 16.5　中国航运景气预警指数·数据信息（点）

日期	指标数据
2020 – 11	73.83
2020 – 10	72.21
2020 – 09	72.21
2020 – 08	57.45
2020 – 07	53.21
2020 – 06	52.92
2020 – 05	44.31
2020 – 04	38.33
2020 – 03	44.91
2020 – 02	53.09
2020 – 01	42.42

2. 珠江航运交易所发布的指数

珠江航运运价指数包括珠江航运散货运价指数、珠江航运集装箱运价指数、南沙自贸区航运发展指数。

珠江航运运价指数是反映珠江航运市场在不同时期的运价水平变动的综合性指数，能实时、准确、客观地反映市场波动，是航运市场的风向标。珠江航运运价指数为政府部门、港航企业、贸易公司、证券投行等业内外人士第一时间了解市场动态、把握市场走势、制定战略决策提供了重要依据。

珠江船舶交易价格指数是反映华南地区船舶价格变动的综合性指数，能够准确、客观地反映二手船舶交易市场的波动态势，是华南地区船舶交易市场的风向标。珠江船舶交易价格指数凸显船舶交易服务功能，为船公司、货主、贸易企业、经纪人等相关企业了解二手船舶交易市场动态提供重要参考。珠江船舶交易价格指数现阶段针对三种船型，分别为干散货船、自卸砂船、集装箱船。

南沙自贸区航运发展指数既有港口服务、基础设施和航运服务等传统指标，又有智慧港航等反映信息化智能化程度、新技术运用情况和"互联网＋"的创新性指标。南沙自贸区航运发展指数具体指标架构分为三层，一级指标包括企业发展、基础设施、港口服务、航运服务、绿色港航、智慧港航及营商环境 7 项；一级指标下设 33 项二级指标，二级指标下设 107 项三级指标，三级指标可根据航运要素存量与增量进行逐年修订，重点评测自贸试验区的港航设施、口岸效率与航运营商环境、航运服务等航运重点要素（表 16.6）。

表 16.6　南沙自贸区航运发展指数指标

一级指标	二级指标	三级指标
企业发展	入驻企业	航运相关注册企业数量总部企业落户数量航运相关企业注册资本
	税收	航运相关企业增值税税收航运相关企业增值税税收占自贸区增值税比例；航运相关企业的附加税等税收航运相关企业的附加税等税收占自贸区附加税比例

表 16.6（续 1）

一级指标	二级指标	三级指标
基础设施	港口	泊位长度万吨级以上泊位长度/深水泊位的个数/泊位通过能力靠泊能力(单个最大)
	航道	航道水深航道有效宽度通航能力
	铁路	铁路里程
	公路	公路里程
	游艇码头	泊位数量
	邮轮码头	最大靠泊能力泊位数量
港口服务	吞吐量	集装箱吞吐量货物吞吐量客运吞吐量国际中转量
	港口效率	泊位利用率/船舶装卸效率/桥吊装卸效率/驳船等待时间/闸口服务时间
	集疏运体系	水中转量(驳船)铁水中转量公水中转量无水港数量
	引航调度服务	全年船舶进出港艘次全年引航艘次特种船舶引航艘次全年拖轮作业艘次
航运服务	航运经纪服务	船舶总交易艘数船舶交易金额船舶境外交易金额占比
	修造船服务	新造船订单价值/新造船订单数量/艘数/新造船订单数量/吨位已完工造船订单价值已完工造船订单艘数已完工造船订单吨位造船效率修船数量产值
	海事法律服务	海事仲裁员数量涉案的金额案件数量
	航运金融服务	保险相关机构数量融资租赁企业数量融资金额金融创新业务
	货物周转量	货物周转量
	班轮航运	国际班轮航线数量/国际班轮航线艘次/内贸班轮航线数量/内贸班轮艘次穿巴班轮航线数量/穿巴艘次
	旅客运输	邮轮航线数量接待邮轮艘次港澳航线艘次
	智能应用	闸口智能化程度单证/无纸化程度货物开放查询情况/信息共享情况信息化程度
	公众服务信息平台	数量用户数流量/入口系统对接的接口数/信息化建设投入

表16.6（续2）

一级指标	二级指标	三级指标
智慧港航	新技术运用	物联网大数据云计算
	大通关效率	单一窗口通关比例/进口平均用时/出口平均用时/出入境人数/出入境船舶数
	检验检疫效率	批次检出率/货值检出率/入境申报货值出境申报货值/优惠原产地证书减免关税
营商环境	政府产业政策支持	法律保障、政策优惠航运扶持资金
	企业注册	注册时间
	国际交流	港航专业会议数量友好港数量
	其他配套	孵化器数量航运指数产业基金规模
	航运科研机构	省级以上科研成果机构数量
绿色港航	绿色港口	综合单位能耗比
	绿色航运	到港船舶使用低硫燃油比例 LNG 动力船舶艘数

3. 上海航运交易所发布的指数

上海航运交易所发布的指数目前主要有中国出口集装箱运价指数、上海出口集装箱运价指数、上海出口集装箱结算运价指数、中国进口集装箱运价指数、台湾海峡两岸间集装箱运价指数、东南亚集装箱运价指数、中国沿海散货运价指数（包括中国沿海煤炭运价指数、中国沿海金属矿石运价指数、中国沿海粮食运价指数、中国沿海成品油运价指数）、远东干散货指数、中国进口干散货运价指数、中国进口原油运价指数、中国（上海）进口贸易海运指数、"一带一路"航贸指数（包括"一带一路"贸易额指数、"一带一路"集装箱海运量指数、"海上丝绸之路"运价指数）、中国（上海）国际海员薪酬指数等。

4. 武汉航运交易所发布的指数

武汉航运交易所目前发布的指数主要包括武汉航运中心出口集装箱运价指数、中国长江煤炭运输综合运价指数、中国长江（商品）汽车滚装运输景气指数。

武汉航运中心出口集装箱运价指数是中国内河第一个出口集装箱运价指数，是反映武汉航运中心出口集装箱运输市场价格波动的指标。武汉出口集装箱在整个长江流域中发挥着重要作用，在支撑和贡献上海港的出口贸易中也扮演着重要的角色。该指数能及时反映武汉航运中心出口集装箱市场的价格水平和动态情况。

中国长江煤炭运输综合运价指数是反映长江煤炭运输市场价格波动的指标。该指数能及时反映长江煤炭运输市场的价格水平和动态情况，有利于推进长江经济带能源行业的上中下游协同发展、东中西部互动合作。

中国长江（商品）汽车滚装运输景气指数是国内首个综合反映长江（商品）汽车滚装运输市场所处的状态或发展趋势的指标。该指数能为汽车滚装运输市场管理者和参与者提供了解市场、监测市场、预警市场的工具以及政府监测宏观经济及汽车滚装运输业运行情况、制定产业政策提供依据。

第二节　航运指数与国际航运中心建设

一、航运指数是航运市场的"晴雨表"

航运指数作为航运市场的"晴雨表",具体表现在以下几个方面:一是综合反映航运市场在时间和空间方面的变动方向和变动程度,这是指数最重要的作用。二是分析航运市场变动中各个因素的变动,以及它们的变动对总体变动的影响程度。或者航运市场平均水平的变动中各个因素的变动,以及它们的变动对总平均水平变动的影响程度。三是分析航运市场在长时期内的发展变化趋势。通过编制一系列反映同类现象变动情况的指数形成指数数列,反映被研究现象的变动趋势。

二、航运指数与国际航运中心建设

(一)航运指数是国际航运中心的重要服务功能

国际航运中心一般具备港口装卸、船舶运输和船舶代理等传统的航运功能,以及以航运经纪、信息发布、咨询服务和教育培训等为主的现代航运服务功能,通过创建国际贸易、国际航运和国际物流聚集区,实现货流、资金流和信息流在航运中心的汇聚。而航运指数作为航运中心服务功能完善的载体和催化剂,对航运中心的功能升级和服务优化起着重要的作用。伦敦国际航运中心是靠悠久的历史传统和人文条件而形成的,货物集散功能较弱,是以提供市场交易和航运服务为主的国际航运中心。发布世界上最早的波罗的海航运指数是伦敦国际航运中心。伦敦国际航运中心还有大量航运组织,例如 Clarkson 航运研究组织、《劳埃德航运经济》杂志和 SSY 海事咨询机构等,都发布了具有一定影响力的航运指数。航运指数的发布不仅使伦敦航运中心成为全球航运市场的风向标,同时与航运经纪、咨询服务和教育培训等功能相辅相成,共同确定了伦敦国际航运中心在全球航运服务业的霸主地位。

(二)航运指数体现了一国或地区航运业影响力

与一般的服务产业不同,航运业大部分由国际经济和贸易派生而成,其市场波动幅度往往较国际生产和国际贸易大。航运指数通过反映航运市场质量或数量的变动趋势,进而揭示出整个航运市场乃至相关市场的供需态势,从而为各类市场主体的经营管理及政府部门调控提供必要的决策参考。随着国际航运的东升西渐,亚太地区航运地位提升,著名的国际航运中心都在加大航运指数的发布。目前上海国际航运中心地位跃居世界前列,中国编制的航运指数影响力越来越大,例如新华·波罗的海国际航运中心发展指数得到了国际航运界的高度认同和肯定。这在一定程度上体现了中国航运业在全球的地位和影响力具有举足轻重的地位,航运市场影响力越来越大。

三、基本经验与启示

一是要高度重视航运指数的编制。航运指数是航运市场的"晴雨表"，体现了一国或地区航运业的影响力。航运指数是国际航运中心软实力的有效载体，随着中国经济的快速发展，港口能级大幅提高，国际航线遍及世界各地，港口城市应高度重视航运指数编制，将国际航运中心的硬实力和软实力有机结合，适时推出中国指数，发出中国声音，提升中国影响，贡献中国方案。目前新华·波罗的海国际航运中心发展指数在一定程度上体现了中国方案、中国声音和中国影响。

二是要大力推介航运指数的功能。航运指数体现了国家或地区以及城市在国内外航运界的地位和影响力，航运指数要发挥影响需要得到业界的认可和使用。在当前全球经济国际化和一体化进程中，信息技术、网络技术等广泛运用促进了航运市场的高透明度，航运指数的推出既要编制科学合理又要加大宣传，扩大其影响。

三要是不断完善航运指数品种。伴随着航运业的发展，航运指数也在不断推陈出新，既有传统的航运指数，也会出现一些新的航运指数。如航运金融、航运保险等不断会有一些衍生产品，许多航运经营人迫切需要一种规避航运风险和套期保值的工具。这些航运指数为航运市场提供了套期保值的手段。如波罗的海航运交易所基于波罗的海干散货运价指数推出的基于典型航线的远期运费协议（FFA）已经成为航运经营人规避航运风险的主要工具。

四是要发挥航运指数的作用。当前，全球航运业正在发生着深刻变化。中国沿海主要港口特别是国际航运枢纽港口，在货物吞吐量、集装箱吞吐量、智慧港口建设、航运服务能力等方面逐步跻身世界一流港口之列。2019年，新华·波罗的海国际航运中心发展指数评价结果显示，亚太新兴经济体航运中心继续保持上升趋势；新加坡仍然保持领先水平；香港与伦敦航运发展水平差距逐步缩小；上海和迪拜作为新兴经济体重要城市，凭借快速发展的现代航运集疏运体系，不断提升的航运服务能力，自贸区的驱动效应和持续改善的营商环境，航运发展水平紧追伦敦。要充分发挥航运指数编制和发布在资源要素集聚能力、航运中心城市建设软实力以及加强航运信息服务能力的新作用。

第十七章 法律与国际航运中心

本章介绍了航运法的起源、航运法的体系,分析了航运法律与航运中心融合发展的机理,总结了几个主要航运中心航运法治的特色,在此基础上得出经验和启示,为我国航运中心法治建设提供借鉴。

第一节 航运法律的演变与航运中心

一、航运法律的起源与发展

1. 航运法律的起源

航运规则的起源于古代欧洲的海洋文明,大概是在两河流域发源,经爱琴海延伸,在地中海、波罗的海形成中心辐射欧洲南部、西部及北部四分之三的沿岸国家和地区,并诞生了地中海和波罗的海两个古代航运中心。航运法律最初是一套商人、船舶所有人、船长船员之间的规则,即航运惯例。航运惯例由私人编纂后在欧洲各国航海通商实践中传播,后来又被不同时期的统治者采纳并记录于法典之中。公元前18世纪的《汉穆拉比法典》记载了船舶碰撞、船舶抵押以及出租船舶补偿等规则。公元前9世纪的《罗德海法》涉及海上运输法、海上刑法、海上劳动法和海上公法等内容,是一部更为全面的海法,《罗德海法》也成为海商法的起源。

2. 航运法律的发展

某一类法律文化和法律体系的形成,与这个国家或者地区当时的经济基础、政治体制和风土人情密切相关,某一领域内最早的法律规则源于人类相互交往形成的习惯。法的发展经历了一个从习惯到习惯法再到制定法的漫长过程,航运法律的发展过程也基本体现了这一规律。

(1)以航海惯例为主的习惯法时期

欧洲进入中世纪后,国际的海上贸易以地中海为中心。海商城市、海商法典及海事司法管辖之间联系日益紧密。这一时期大量的海事判决与航运惯例一起进入到法典中,诞生了超越城市差别,影响整个欧洲的综合性海法典。其中1266年的《奥列隆惯例集》、1494年的《康梭拉多海商法典》(又名《海商裁判例》)和公元12~13世纪的《维丝比海法》并称中世纪三大海法。

(2)以特定航运制度为主的制定法时期

进入17世纪,欧洲近代民族国家迅速壮大,漫长历史进程中形成的海法体系,逐渐被主权国家同意和许可的各种适用限制所瓦解。19世纪后,欧洲大陆法国家呈现出海法典的公私分立,以1807年法国商法典的制定为标志收录了海商私法,而海上公法、涉海行政法或为一般部门法所吸纳,或制定了隶属于部门法的单行法,例如法国1885年的《船舶抵押法》、1915年的《海难救助法》等;德国的单行法例如1943年的《船舶抵押证券银行法》、1951年的《商船国旗法》和1957年《船员法》等。相对于大陆法系,英美法系国家通过以判例法为核心的法律体系的构建,保护了海法内容相对于陆法的特殊性,维系了海法的自体性特征,再辅以衡平法、制定法,以多元构成的法律体系维护了海法相对于陆法的独立性。英国1894年制定的《商船航运法》就是一个结合航运公法和私法的综合性立法。

(3)国内法与国际公约并存时期

在国内大量航运法颁布实施的同时,国际航运公约也陆续出现。1889年第一个《国际海上避碰规则》诞生(1897年生效),随后又制定了涉及共同海损的《约克安特卫普规则》、1910年的《救助公约》和《碰撞公约》、1924年的《海牙规则》和《船舶所有人责任限制公约》等。20世纪60年代之后,贸易全球化使得海运的国际性特点更为突出,在这一背景之下,国际海事公约和国际航运惯例得到了更为广泛的认可和运用,其范围从单纯的海上贸易扩展到对海洋权益的全面关注,涉及海上船舶燃料油污、海上交通安全、海员权益保护、海洋资源保护等国际规则的制定。这些国际公约一般需要经过缔约、参加和本国批准等程序才能对主权国家生效。生效的国际公约反过来会影响一个国家调整航运活动的国内法的制定和修改。而那些不涉及公约的国内航运法规则,则更多地集中在对本国海洋主权的维护、航运经济的促进和保障上。

二、航运法律的体系

法律体系是从理论上将一个国家现有的法律规范按照一定的标准进行分类整理形成的具有逻辑关系的有序排列。对法律体系的研究,从实证法层面,是按照法律调整的社会关系和调整方法的不同进行分类的。航运法律的体系指与航运相关的主体及各主体之间围绕航运活动发生的各种社会关系的法律制度和规范的总和。

1.美国航运法体系

美国是联邦制国家,其立法体制属联邦和州两级立法体制。在过去的几十年中,美国陆续制订了一系列有关航运和港口管理的法令。联邦航运法律以《1984年航运法》和《1998年航运改革法》为核心,除此之外,还设有《1978年受控承运人法》《1988年外国船舶运输执业法》《1990年油污法》《2002年海运安全法》等。在港口立法方面,设有《1974年深水港口法》《1922年河流与港口法》等。美国航运法中的另一部分称为航运法的实施细则,是由联邦海事委员会制定和颁布,内容包括联邦海事委员会作为主管机关的职责、行政程序,航运法重要实体制度的实施规定等。另外就是美国缔结或参加的与航运有关的国际公约,或者与其他海运国家达成的双边协定,是美国航运法律的重要组成部分。

2.欧盟航运法体系

欧盟航运法包括条约和欧盟立法。欧盟航运经济的立法几乎均由欧委会启动,作为欧盟主要的立法和决策机构的部长理事会也直接参与欧共体航运经济立法的实际制定。欧盟航运经济立法涉及船舶登记、自由提供服务、航运竞争法律、船员配置、造船、政府资助、对外关系等多个方面,并与有关航海安全、技术、船员社会福利、环境保护等立法一起构成较为完善的欧盟航运法律体系。此外,欧盟的航运法还包括众多国际公约,例如《1974年国际海上人命安全公约》及其议定书、《1973年国际防止船舶造成污染公约》及其议定书、《1978年国际海员培训、发证和值班标准公约》《1979年国际海上搜寻救助公约》等。

3. 我国航运法体系

我国航运法涉及航运市场主体、航运行为等微观层面的调整,也涉及政府对航运行业的扶持与管控等宏观层面的调整,属于经济法的范畴。我国的航运法体系围绕航运要素展开,涉及运输的主要有《海商法》《国际海运条例》《国内水路运输管理条例》等;涉及航道的有《航道管理条例》《航道建设管理规定》;涉及港口的有《港口法》《港口建设管理规定》《港口经营管理规定》《港口岸线使用审批管理办法》等;涉及船员的有《船员条例》《海船船员适任考试和发证规则》等;涉及水上交通安全的有《海上交通安全法》《内河交通安全管理条例》等;船舶方面,制定了《船舶登记条例》《海上船舶与设施检验条例》等法规。除国内立法之外,我国缔约的或者参加的国际海事公约也是航运法律体系中重要的构成部分,比如《1982 年联合国海洋法公约》《2001 年国际燃油污染损害民事责任公约》《2006 海事劳工公约》等。

第二节 法律与国际航运中心的融合发展

目前,世界上公认的国际航运中心城市有伦敦、纽约、鹿特丹、新加坡、香港。在它们向航运中心发展的过程中,法律发挥了举足轻重的作用。从航运法的历史可以看出,航运中心与航运法律是相伴而生,相互促进的。航运中心集聚的贸易流、物流、资金流、服务流形成了纵横交错的航运关系,为航运惯例的产生与创新提供了必要的社会土壤。反过来,航运惯例和其他航运法律的颁布与实施又较好地维护了这一地区或者国家的航运秩序。如此循环往复的良性运转,国际航运中心的地位得以巩固与提升。

一、航运法典的传播扩大了国际航运中心城市的影响力

古代欧洲的航运中心位于地中海、红海和波斯湾的贸易通道上,分别对应雅典、罗德岛、土耳其南部的安条克和埃及的亚历山大港。其中罗德岛是早期的航运中心,大量海上贸易实践形成了航运惯例,并诞生了著名的《罗得海商法》,它的适用范围不仅涵盖雅典城和爱琴海岛屿,还包括整个地中海沿岸的国家和地区,从而为拜占庭帝国从事大规模的出口和转运贸易提供了可靠的法律保障。拜占庭帝国正是借助《罗得海商法》的推动,有效控制了意大利南部海域,并促进了地中海航运中心的繁荣。公元 11 世纪至 12 世纪,法国西海岸的奥列隆岛逐渐成为中世纪大西洋的贸易中心和海上通道枢纽。《奥列隆惯例集》是西欧和北欧地区的第一部海法,最初适用于法国,并沿着葡萄酒贸易的路线,逐渐地成为欧洲西部和北部通行的海商法。最终,这部法律成为广泛适用于布列塔尼和诺曼底至英格兰、苏格兰和佛兰德的酒类贸易规则。《康梭拉多海法》中涉及的《海洋习惯》对地中海的各个主要港口广泛适用,此后这部法律变成了欧洲所有贸易民族的"海洋普通法"。意大利、西班牙、法兰西和英格兰的海法都深受其影响。欧洲中世纪的另一部法典《维斯比海法》是莱茵河以北所有波罗的海国家的海商法,它的影响早已超越波罗的海和北海的界限,延伸至俄罗斯到地中海的全部欧洲海岸。与古欧洲航运中心通过航运法律迅速扩张了自己的贸易不同,中国古代"海上丝绸之路"上的泉州也曾出现过千帆竞过的航运盛况。但是历史上并没有形成"泉州规则",泉州也逐渐失去了维系国际航运中心的机遇。由此可以看出,成为国际航运中心的关键因素不全然取决于港口腹地经济和地理特征,而是软实力的培育,

航运法治无疑是被历史证明的保障航运中心长久繁荣的软实力之一。

二、航运法治的创新助力近现代航运中心的崛起

航运惯例在社会发展中出现不适应的方面,会自然产生变革的需求。中世纪海上航运司法和国家航运监管体制的建立对航运法的演变发挥了重要作用,在一定程度上促成了近现代航运中心的崛起。

1. 航运法治的创新

海事法院及其司法管辖活动,是中世纪海商法中的特有现象。中世纪的海事法院主要有两类模式,一个起源于领事的海事法院,另一个是起源于海军上将机构的海事法院。海洋领事法院可以追溯到 11 世纪意大利城市负责行政管理的领事制度,后经意大利商人带到君士坦丁堡、亚历山大、贝鲁特等港口城市。1063 年的《特拉尼法令》在第一条中就记载"领事们对有关海上行为的问题建议、确定和决定,当一艘船舶由于不幸的事件而被抛至岸上,并且船尾与船首分离时,这艘船上的货物不应当分担损失;但如果船尾没有与船首分离,船上的货物应当分担修理船舶的费用"。海洋领事制度的出现与海事法院的设立密不可分。中世纪的比萨海事法院是最古老和最重要的海事法院,这座法院是后来所有海事法院的"母本"和原型。英国海事法院源于 14 世纪中叶(约 1340 年)的海军上将制度,海军上将是指挥舰队及打击海盗和掠夺难船者的海军官员。对海事案件行使司法管辖权的海事法院,创设时就附属于海军上将办公室,15 世纪时这些法院被并为一个单独的法院。1540年,亨利八世通过议会法案扩展了海事法院的司法权,特别是与船货有关的运输和损害案件的管辖权。16 世纪末,海事法院的司法权再次扩张,不仅包括海上运输领域的"海上事务",而且包括一定范围的陆上商务,即所有商事法律关系都在海事法院的司法管辖范围之内。中世纪海事司法机构既是认可和适用海商法规则的机构,又是记录、保存、更新海商法规则的机构,从而使航运法律与时俱进,彰显出强大生命力。

2. 航运政策与国家航运管理机制的创新

随着对海洋认识的加深,各国通过出台航运制定法,引导本国航运发展,并改变航运经济格局。将航运政策法治化,并建立高效运转的航运管理体制最成功的国家当属美国。在美国航运立法历程中,《1936 年航运法》是一个里程碑,该法案树立了美国海运政策的三大支柱,即国内沿海航运权、优先承运制度和补贴政策(造船差价补贴与营运差价补贴)。就美国海运史而言,《1936 年航运法》是美国政府第一次在和平时期内形成的系统性海运政策方案,也是政府干预最彻底最全面的法律,奠定了战后美国海运政策的基本框架和法律基础,对美国海运业具有革命性的意义。对美国航运强国地位确立具有重大影响的另一部法案是《1984 年航运法》,该法案削弱了美国政府对海运公司的调控,通过托运人与班轮公会之间的"服务合同"和赋予船东"独立行动权"等措施增强托运人的谈判地位,实现海运市场的自我调节;同时法案继承了自《1916 年航运法》确立的国际航运反垄断豁免制度,并进一步扩大了豁免权,提高了海运公司之间的协作自由度。该法案对以美国航运公司为主导的国际大型航运联盟的形成奠定了法律基础。航运监管体制对促进美国航运发展也起到了重要作用。美国航运业最重要的行政主体是美国联邦运输部下属的海运管理局。该局成立于 1950 年,负责执行联邦航运法律、法规,管理、发展和推广美国航运事业,满足国内外贸易对航运的需求。除此之外,海事委员会是联邦层的监管机构,它成立于 1961 年 8 月,兼具航运行政立法、准司法和执法三种职能。另外,还有美国海岸警卫队和一些政府性公司也

行使部分监管职能。美国现行航运监管机构之间权责明确,运转高效,这也成为美国航运管理体制中的最突出的特点。

第三节　全球国际航运中心立法的典型样本分析

当航运经济的重要性日益被统治阶层所认识时,航运中心与生俱来的国际化的特点,自然使其成为国家间对外贸易必须抢占的制高点和资源争夺的前沿阵地。如果说古代航运中心是由一代代热爱贸易的商人和一群不惧风险的航海家在一种自发的状态下形成的,那么近现代国际航运中心则是在国家发展海洋战略的主导下而出现的。沿海国家选择本国一些具有海洋区域优势的港口城市,通过港口基础设施的优化、陆港集疏运体系的建立、航运政策法律的完善以及航运配套服务的升级来吸引世界各地与航运活动相关的主体来此开展航运活动,从而形成新的航运中心。以世界典型的几大航运中心来看,他们都充分利用了自有的天然条件,辅以特色的软环境建设,成功地实现了从一般港口城市向国际航运中心的转型,下面重点从航运法治的角度分别加以介绍。

一、伦敦国际航运中心

伦敦是涉海服务业务的中心。1744 年,全球第一家航交所——波罗的海航运交易所在伦敦诞生。伦敦是国际海事法律服务的中心,聚集了大量官方和非官方的国际海事机构,如国际海事组织总部、国际海运联合会、国际货物装卸协调协会、波罗的海航运交易所、波罗的海和国际海事公会等诸多国际航运组织的总部都设在伦敦。在解决海事纠纷方面,英国法律的应用比世界上任何其他国家的法律都要广泛。据联合国统计,世界上近 3/4 的国家或地区的海上保险法都是仿效英国的。另外仲裁法、租船运输格式合同等海事行业制度的制定也是以伦敦为参考。

1. 制度与市场具有绝对优势的海上保险

16 世纪中期,伦敦以其优越的地理位置代替衰落的安特卫普成为国内外贸易中心。繁荣的贸易与伦敦发达的信贷业、银行业,为海上保险的开展创造了条件。伦敦的海上保险兴起于伦巴第街的一些民间市场,后来英国王室开始对海上保险进行监管,并于 1575 年颁布了《保险费率规章》,正式以法律的形式确定了海上保险合同的登记管理制度。登记审查权触及了现代保险业的基本交易原则,如最大诚信原则、可保利益原则和损失赔偿原则,提高了保险人的准入门槛,并促进了海上保险业从业人员的专业化。17 世纪 70 年代之后,保险人和经纪人的社团组织出现,即劳合社,它至今仍是英国乃至全球最重要的海上保险组织和市场。20 世纪初,英国进一步完善了海上保险的制度架构,推出了《1906 年海上保险法》,较为系统地规定了保险利益、保证、代位求偿、海事赔偿责任限制、海事诉讼、委付等现代保险制度。目前根据伦敦保险协会的统计,入会的保险机构约 700 多家,其中国外保险机构 200 多家。从开展业务的大类来看,有原保险机构、再保险机构和自保机构,对应着保险公司、劳合社和保赔协会三类。开设的险种主要有船舶保险、货物运输险、运费保险、船东责任险等。海上保险的繁荣同时带动了与之配套的服务业,英国的保险经纪、保险公估、海事鉴定机构也都相应发达。以上这些形成了伦敦海上保险的核心竞争力。

2. 独立、专业的海事仲裁

仲裁制度起源于古罗马，萌芽于英国、瑞典等欧洲国家，但直到 1697 年，才被英国议会所正式承认。20 世纪初，海事仲裁仅以租约、海上运输合同、保险合同等契约性纠纷为主要受案类型，现已发展成为包括租约、船舶碰撞、海上救助、油污损害赔偿等多种类型，且数量呈上升趋势。伦敦在英国海事仲裁委员会协会(以下简称 LMAA)的推动下，长期雄踞国际海事仲裁中心地位。从全球范围来看，大约 80% 的国际海事仲裁皆以伦敦为仲裁地，形成这一格局的原因主要有两个：

一是英国的仲裁法赋予海事仲裁独立的法律地位。这有利于充分发挥仲裁作为海事争议解决方式的功能和优越性。同时，该法允许临时仲裁方式，仲裁程序完全根据当事人意思自治的原则，这给予海事仲裁的当事人极大的自主权，有利于争取海事案件的案源。再次，海事仲裁的程序简化，满足了当事人对效率的追求。

二是 LMAA 的专业性服务。LMAA 成立于 1960 年，是一个仲裁员组成的协会，后来发展成为位居全球第一的国际海事仲裁中心。LMAA 现行的仲裁规则为 2017 年版，在该套规则下又分别制订了 3 套具有针对性的仲裁规则，即标准索赔程序、中等金额索赔程序以及小额索赔程序。另外根据 LMAA 现任协会主席邝仁彦介绍，协会目前有全职仲裁员 30 名，准全职会员 30 人，支持会员有 750 人(其中 50 名来自中国)，他们是海事律师或是其他与海事有关的专业人员，人员的专业素质有效地保障了 LMAA 裁决的公正性和权威性。

二、新加坡国际航运中心

新加坡作为一个港口国家，因其货物中转港的功能而成为连接亚洲和世界的航运中心。但是随着中国港口群在国际贸易中的崛起，今天的新加坡维系其国际航运中心地位的并不是它的自然条件和吞吐量，而是它科学高效的航运生态系统。

1. 精简高效的海事法规体系

新加坡作为一个港口和航运发达但是国土面积很小的国家，其航运法的制定更注重实用性，主要涉及港口管理、船舶海员管理和海事司法几个方面。具体包括：

(1)《海事与港务管理局法》。该法详细规定了新加坡海事与港务管理局的设立、运作、功能、职责、引航管理、港口管理、水上水下活动、打捞救助、港口设施等制度，并明确了相关法律责任。

(2)《商船法案》。该法涵盖了有关商船的各个领域，包括船舶登记、配员和发证、船员管理、船舶检验、货物运输、海事声明、沉船打捞、法律救助等部分。

(3)《高等法院(海事管辖权)法》。该法是有关海事的程序法，规定了海事案件的管辖、取证、审判和救济等诉讼程序。

2. 以税收优惠吸引航运要素聚集

在航运政策上，新加坡政府以税收优惠来吸引航运要素的聚集。这一系列的税收激励计划，包括面向具备资质的船舶投资公司(船舶租赁公司、海事基金和海事信托)、船舶投资管理人(基金管理公司或信托管理人)的海事金融激励计划，面向具备资质的船务物流企业的船务物流企业计划，面向海外贷款的船旗转换优惠计划，以及面向非新加坡本土企业的双重减税计划等。

3. 以创新思维打造海事纠纷解决中心

在海事纠纷解决机制的建立上,新加坡不仅继承了英国的普通法体系和成熟完备的海事仲裁制度,更是在此基础上充分利用自身海上交通要道的地理位置和丰富的海运法律实践经验,进一步完善并形成了亚洲独具特色的海事仲裁服务。开放性是新加坡仲裁制度最大的亮点。新加坡对仲裁法律、仲裁规则以及仲裁员和代理人的选择上都持有开放的态度。当事人如果选择了新加坡作为仲裁地,那么他既可以选择新加坡本国的仲裁法,又可以选择国际仲裁法进行仲裁。既可以选择当地独有的仲裁机构(如新加坡国际仲裁中心)来仲裁,又可以只选择适用当地特有的仲裁规则(如新加坡海事仲裁院 SCMA 规则)(IAA 适用于 SCMA)来仲裁。新加坡对当事人选择仲裁员和代理人的态度更为开放,完全不受国籍的限制,其立法上也不对外国律师在其境内开展国际仲裁业务做过多限制,甚至外国人在新加坡从事仲裁服务无须工作许可证。这种极为开放的制度体系最大限度地满足了海事仲裁当事人在仲裁自主权方面的需求,并吸引了众多优秀专业的海事仲裁人才汇聚新加坡。新加坡还是《纽约公约》的成员国,这使得新加坡仲裁裁决在超过 120 个司法管辖主权中都有潜在执行力。

三、香港国际航运中心

香港不仅被誉为国际金融、贸易和信息中心,而且以世界最开放的自由港身份成为远东航运中心。除了得天独厚的区位优势和背靠大陆的资源优势、市场优势之外,香港在船舶管理及租赁、船舶融资、海事保险、海事法律及争议解决等高端服务业上的制度建构和业绩表现也彰显了香港国际航运中心的竞争软实力。鉴于船舶、保险等内容有专门章节进行介绍,这里只谈与航运司法有关的内容。

1. 建立了与国际接轨的仲裁规则

香港的第一部仲裁法是 1963 年 7 月颁布的《香港仲裁条例》,该条例移植了 1950 年《英国仲裁法》的基本内容。在 1990 年 4 月的修订过程中,《国际商事仲裁示范法》(以下简称《示范法》)被纳入《香港仲裁条例》,香港出现了双轨制仲裁规则,即国际仲裁适用示范法,而本地仲裁仍适用原《香港仲裁条例》。2010 年 11 月,香港立法会对香港仲裁规则做出重大革新,新制定了《香港仲裁条例法案》,该法案从根本上消除了双轨制,所有案件由统一规则处理,简化、完善了香港的仲裁程序,从而为当事人提供了更有效率及稳定的平台。另外,香港国际仲裁中心(英文简称 HKIAC)有机构仲裁和临时仲裁两种方式选择。仲裁机构对两种仲裁介入的程度有很大差别,如果是机构仲裁,仲裁裁决书上会以机构名义加盖公章,HKIAC 参与到仲裁案件的管理之中,并受仲裁程序约束。如果是临时仲裁,HKIAC 的主要工作就是协助当事人指定仲裁员,提供后勤与服务,对于仲裁程序的规则由当事人协商决定,文书制作、仲裁裁决也是以仲裁员的个人名义做出。根据 HKIAC 公布的数据,2017—2019 年期间的机构仲裁的占比分别是 45.48%、55.2% 和 54.9%;临时仲裁规则的占比分别是 42.47%、24% 和 29.5%。

2. 组建了国际化的仲裁员团队

香港仲裁之所以在亚洲具有权威,在于它有一个非常专业的仲裁员群体,目前在香港国际仲裁中心(简称 HKIAC)登记在册的仲裁员大概有 771 名,均是来自几十个国家不同领域的资深专家、学者、工程师、船长、律师等,可以满足不同当事人对仲裁规则、仲裁语言、适用法律的需求,具有极大的优势。HKIAC 对仲裁员的申请加入、续聘都有严格的考核和筛选,甚至还要求在担任仲裁员期间需要完成最低限度的持续专业发展学分,以此来保证仲裁员队伍的专业水平和素质。正是这样,HKIAC 才成为不少国际仲裁案件(包括涉海仲裁案件)的首选地。从 HKIAC 公布的数据来看,2017—2019 年受理的案件中(如图 17.1),国际仲裁案件占到了一半以上比例。香港是《纽约公约》的参与方,经由 HKIAC 做出的裁决涉外执行率也非常高(如图 17.2)。1999 年 6 月 21 日香港与内地签署了《关于内地与香港特别行政区相互执行仲裁裁决的安排》,详细规定了两地法院受理和执行对方仲裁裁决的具体程序。可以说,香港仲裁中心在亚洲国际海商事争端解决机制中的地位短时间内仍是无可替代的。

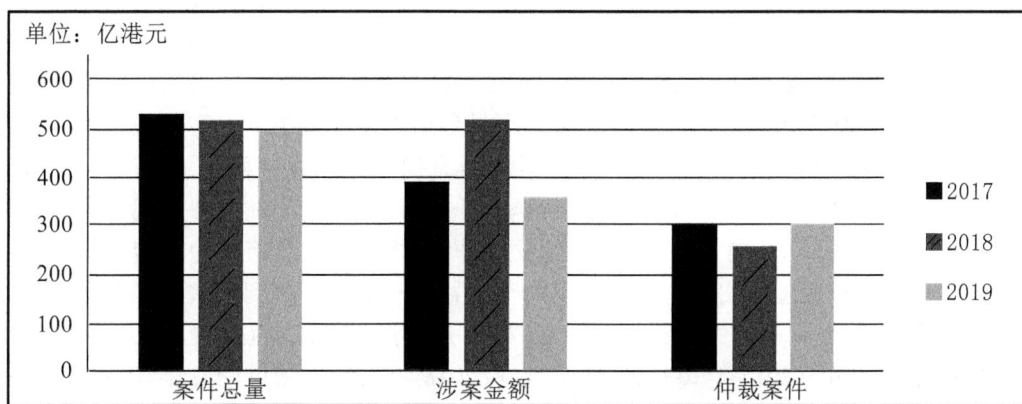

图 17.1 2017—2019 年香港国际仲裁机构案件受理概况(单位:亿港元)

数据来源:香港国际仲裁中心官网 https://www.hkiac.org/

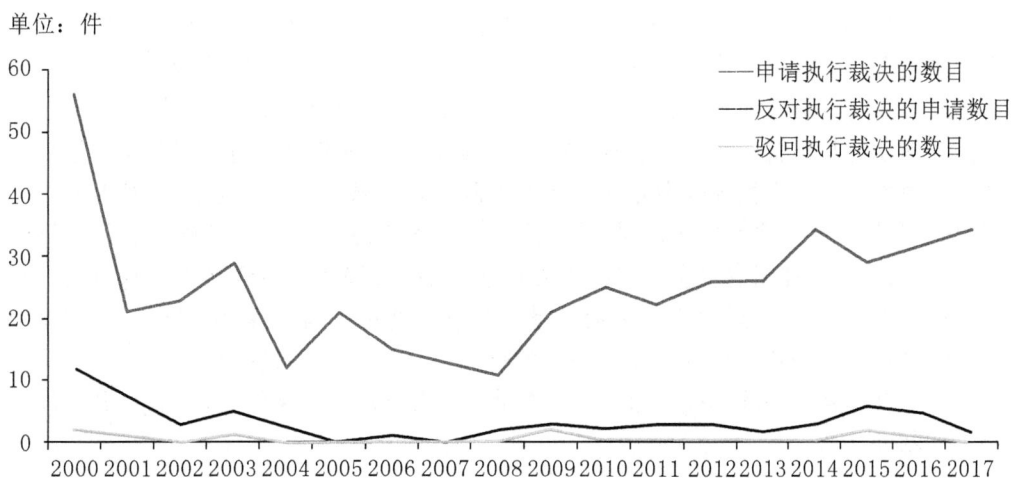

图 17.2 HKIAC 2000 年~2017 年来申请执行情况

第四节　发展经验与启示

一、注重航运政策的国家立法

一国的航运政策是本国国际航运市场总体或者某一领域的发展战略、发展目标、保障措施、实施步骤等内容的行动指南。与法律的严谨和僵化不同,政策具有一定的灵活性,能够更好地适应社会变化的需要。英国和美国的航运发展历史告诉我们,要想快速打破或者改变旧的航运格局,必须制定出好的航运政策,并且通过立法的形式加以推行。伦敦航运中心的崛起和英国中世纪商船法案密不可分。英国海上保险的繁荣也是从政府对保险交易的引导开始的。从保险交易所到保险登记制度再到后来的《海上保险法》,通过政府对保险行业的监管实现了市场准入制度、保险从业人员资格以及保险条款标准化版本的普遍使用。美国航运法的发展过程表明,美国航运政策具有优先保护货主利益、平衡船货双方利益、鼓励本国航运业服务于出口贸易、限制外国竞争者等特点,美国航运法的规定充分体现了该国航运政策的价值趋向。新加坡则是通过积极的航运优惠政策成为中转型航运中心发展的典范。与上述这些国家相比,我国对海洋权益的政策引领直到近些年才有国家战略层面上的设计,从国际航运中心(1995年)的提出到海洋强国战略(2012年)再到自贸区(2013年)、一带一路(2015年)和湾区经济规划(2018年),我国新世纪海洋发展的蓝图逐渐清晰,但是如何将这些航运政策与我国的航运法完美地结合起来,仍然是一个急需研究和解决的大问题。

二、突出航运制度的区域特色

在全球化和信息化发展的今天,航运经济自身已成为一个综合性的产业融合,而航运中心就是这个融合的焦点,围绕航运中心展开的竞争也不再是基础设施等硬件的竞争,而是航运监管与航运服务等软件的竞争。在比较几大国际航运中心的发展时,我们发现航运法治体系的完善并非航运中心崛起的主要推力,航运法治建设中的制度创新才是航运中心的核心竞争力所在。伦敦航运中心凭借海上保险制度而成就了它在航运金融上的至高地位;新加坡利用科技搭建的多元化纠纷解决平台成功实现了国际航运争端解决的亚洲中心地位;美国通过联邦和州双层航运监管体系的分工合作保障了航运经济宏观与微观的有效调控。综上可以看出,航运中心的生命力就在于它的特色。因此,我国建设国际航运中心时,在强调体系规划的同时,更要注重制度的创新。各航运中心只有与自身的区域优势和资源优势结合起来,形成错位发展的格局,才能避免重复建设带来的无序竞争,共享航运中心带来的制度红利。

三、重塑航运纠纷的解决机制

我国目前只是具备了多元化纠纷解决机制的雏形,而海事仲裁、诉讼和调解的分布不尽人意。中国海仲2016—2019年受理案件的数量分别是65、72、65、91件。2019年涉案金额为34 951.6万元,涉外案件41件。与我国海事法院相比,中国海仲在当事人中的认可度显然不高。海事调解作为一种纠纷解决机制在我国的起步更晚,2011 年 6 月 28 日,上海高院与中国海事仲裁委员会在上海海事法院签署了《关于建立海事纠纷委托调解工作机制协作纪要》,搭建了海事纠纷委托调解平台,成为全国海事纠纷解决领域的首创。面对海事诉讼、海事仲裁和海事调解三者未来的走向,一是海事司法方面,在上海设立全国首个海事巡回法庭。管辖由最高人民法院审理的一审、二审、申请再审的海事案件,推动海事刑事、民事、行政"三审合一"的海事审判体系,构建海事司法执行和保全措施的联动机制。二是海事仲裁方面,引入伦敦海事仲裁协会等国外著名仲裁机构进驻上海。另外推出全国首部《自贸区海事临时仲裁规则》。三是海事调解方面,在上海自贸区设立海事调解工作站,从航海院校、海事局、港航企业、海事律师事务所等实务单位聘任拥有丰富行业经验的专职与兼职调解员。未来,三者都要加大改革力度。海事诉讼方面,将借助司法改革的契机,推动最高人民法院巡回法庭的设立,并促进刑事、民事、行政"三审合一"的海事审判体系的形成;海事仲裁方面,可以考虑允许伦敦海事仲裁协会等国外著名仲裁机构的进驻,通过立法认可临时仲裁的形式并制定相应规则;海事调解方面,加大聘任来自涉海公司、航海院校、律师事务所中拥有丰富行业经验的人作为兼职调解员。

四、创建智慧航运的规则体系

1996 年 1 月,国务院会议做出了建设上海国际航运中心的决定,经过 20 多年的发展,上海作为我国首个国家战略意义的航运中心,积极利用互联网技术,搭建起各种服务平台,以实现各航运主体之间的信息共享和资源对接。包括 1995 年 5 月上海港航 EDI 中心传输平台,1997 年 11 月正式挂牌运作的上海航运交易所,另外还有上海自贸试验区国际航运产权交易平台、航运衍生品交易平台、国际航运股权托管交易中心的成立,为航运要素的流转打通了渠道。2016 年 6 月国际航运保险业务平台——上海保险交易所挂牌成立(简称上海保交所),上海保交所的成立,既是国家保险业发展战略的部署,又是保险服务供给侧结构性改革和普惠金融的一项重大创新,同时也结束了中国没有保险要素交易市场的历史,堪称中国保险史上的一个里程碑。展望未来,上海保交所还肩负着中国航运金融科技新规则体系和标准建立的重任。上海保交所作为一个集大数据、区块链、人工智能运用于一体的金融科技交易平台,它必须建立网上业务的标准体系和客户交易信息的风控体系以及电子交易的规则体系。2019 年 11 月 19 日,交通运输部、中央网信办、国家发展改革委、教育部、科技部、工业和信息化部、财政部联合印发的《智能航运发展指导意见》指出,到 2025 年,智能航运法规框架与技术标准体系初步构建,智能航运发展的基础环境基本形成,构建以高度自动化和部分智能化为特征的航运新业态。

第十八章　科技与国际航运中心

　　本章介绍了科技与航运科技的基本概念,分析了港航业与科技融合发展的内在机理以及科技推动航运中心建设的样本,梳理出了国际航运中心建设的一些发展经验和启示,提出了航运发展的科技化、生态化和金融化。

第一节　科技与航运科技

一、科技

　　科学和技术连在一起,统称为科学技术,简称科技。实际上二者既有密切联系,又有较大区别。科学解决理论问题,技术解决实际问题。科学要解决的问题,是发现自然界中确凿的事实与现象之间的关系,并建立理论把事实与现象联系起来;技术的任务则是把科学的成果应用到实际问题中去。科学主要是和未知的领域打交道,其进展尤其是重大的突破,是难以预料的;技术是在相对成熟的领域内工作,可以做比较准确的规划。

二、航运科技

　　当前是"5 G商用元年",区块链等科学技术从热搜回归原始落地,进而实现稳步推进。《智能航运发展指导意见》由交通运输部等七部委联合发布,其明确到2020年底全面完成航运科技的顶层设计,以及到2050年形成高质量航运体系,加快我国国际航运中心的建设。

　　近年来,许多新兴科技的出现带动了航运的数字化和科技化,如区块链、人工智能、物联网和3D打印等,航运全产业链开始高度关注科学技术革命对全球航运变革和发展带来的影响,并积极探索建立国际航运中心和连接航运以及促进产业升级的方法,应用于集运订舱、集卡智能调度、港口码头自动化、船舶智能化、企业运营优化和降本增效等方面。

　　1. 物联网和智能船舶

　　物联网是指万物相连的互联网,可于任何时空上实现"人、机、物"的相互联通。在航运业,船公司通过使用物联网以提高船队管理透明度和实现精细化管理,并且提升船舶营运安全及可靠性和经济效益,提高船队经营效率和船队综合竞争力,降低管理成本、合规成本和营运成本。目前,物联网技术已部分成功应用到航运领域,如马士基航运的远程集装箱管理系统、智能船舶应用方面的机舱设备故障诊断、健康评估、航路设计优化、能效管理与优化,以及上海港务集团集装箱电子标签系统和上海洋山港区无人集装箱码头等。物联网技术推动船舶的数字化,促进船船、船岸和系统之间的联通,这正是航运智能化的关键之处,并体现在营运、设计和物流等。此外,人工智能已然贯穿设计、审图、制造和检验等生产过程,智能船舶正在向国家制定的目标发展。随着"互联网+"战略的提出,物联网产业作为"核心生产力",推动行业高速发展,也是我国"工业4.0"道路和"中国制造2025"战略规划的组成部分。数字化转型包括顶层设计、文化和技术的应用、节点追踪和人员培训计划,需要航运业从业者(如船级社、船东、船厂和码头等)的协同合作才能促进整个行业向着智能化发展,从而为国际航运中心的建设提供基础。

2.船公司大数据

随着大数据时代的来临,航运业也面临产业结构调整的挑战,需要从业者从传统的想法向数字化转变,进行跨区域之间的有效协作。从服务的本质出发,通过互联互通、人工智能和数字化交易服务平台的使用,围绕客户的需求用技术和数字化来改变业务以实现各方的融合。例如中远海运集运与京东合作,为客户传递了新的运输价值和理念,其通过物联网设备扫描二维码可查询货物运输路线;其还与上海海关和上港集团合作,将集装箱轨迹和船舶轨迹实时分享给海关,进而使得货物迅速通关以便货主提货,这是中远海运集运通过数据的联通传递给客户的重要价值。另外,船舶在海上航行的不可控因素很多,但通过大数据的智能计算,在船舶出发前能告知客户存在的延误情况以提前后备计划。

3.船舶运营数字化

大数据、人工智能、云计算和物联网等技术正在促进数字世界与航运产业和航运中心的深度融合,并将会促进虚拟世界与现实世界的交汇融合,使得基于数据的服务系统和生态平台将成为行业的核心竞争力。数字化的转型和航运的特点及需求结合是掌握数字化航运发展的重点,在航运业,以大数据分析和物联网为代表的数字化浪潮,正从数字化运营赋能因子、数字化运输生态系统、数字化客户触点和数字化全新商业模式等方面改变和颠覆业务形态。

4.区块链技术的价值与风险

随着5G的发展,人工智能可解决生产力问题的关键技术,区块链可解决生产关系问题的重要途径,物联网技术是用于物理世界和数字世界沟通的桥梁。其中,区块链的作用在于建立数据主权、多方信任和去除垄断,其技术的特点是帮助各方建立信任,让数据(或数字)难以被篡改,使得智能合约将商务关系简单化,进而使成本得以降低,同时应将区块链技术运用到航运行业和航运中心的刚需领域。

第二节　港航业与科技融合发展

一、数字化加快全球贸易便利化进程

疫情给航运业带来冲击和影响的同时也加快了航运业与物流业的数字化进程,减少了企业与监管部门的物理流程。非接触性服务成为航运业的新常态,如远程移动办公、可视化营运调度、云登轮安全检查、船员在线培训、网上订舱、线上全天候服务和无接触卸货放货等。数字化促进了航运上下游各方主体的相互融合,信息开放互联共享,港、航和货等线上线下协同,有效提升整体运输链的效率,给贸易和供应链的各方参与者带来新的增长机会,进一步推动全球贸易便利化和国际航运中心的进程。

二、区块链推动行业运行模式的变革

区块链在促进数据共享、优化业务流程、降低运营成本、提升协同效率和建设可信体系等方面发挥了重要的作用,各相关单位要积极响应,将区块链技术应用于管理实践中,例如中远海运集团领衔打造区块链联盟—全球航运商业网络(GSBN)、招商局港口与阿里巴巴集团联合打造基于区块链的数字港口开放协作网络,同时还在不断拓展合作领域和参与主体。这无疑将使区块链成为重塑国际贸易和物流、改变航运业运作模式的关键基础设施,促进国际航运中心的建设。

三、智能化提升航运现代化水平

随着人工智能等高新技术的应用推广,传统航运要素不断优化升级。目前我国沿海主要港口基本实现了作业单证电子化,建成了一批智慧港口示范工程。新一代自动化码头堆场建设改造正加快推进。特别是智能航运发展站在了一个新的起点,2019 年 5 月交通运输部联合工信部等七部委印发了《智能航运发展指导意见》,明确了我国推动智能航运发展的总体构想,并从智能船舶、智能港口、智能监管、智能保障与智能服务等五个方面,提出加快推进智能航运技术和智能航保体系建设的具体任务。当前要利用好"新基建"政策,落实总体项目建设,真正实现由"技术跟随"向"技术领先"转变,促进国际航运中心的智能化建设,推进航运治理体系与治理能力现代化。

四、5 G 技术催生航运业融合发展新业态

随着 5 G 时代的开启,各行各业都能找到与 5 G 技术的结合点,产业互联网将成为经济增长新的蓝海。航运业要抓住机遇,重视后疫情时代企业全链路数智能化转型和技术革命带来的劳动力迭代影响。推进"1 + 1 + N"(数字平台 + 智慧大脑 + N 个智慧应用)服务平台建设,深化"航、港、产、城"融合发展模式。把"人便于行、货畅其流"的理念,通过云计算、大数据、物联网等变成服务的新产品,形成发展的新业态,提升航运的新价值。真正让国际航运中心的服务更全面、旅程更便捷、物流更高效、城市更通畅、保障更有力、社会更满意。

现代信息技术加快了行业转型和航运中心发展的同时,也面临一些亟待破解的难题:一是统筹推进"四网"(包括航运设施网、服务网、能源网和信息网)融合发展问题。要补齐产业基础短板,开放衔接门槛,降低应用成本。二是防控网络信息安全隐患风险问题。有效防止区块链"失联",供应链"断链",智慧云"泄密"等隐患发生。三是推动国际智能航运体系建设问题。要在 IMO 等国际组织框架下,构建国际航运智能体,完善航运法规、技术标准,更好地发挥中国标准的主导权和影响力。四是培养复合型专业人才问题。信息技术的竞争核心是高端人才的竞争,航运企业要从教育体系、培育方式、政策环境等方面深化改革,完善培育机制,吸引更多人才。五是优化营商和智能生态环境问题。要继续落实减税降费政策措施,不断优化口岸营商环境,同时,要着力培育航运生态,增强各方开放协作意识,推动数字经济向深度融合发展。

五、智能航运、智能船舶与智能港口共同发展

大数据、人工智能等新技术已经渗透到各行各业,更是从陆地延伸到海上。其中,智能

航运的推行对于航运业将是不可或缺的,在加速实现传统航运要素与现代信息、通信、传感和人工智能等高新技术的深度融合发挥着重要作用。发展智能航运是水运行业推进交通强国建设的重要抓手。抓住这次机遇,我国的航运业才会走上智能化的快车道,实现从航运大国走向航运强国的梦想。如今内地的航运业对于大数据及智能科技的使用并不充足,航运时经常受到人为因素及自然因素的影响,发生事故除了造成财物的损失外,更有甚者造成人命伤亡,也会拖累整个行业的营运效率。

智能航运热度持续增长。在全球进入"工业4.0"以及以互联网、区块链、大数据、物联网等科技发展的背景下,如何结合技术提高传统航运业的效率,提升管理水平,打造智慧航运,已经成为最热的话题之一。智慧航运是传统航运业与科技结合的产物,是航运业务主体之间利用技术进行业务协同,通过循环迭代使感知能力和服务水平得到不断提升的过程。

当前时代下,只有率先实现智能升级才能占领航运高地。未来,智能航运将打造新的大航海时代,作为一种航运新业态,智能航运将传统航运要素与现代信息通信、人工智能等高新技术深度融合,航运生产环节变得更加经济可靠、日常运行环节更加安全环保、监管和服务领域更加智能高效,所以持续发展智能航运对于全球社会经济发展来说都是至关重要的。

智能航运是科技发展和进步的结果,其本质是航运产业互联网,而智能船舶则是实现智能航运的基础,其意味着船舶将实现电气化、数字化和智慧互联。

全球加快了智能船舶研发步伐。近年来以船舶制造业和船舶航运业为代表的传统行业处于一种需求低迷的困境。如何在这种情况下走出困境,如何创造新的需求,这是船舶行业需要共同思考的问题。基于计算机技术、自动控制技术和大数据处理分析技术,船舶行业、制造、建造逐渐在船舶航行、管理、维护以及货物运输等方面实现智能化运行,从而使得更加安全、更加环保、更加经济可靠的智能船舶逐步衍生出来。智能船舶的研发建造从领域空白到如今在全球掀起热潮,世界上各大主要的造船国家纷纷开始研发智能应用平台、自主航行系统、远程控制系统以及具备相关功能的智能船舶。2019年以来,智能船舶发展不断深入,船舶数字化经营能力全面提升,智能航运以大数据为核心显示出强大活力。

智能船舶以增强现实(AR)技术为突破口迅速推进。AR技术被应用到了导航系统之中,通过AR技术增强补充了船员观测到的船舶、海上浮标、障碍物等物体的相关信息,以直观方式进行危险警示和风险预判。如英国雷松(Raymarine)公司在其船舶导航系统中推出的Clear Cruise AR应用模块,通过AR技术将实时航行数据显示在电子屏幕上,从而为操作人员提供一种更直观的体验。商船三井(MOL)通过AR技术在显示屏上展示周围标记物的动态信息,该系统的图形识别引擎的开发应用了人工智能(AI)、深度学习等技术,利用配备的图形处理器(GPU)和超高分辨率摄像机的终端实现高精度识别和自动记录船舶等功能。上海迈润智能科技研发的航道和船舶安全的可视化系列产品方案,具备能够实现船舶的完全无人自主驾驶功能以及无人遥控船在极低通信带宽条件下的可视化实时监控功能。现代重工与韩国科学技术院(KAIST)共同开发的"现代智能导航辅助系统",采用人工智能技术,可通过分析船上摄像头的视频图像来确定与附近船舶相撞的风险,并通过增强现实技术(AR)发出通知。

自主航行、智能验船等人工智能的应用加强,未来传统船舶驾驶和验船师工作或将被机器取代。例如我国首艘自主航行集装箱船"智飞"号在青岛造船厂有限公司举行建造开工仪式,这一举措对推动国内智慧航海产业的发展起到了引领和带动作用。罗尔斯罗伊斯和英特尔联合打造的无人船智能航行系统,运用人工智能、大数据等技术研究导航管理、障碍物探测等算法,实现船舶无人航行,英国海道测量局正在研究一项自主航行船舶导航项目,开发"智能海图"导航数据系统,针对未来智能船舶的数据应用需求。又例如各国船级社探索人工智能等新技术应用。DNV-GL推出船舶远程检验平台 Veracity,该平台通过图片、视频等资料进行远程验船。美国船级社试点人工智能模型项目,检测船舶和海上设备的腐蚀和涂层破坏程度等。

数字化船舶经营能力成为船东间新一轮竞争的焦点。例如美国卫星公司 Spire 启动一个专为海运业开发卫星数据和分析解决方案的业务部门 Spire Maritime,帮助船舶安全航行并减少海上碰撞;中国船级社联合中远海运散货运输有限公司开发了一款名为"船舶能效在线智能管理系统"的能效服务产品;日本邮船 NYK Group 推出一个数字化船舶管理平台"NiBiKi",该平台能结合采集的数据进行分析挖掘,进一步为船舶运营与管理提供支持;Ocean Manager 推出新的 vesFMS 系统,该系统采用数据分析、人工智能等技术对船舶管理运营进行优化,以改善船舶维护、供应、采购、船员安全等方面的管理等;船舶管理公司 OSM Maritime 推出的 OSM On 平台,让客户可以通过他们的数字设备持续实时地监控他们的船舶;韩国船企现代重工开始运用一套新的船舶运营系统,通过使用人工智能和 HiEMS(现代重工研发的船用 Hi-Touch Marine and Stationery 发动机)对船舶发动机的大数据和实时信息进行实时采集和分析,并调整船舶动力控制管理系统,优化燃效。

发展智能航运的同时,智能港口也要同步发展。随着全球经济一体化和数字信息科技的快速发展,港口之间的竞争逐渐演变成全球网络及港口所处生态圈之间的竞争。通过业务模式变革与发展理念,打造全面感知、运营高效、安全可靠、智能绿色、开放的智慧港口,重构多边界、系统化的港口生态圈。在智能航运的发展过程中,发展港口物联网信息平台、单证无纸化、区块链技术,是各港口提升竞争力的重要举措。在船舶大型化、经营联盟化、运输干线网络化的国际集装箱运输发展大背景下,港口智能化趋势越来越明显,随着相关技术的不断突破与成熟,以及更多智能化码头运营经验的积累,智能化港口发展方兴未艾。

物联网技术作为底层技术驱动着新的港口智慧化转型,也代表了基于物联网技术与其他信息技术融合下的港口生产运营将会是下一阶段智慧港口建设的重要部分。例如厦门港海天码头上线试运行集装箱船舶智能装卸平台,其通过智能算法实现对码头集装箱拖车的智能作业引导,以及集装箱装卸船实时状态信息的智能交互;南京港仪征港区智慧生产系统一期工程上线试运行,该系统采用卫星遥感、GPS 倾斜摄影、三维地理信息(3D GIS)、物联网传感、云计算、大数据等技术,实现信息技术在现场生产各环节全覆盖;2020 年 4 月,广西钦州国际集装箱码头智能闸口系统正式启用,该系统基于物联网、人工智能和大数据的技术基础,实现闸口智能识别,通过对集卡车进行箱号识别、车牌识别、质量采集、箱体验残、自动放行控制等工作,完成闸口数据的快速验证,大幅提升通闸效率。

进口单证出口设备交接单、电子装箱单等单证无纸化发展在持续提升港口通关速度。不仅如此,采用电子单证还可以实现节能环保,简化了业务办理手续、提升了港口物流效率,降低安全隐患,产生了可观的经济、社会、环境效益。例如,长沙集星港上线 EMQ 2.0 电子提箱系统,该系统依托"互联网+"、大数据、云计算等新技术为信息采集、智能联网等业务应用提供支撑,打造智能提、放集装箱预约分配系统;易港通公司启动海铁箱预驳无纸化项目,基于出口无纸化业务基础,专门针对海铁箱设计业务流程、改造堆场接口、升级 APP

端功能,将电商平台系统与海铁系统串联,共享及关联,集卡司机通过易港通手机 APP 预约提箱时间就能到船公司指定堆场进行扫码提箱;重庆果园港上线集装箱无纸化平台,此次上线的集装箱无纸化平台通过电子单证替代传统纸质单证,系统整体实现单证电子化、道闸无人化,全程无须人工交接;上港集团持续推进长江支线服务平台和长江无纸化平台建设,大力推进单证无纸化进长江,扩大上海口岸单证无纸化、电子化的经验共享与平台合作,有序推进和落实九江、芜湖、宜宾、太仓、江阴等沿江港口的设备交接单电子化项目。

区块链技术正在改变现有的港口物流运作模式。以往港口物流相关参与方不得不在每一个阶段重复录入数据,现如今通过区块链技术,为上下游企业间提供互信机制,从而改变原有低效率的局面,在所有的参与方之间实现数据安全共享。鹿特丹港建设了一个基于区块链的能源交易平台 BlockLab,并表示在未来几个月开始启动该平台测试工作;安特卫普港进行了一项物流自动化的区块链试点项目,该项目解决方案确保只有指定的代理能够获得授权,以获取货物,并且分布式的信息性质阻止了任何试图操纵信息数据的行为,来实现集装箱物流业务的自动化和简易化;粤港澳大湾区上线智慧港口区块链平台,该平台是粤港澳大湾区基于区块链分布式记账技术建设的港口平台,其依托区块链不变性、可信性和透明化的技术特点进行数据交互;2019 年,日照港大宗商品交易中心开展的电子仓单质押融资业务,是依托物联网、区块链等技术,打造了一种数字化线上电子凭证平台。同年,日照港又联合日照海关、日照银行及各相关方搭建日照港物流区块链平台,平台上线后,日照港将依托该平台开展出口钢材全程监管业务和大商电子仓单业务;招商港口利用区块链、大数据等各项新技术,为单证无纸化和电子化流转、闸口自动化、结算电子化等业务场景搭建了统一的数字化应用平台,即招商 ePort,可为港口生态圈内各单位和用户提供 24 小时在线通关、物流等服务。

以粤港澳大湾区为背景,下面列出关于智慧港口和智慧航道建设的要点有:

(1)推进航道网络建设

协调推进龙滩水电站和百色水利枢纽 1 000 吨级通航设施建设,推动右江、红水河、柳黔江、桂江、左江、绣江等上游航道的提等升级(含通航设施新改扩建);实施西江干线航道扩能工程、珠江三角洲航道网完善工程;加快西江航运干线贵港至梧州航道整治二期工程;研究推进东江航道扩能工程、北江航道扩能升级上延工程前期工作;推动矶石水道和崖门出海航道二期工程建设;研究开辟珠江口小船航路;推进湘桂运河、赣粤运河研究论证,开工建设平陆运河,形成干支衔接、区域成网、江海贯通、连接港澳、沟通水系的高等级航道网络。

(2)推进港口网络建设

巩固提升香港国际航运中心地位,增强广州、深圳国际的航运综合服务功能。推进沿海港口专业化码头和深水泊位建设;推进大型石油储备基地、液化天然气接收站、国家煤炭储备基地等能源储运项目配套码头建设;加快实施内河主要港口、区域重要港口建设和升级改造;进一步优化港口资源配置,提升内河港口的支撑能力;形成布局合理、功能完善、集约高效的现代港口体系。

(3)推进多式联运体系建设

优化完善物流枢纽布局与建设,加快推进东莞、深圳集装箱多式联运示范工程建设,推进南宁港、贵港港、柳州港、梧州港、来宾港和富宁港等多式联运工程建设,大力发展集装箱、煤炭等货类江海联运;推进疏港铁路建设,强化重要港区的集疏运体系建设。

（4）加快水运信息化建设

贯彻落实《交通运输部中央网信办 国家发展改革委 教育部 科技部 工业和信息化部 财政部关于印发＜智能航运发展指导意见＞的通知》（交海发〔2019〕66号），推进粤港澳智慧港口、智慧航道、智能船舶和智慧海事建设。加快推进智慧港口工程建设，推进西江干线数字航道建设，推进粤港澳智能航运研发和应用示范，促进北斗导航系统、物联网、云计算、大数据等信息技术在水运领域的集成应用，推进基于区块链的全球航运服务网络平台研究应用。建设完成珠江水运综合信息服务系统拓展工程。

（5）全面提高水运服务能力

推进珠江口港口资源优化整合，与香港形成优势互补、互惠共赢的港口、航运、物流和配套服务体系。支持航运企业做优、做强技术、管理与商业模式，加强港航人才和船员队伍培养。支持企业依法发展珠江水上高速客运、旅游客运、空水联运，开拓水上客运航线，促进企业规模化、集约化、高端化发展。促进发展深圳、东莞等珠江口东岸城市往来澳门的海上客运。

（6）打造现代水运体系

优化运输组织方式，推进干线航道集装箱班轮化运输。优化升级船舶装备，引导船舶大型化、专业化发展。依托大型公共交通枢纽，加快推进以铁公水联运为主导的对外运输物流体系建设，构建干支衔接的水运网络，着力打造以水上快巴为载体的货运和客运快速通道。形成层次分明、功能清晰、有机衔接、协同配套、结构合理的水运体系。

（7）打造现代航运服务业

全面推进传统航运服务业的转型升级，推进"互联网＋航运"发展，转变航运服务模式。进一步提升航运交易服务能力，支持广州航运交易所的服务功能完善和北部湾航运交易所等区域航运交易机构培育。推动粤港澳在航运支付结算、融资、租赁、保险、法律服务等方面实现服务规则对接，提升粤港澳大湾区港口航运服务国际化水平，支持香港发展高端航运服务业。

（8）推动邮轮和游艇产业健康发展

积极发展粤港澳大湾区邮轮产业，有序推动大湾区国际邮轮港协调发展。支持拓展粤港澳大湾区面向国际的邮轮航线，支持航运企业依法拓展东南亚等地区国际邮轮航线、丰富邮轮航线产品。积极推动粤港澳游艇自由行政策实施工作，为游艇自由行提供便利。

（9）优化珠江水运对外开放营商环境

深化"放管服"改革，加快转变政府职能，推进营商环境法治化。以"双随机、一公开"监管为手段，以重点监管为补充，以信用监管为基础，建立新型监管机制，规范监管行为，进一步完善珠江水运对外开放营商环境。

（10）构建珠江水运对外开放新格局

充分发挥港澳在对外开放中的优势和作用。鼓励内地与港澳开展基础设施建设、航运、港口经营、服务等领域的合作，实现内地与港澳水运的优势互补。

（11）优化水运环境

完善珠江水运科技制度建设，依托广深港、广珠澳科技走廊建设，探索有利于人员、物资、资金、信息、技术等要素在珠江水系和粤港澳大湾区便捷高效流通的政策举措，积极推动粤港澳大湾区水运领域重大科研基础设施和大型科研仪器的开放共享，依托珠三角科技建设成果转移转化示范区，推动粤港澳大湾区水运科技成果供需对接，促进科技成果转化。

（12）提升水运科技能力

支持研发机构、科研院校改善设备条件,扩大研发队伍,积极开展水运科技,提升原始能力,支持深圳构建以市场为导向的绿色技术体系。鼓励内地与港澳在水运科技方面的合作,促进产学研深度融合,共同开展绿色水运、智能航运、溢油应急处理等关键技术的研究。

（13）推进绿色水运基础设施建设

加强生态环境保护和防治技术交流,落实生态环境保护的有关要求,加快绿色港口和航道建设。推进珠江水系码头岸电设施、船舶LNG加注站、散货堆场防风抑尘的设施建设,推动新能源和清洁能源动力船建造以及船舶受电设施改造,着力提高绿色水运基础设施建设水平。

（14）加强珠江水运污染防治

大力推进船舶大气污染物排放控制区实施方案在珠江水系的实施。实施船舶和港口及有关作业活动污染水域环境防治应急能力建设规划,严格执行船舶强制报废制度。加强交通运输（港航、海事）与生态环境、工业和信息化、住房城乡建设等部门间的联动,制定并建立联合监管制度,推动船舶污染物接收设施建设,做好与公共转运处置设施的有效衔接。

（15）提升基础设施质量安全保障能力

推进安全管理体系建设,推进老旧码头、渡口和通航建筑物安全设施的改造,推动锚地、停泊区和水上服务区建设,加快港口和航道安全运行监测与预警系统、必要的桥梁防撞设施建设,有效防范船舶撞桥风险,提高基础设施应急管理水平和应急救助抢险服务能力。推动应急锚地和应急物资储备基地建设,完善监管救助基地站点建设。加快推进水运平安百年品质工程建设研究,全面开展平安工地建设,进一步提升珠江水系水运安全设施保障能力。

（16）提高水运装备安全水平

全面提升过闸船舶标准化率,加快对老旧船舶的更新改造工作。监督指导船舶配备齐全有效的安全防护设备,严格落实船舶检验制度,坚决杜绝检验不合格的船舶营运。加大安全装备资金投入力度,加强安全生产重大关键技术研究和装备研发。进一步提升与珠江水系水运安全管理相适应的船舶装备安全水平。

（17）提升行政执法能力水平

加快推进交通运输综合行政执法改革,进一步健全监管执法机构,加强执法人员资格管理,建立实施执法人员考试录取、入职培训、持证上岗和定期轮训制度。强化交通运输综合行政执法人员的业务交流,推动建立水上联合巡查制度,切实加强监管。

（18）健全和完善水运发展体制机制

贯彻落实《国务院办公厅关于印发交通运输领域中央与地方财政事权和支出责任划分改革方案的通知》（国办发〔2019〕33号）精神,加快构建职责清晰、科学规范、运行高效、服务优质的珠江水运管理格局,推进珠江水运治理体系和治理能力的现代化。进一步完善珠江水运发展高层协调机制,协商解决珠江水运发展重大问题。

（19）加强组织协调和落实

加强对珠江水运助力粤港澳大湾区建设工作的组织协调,按照职责分工组织推进工作任务的落实。

（20）制定政策保障措施

加大对珠江水运助力粤港澳大湾区建设的政策支持力度,积极争取财政支持,落实经费保障,将专项工作经费纳入各级政府预算,确保顺利实施。

(21)加强宣传引导

大力宣传珠江水运助力粤港澳大湾区建设取得的成效,开展形式多样的宣传活动,畅通公众意见反馈渠道,营造社会共同参与粤港澳大湾区建设的良好氛围。

第三节 科技推动国际航运中心建设的样本分析

受全球性经济不景气的影响,航运业正处于前所未有的长周期低迷状态,大批航运企业以及与航运相关的企业经营步履维艰,并出现不少企业破产倒闭。在这严峻的形势下,航运企业和航运服务企业力图通过科技和服务寻求突围,谋划发展。

在上海国际航运中心建设的关键时期,正逢中国(上海)自由贸易试验区建设以及上海科技中心建设的良机。借力自贸区"先行先试"寻求制度性突破,依托科技和服务实现航运产业的跨越式发展,这正是上海国际航运中心走出重围的重要契机。当今,航运产业正处于寻求突破的发展跨越期,集装箱运输界的排头兵马士基不断推出 P3 联盟等一系列理念和举措,全球码头营运商如火如荼地构筑全球码头网络,都显示出国际航运业正在进入一个只有依托发展才能走出困境的关键时期。上海国际航运中心要实现"具有全球航运资源配置能力的航运中心"的目标,只有依靠科技和服务。

伦敦、纽约、新加坡等著名国际航运中心,同时也是全球性的航运科技中心。例如伦敦,集聚了大量国际著名的航运咨询和信息机构,向全球不断地发布影响全球航运发展走势的见解和信息,通过设置在那里的国际组织制定出影响航运发展的国际规则等等。由此可见,航运科技和服务能力的提升是上海国际航运中心地位的重要体现,也是上海建设全球具有影响力的科技中心的重要组成部分,更是推动上海国际航运中心突破瓶颈的关键动力。

一、国际航运中心的科技载体建设

由于历史积淀的原因,在上海的一些区域已有一些从事航运技术研发的国内外企业和相关机构集聚,或者一些具有一定潜力的从事高端航运服务的国内外相关机构存在,政府可以以此为基础,建立相应的航运功能集聚区,主要依托这些企业和机构并进一步吸引全球型的企业和机构在此集聚,采用孵化器模式,营造航运生态环境。探索设立全国首个航运科技产权交易中心,积极搭建国际化航运科技平台,积极吸引境外知名航运研发设计和咨询服务机构落户上海。

二、国际航运中心重点领域发展

重点加强与国家战略密切相关的航运相关领域规范标准的制定能力。鼓励航运服务产品积极探索航运服务的新需求,努力实现现代航运服务新产品和新模式。在现有航运电商、跨境电商等"互联网+航运"业态的基础上,继续鼓励航运业与互联网之间的融合发展。鼓励港航企业中心的建设,对于有潜力的港航企业,鼓励其建立企业的研发中心。

三、国际航运中心主体建设

着力培育"明星"航运企业家和科创人员,建立上海航运协会,积极支持航运业界组织建立上海航运协会,借助于这一平台,定期举办航运科技和服务交流活动、航运研讨活动、组织企业和相关机构加强与国外的联系与交流,组织航运成果的评比等,努力营造良好的航运氛围。

四、绿色和智慧航运推动国际航运中心转型升级

上海着力推动国际航运中心绿色发展、智慧发展,加快转型升级步伐,取得了不少成果。具体可分为海港枢纽建设、国际航空枢纽建设、邮轮港建设三大板块。

(一)海港枢纽迈向可持续发展

1. 新技术、新能源打造绿色港口

为有力推进绿色港口的建设,上海市大力实施《上海市绿色港口三年行动计划(2015 – 2017 年)》,明确了本市绿色港口建设的总体目标、主要任务和保障措施,并以此为纲领,交通部门和相关企业共同推进绿色港口建设,成果显著。

一是推进岸电技术应用。使用岸电可使船舶每次靠港减少高达 95% 的污染物排放量。目前,洋山三期码头 6 号泊位高压岸电系统已经投运,5 号泊位新建岸电设施也将于近期验收;洋山四期码头的岸电设施建设工作将于明年年初完成。

二是实施船舶污染物排放控制。上海港自 2016 年 4 月 1 日起率先实施船舶排放控制区第一阶段控制工作。控制措施实施后,2016 年 4 ~ 12 月全市 SO_2 浓度同比下降 15%,其中浦东高桥监测站同比下降达 52%,空气质量改善效果明显。此外,上海港积极推动内河 LNG 船舶应用,已有 52 艘 LNG 动力船投入运营,预计今年年底将达到 100 艘左右。

三是推进港内非道路移动机械污染治理。上海港积极推进轮胎吊(RTG)"油改电",目前已完成 75% 的 RTG 设备电动化改造。推进集卡 LNG 能源替代,累计更新港内 LNG 集卡 800 辆,建设 LNG 加气站 5 座。推进港内高污染车辆提前淘汰,2016 年即全面完成港内 500 余辆黄标车的提前淘汰工作。

2. 信息技术推动港口高效运作

一是打造全球最大规模全自动码头。今年底,洋山深水港四期码头将开港试运行,成为全球最大规模、自动化程度最高的港区,港口的集装箱从港区装卸到码头运输、仓储均将实现自动化运作,生产作业实现零排放。

二是通过信息技术提升港口服务水平。随着枢纽港建设的深入,上海港在"智慧港口"方面不断探索实践,利用新技术提升港口服务品质。一是通过"互联网＋"技术,在港口、航运、货主、代理、口岸部门间建立统一服务平台,改革传统码头柜台受理业务体系,方便客户网上受理,降低了物流成本和时间。

三是建设一站式查询服务网站——"港航纵横",整合上海港 7 个集装箱码头以及上港集团在长江支线 8 个码头、内河支线 2 个码头的数据,加强长江经济带船、港、货、箱各种物流资源的协同。

四是打造"e 卡纵横"集卡服务平台,对集卡和货物运输需求进行配对,有效减少由于信

息不对称造成的集卡空驶和货物滞留问题,均衡码头作业强度,提高港口物流效率。此外,集装箱设备交接单的电子化试点工作也在推进中,争取明年实现全覆盖。

(二)邮轮港建设带动邮轮经济快速发展

(1)邮轮设施配套不断完善。随着上海邮轮码头及配套设施的日益完善,邮轮港接待能力大幅提升。2016年,上海港接待国际邮轮靠泊509艘次,邮轮游客吞吐量达到289.63万人次,跃升为全球第四大邮轮母港。此外,吴淞口国际邮轮港后续工程已于2015年启动,2018年将形成"四船同靠"、年接靠邮轮800~1 000艘次的运营能力。同时,以"绿色邮轮港"为目标,吴淞口国际邮轮港1号泊位岸基供电项目已建成投运,这是亚洲首套、世界最大邮轮变频岸电系统,邮轮港后续工程还将同步打造太阳能光伏发电项目。

(2)邮轮口岸服务水平不断提升。为应对邮轮旅客吞吐量的大幅增长,邮轮口岸应用信息技术实施管理。邮轮旅客实现单一窗口申报,"邮轮便捷通关条形码"服务、邮轮港自助通关通道得到推广,旅客入境通关时间大幅缩减。交通、海事部门成功进行长江口超宽船舶交会实船试验,推动大型邮轮通行效率提升。

(3)邮轮经济快速发展。立足邮轮母港优势,吴淞口地区邮轮产业链初具雏形。上游,"上海中船国际邮轮产业园"、国内首支邮轮产业基金落户宝山。中游,40余家邮轮管理、邮轮旅游公司汇集,"邮轮总部经济"逐渐显现。下游,母港服务不断升级,邮轮船供实现较快发展,今年前三季度邮轮船供总量达3亿元。

五、科技推动国际航运中心发展需要处理好的关系

航运科技发展是推动新一轮国际航运中心建设的关键,然而科技的产生基于市场,科技最根本的动力来自企业,不同行业领域科技有着不同的特点,在推动各领域发展过程中也应"区别对待"。因此,在促进航运科技发展过程中应着重处理好以下几个关系:

1. 处理好航运服务与航运技术的关系

从航运产业链上各产业的性质来看,航运产业可以分为航运制造业和航运服务业,由于制造业科技和服务业科技在内涵、过程和模式方面存在着较大的差别,因此航运科技可以分为航运制造业科技和航运服务业科技两类。从两类产业的特点来看,无论是政府还是企业对航运制造业更为重视,相应的支持力度也更大,而航运服务业往往容易被忽略,重视程度不足。因此,在上海推进航运过程中不仅要关注航运制造业的技术、产品,更要关注、鼓励航运商业模式、航运经营管理理念和方式以及航运业态等方面的航运服务产业活动。

此外,由于与制造业以技术为主导的模式相比,公共政策、政府管制、制度环境、社会文化等企业外部的环境要素,对部门服务过程有着更大的影响。航运领域中大部分属于服务产业,因此,软环境要素对航运服务业的科技活动影响更大,为了促进航运服务业科技,应加大政府政策支持和航运科技的软环境建设。

2. 处理好企业和其他主体之间的关系

航运的主体要素包括企业、大学、科研机构以及政府等。然而作为航运科技的主导者应主要为企业。行为的产生从根本上来源于企业,是企业在竞争环境中,为了降低成本、提升企业竞争力而进行的一种活动。因此,航运科技活动需要在企业的领导与推动下才能有效展开并达到科技推动生产力发展的根本目的。

科研机构和高校在航运科技中扮演了"孵化器"的角色,可向航运科技提供技术、人才

支撑,然而科研机构、高校和企业需要形成紧密的"三螺旋"产学研合作模式,才能充分发挥科研机构和高校对企业科技需求的支撑作用。政府、行业协会、服务组织等机构主要支持上述两类主体参与过程,为科技群体开展活动提供政策、信息、技术、服务等资源提供支持。因此,在推动航运科技活动中应协调处理好各类航运主体要素之间的关系和所发挥的作用。

3.处理好航运科技过程中市场和政府的关系

市场是航运科技的动力源泉,政府主要为市场开展航运科技提供良好的市场环境。因此,在推动航运科技发展过程中,应积极转变政府职能,以市场为导向探索航运产业科技,由市场发现、市场决定、市场驱动航运科技。同时,充分发挥政府在航运科技过程中的作用,充分发挥政府在航运科技战略规划、政策法规、标准规范和监督指导等方面的作用,营造良好的市场环境,激发主体活力。

4.处理好大型航运服务企业与中小航运服务企业的关系

大型规模化跨国企业有利于提升我国对航运产业的掌控力,因此在支持航运科技过程中应加大对大型跨国企业能力的培育,鼓励具有规模的大型企业加强企业技术研究机构和研发人才队伍建设,培育大型航运服务企业在国际上的影响力。同时,中小企业是航运科技的主力,也是最具活力的群体,因此应同时积极鼓励中小企业,构建有利于中小企业的环境。

5.处理好本土能力培育与吸引境外资源之间的关系

本土航运科技能力是反映我国航运科技水平的关键,在推动上海航运科技发展的过程中,应积极培育扶持本土航运服务企业、科研机构和高校的发展,提升其航运科技水平。与此同时,境外航运科技资源的引入,有利于为航运科技发展营造竞争环境,有利于促进并且引入境外资源,有利于本土与境外航运科技资源的流动、交流,有利于带动本土航运科技要素能力的提升。因此在推动上海航运科技发展中应协调处理好本土能力培育和境外资源引入之间的关系。

六、科技推动国际航运中心发展的相关建议

以上海国际航运中心为例,推动航运科技发展重点有:

1.加强航运科技载体建设

(1)重点构建浦东洋泾航运科技功能集聚区和虹口北外滩航运服务科技功能集聚区。浦东洋泾航运科技功能集聚区重点以吸引具有航运技术研发能力的国内外企业和相关机构集聚为主;虹口北外滩航运服务功能集聚区,主要依托现代航运服务企业和功能性机构集聚的优势以及成熟运作的咨询机构,通过要素交流和相关企业和航运科研机构的产学研联动,重点实现航运业态、航运管理理念和管理方式以及航运商业模式。

(2)依托功能集聚区建设航运孵化器。依托上述航运科技功能集聚区分布和主要功能,重点打造两大航运孵化器,分别为:依托浦东洋泾航运科技功能集聚区建设航运制造技术和航运服务的创业孵化器,依托虹口北外滩航运服务功能集聚区建设航运服务创业孵化器。孵化器管理主体重点以为小企业提供创业场地、提供科研设备、科研共享信息和资料、帮助中小企业建立与相关机构的沟通联系(包括金融机构的融资),特别是帮助航运服务企业发现国内外潜在商业伙伴,鼓励中小型企业开发新产品和新服务。

(3)探索设立全国首个航运科技成果交易中心。依托成果交易中心,设置相关的航运

政策咨询、航运技术交易、航运科技成果、航运信息服务等服务内容,探索开展航运科技经纪人活动、项目交流与对接、线下成果交易等。定期举办航运科技成果交易对接会、专项定题座谈会、信息发布会等。依托互联网对接国内外航运科技交易市场和数据库服务平台,开展航运科技的线上交易服务,与国内外航运相关信息数据库对接,向航运相关企业提供信息服务。

(4)积极搭建国际化航运科技平台。积极吸引境外知名航运研发设计和咨询服务机构落户上海,例如境外邮轮设计研发机构、DNV、劳氏等船级社,克拉克森等航运咨询服务机构。加大我国本土航运企业、航运科研机构、高校与国外知名的航运企业、科研机构和高校之间开展以项目、资本、人员交流等多种形式的合作项目。

2. 有序推进航运重点领域发展

(1)率先推动航运龙头产业。重点鼓励振华重工、上海沪东造船厂以及港航工程单位等龙头企业积极开展自主项目。推动港航制造和工程企业由制造、建设向研发转型。大力吸引国内大型船舶制造、港口机械制造以及港航工程集团企业的研发总部、技术基地迁址上海。积极搭建国内外交流平台,加大造船企业研发总部与 DNV、GL 等国外船级社及航运制造产业研发机构的交流、合作,激发活力。

(2)进一步推动航运顶层设计标准。探索吸引或设立航运产业规范、标准制定的研究机构,加强上海国际航运中心在航运标准制定和行业规范制定方面的作用。重点加强在船舶规范标准、“一带一路”海铁联运规范标准、21 世纪海上丝绸之路海事法律规范标准等结合国家战略航运相关领域规范标准的设计。

(3)依托需求鼓励航运与其他产业交叉的服务产品。鼓励跨界发展,探索航运产业业态。寻找航运业对其他产业的市场需求,结合航运业的市场需求,开发现代航运服务产品。重点继续推动航运金融、航运保险产业发展,鼓励金融和保险机构设立航运金融和航运保险的专门机构,吸引国际著名的航运金融、航运保险机构落户。结合航运市场需求,打造航运金融和航运保险的产品、服务内容。

(4)实施“互联网 + 航运”计划航运业态。探索将海事仲裁等现代航运服务产业与互联网相融合的业务模式。鼓励货代、船代、航运企业等传统航运服务企业通过“互联网”发展新型航运业态。支持航运大数据平台建设,鼓励科研机构对航运相关政府数据资源进行增值开发。

(5)加强大型港航企业中心建设。对于有规模、有能力的大型港航企业,鼓励其建立企业的中心。鼓励有实力的振华港机、上港集团等大型港航企业的研发机构参与国际航运活动,对取得成效的国际活动建立奖励机制。

3. 加强航运科技主体建设

(1)培育具有精神的“明星”航运企业家。鼓励国有企业职工“下海”创业。“松绑”限制国有企业高层管理人员的体制机制瓶颈,取消航运相关国有企业高层管理人员的退休年龄限制,给予高层管理人员更多的自主权等。同时,鼓励具有精神的跨行业企业家到航运企业工作,建立大型航运服务企业的企业家竞聘机制,将能力作为重要竞聘指标。

(2)探索建立上海航运科技协会。探索组织筹建上海航运科技协会,协会定期举办航运科技交流活动、航运技术研讨活动,组织企业出国考察、交流航运科技活动,创造良好的航运科技交流氛围。

第四节　发展经验与启示

一、航运发展的科技化

就科技化而言,以互联网、大数据和区块链为代表的科技将重构航运业,这种重构不仅提升了效率,更创造了可能,并改变传统的商业模式,孕育出全新的业态。随着物联网技术的应用,货物的存在形式将更颗粒化。同时,货物的存在与确认也将从相对粗放的航程,逐步过渡到实时,为确权与交易提供了可能,也为金融化营造了条件。由于航运属于区块链技术应用的典型场景,首先,航运属于链式经济,因此,构建和维护产业链信用体系至关重要。区块链能够为航运业构建相对刚性的信任体系,继而优化和重构产业生态。其次,在电子化和数字化的发展趋势下,运输标的将逐步转换为数字资产流转和交易,区块链能够打造航运数字的资产管理与交易平台。

二、航运发展的生态化

借用科学技术,针对生态化的趋势,航运会走向生态化,它不再是一种相对孤立的存在,逐步地发展成为以物流视角的服务延伸,实现前后端的整合和融合,继而重新定义航运的外延与内涵,构建并融入相关的生态圈。

三、航运发展的金融化

在科技的影响下,航运业金融危机过后,金融化也是一个值得思考的问题。金融化更多的应该建立一种深度的融合,不仅仅是金融向航运的融合,也有航运向金融的转型。在发展的过程中,要利用制度优势,更要把握初心,把握航运和金融结合的基础,打造出全新的商业模式,而不是简单的套利。

对于航运未来发展的三大趋势,首先,航运保险应当成为航运科技应用的推动者,关注国际航运中心建设和航运企业经营过程中的难点和痛点,并转换成基于"保险＋科技"的解决方案,既促进航运企业的转型升级,又为航运保险的发展开拓全新的空间。其次在生态方面,航运保险要做到有效的风险管理,解决资金流动,打造航运生态圈。同时,航运保险作为航运金融的重要组成部分,要能够处理风险,而不是简单的转移风险。最后,要通过核保、定价、理赔等手段,促进企业提高安全意识和能力。

目前,国际航运中心主要聚焦四个方面,一是探索和培育基于航运的专业化领域;二是打造航运资源,探索模式;三是金融服务;四是应用科技手段,打造新业态。未来,航运依旧会注重航运基础建设领域的概念,共同打造一个面向未来的航运新业态。

第十九章　教育与国际航运中心

航运教育是航运中心发展的重要支撑要素,很大程度上决定了一个地区或一个国家航运业的发展水平。本章介绍了教育与航运教育的内涵与分类,分析了航运教育与航运中心的关系,指出了航运教育在航运中心建设中问题,提出了应对措施。

第一节　教育与航运教育

一、教育

教育是一个复杂而系统的工程,是人类社会特有的培养人的实践活动。从教育对象上看,教育是面向人的活动,是社会通过有目的的教与学以使受教育者养成社会群体所期望的品质,教育就是对人有目的有计划的活动;从培养目标上看,教育是为社会培养人的一种专项社会活动,主要是通过教育向人传递生产经验和社会生活经验,它追求的终极目标是人的发展,是人的认知、情感、意志、行为习惯等的均衡发展,是知识、态度、能力等的综合提升,这也是教育区别于其他社会事务最大的本质属性所在;从教育的时代性看,教育就是为了满足社会对人才的需要;从教育的社会服务性看,教育为经济建设培养急需的劳动技术人才与管理人才;从教育体系上看,层次完善、产教融合、普教融通的人才培养体系,为政治、经济与文化建设奠定良好的人才基础。

二、航运教育

1.航运教育内涵

我国目前没有对航运教育给予明确的内涵,本文是从教育培养对象的角度理解航运教育,即为航运教育是学校教育的一个组成部分或学校教育的一个分支,其内涵可简要地解释为"培养航运专门人才包括航海技术人才、经营管理人才、船舶管理专业人才、船舶修造、港口机械制造专业人才、国际化海事教育与培训人才、船舶检验与验船师、海事安全与海事技术服务人才、国际航运经纪人才、国际航运金融人才、国际海事法律和仲裁人才、国际航运保险人才、航运咨询与研究人才等人才的学校教育或职业培训教育"。

2.航运教育的分类

我国的航运教育是我国整个教育中的最具有鲜明特色的重要组成部分,从教育类型看,航运教育分为普通教育、成人教育和职业教育三种类型。职业教育又可分为学校教育和职业培训两种类型,从方式看,可分为普通教育和函授教育两种方式,从类型角度又可分为全日制和非全日制两种,可分学历教育和非学历教育两个类别。从层次看,航运教育分为高等职业教育、本科教育和研究生教育三个层次,可对应学士、硕士和博士学位,从航运教育的学制看,中等航海教育、高专层次航海教育和高等航海职业教育实行三年学制,本科层次航海教育实行四年学制,研究生层次的航海教育实行硕士生教育两年至三年学制,博士生教育实行三年至四年半学制。

第二节 航运教育与国际航运中心的关系

一、航运教育为国际航运中心培育人才

航运教育将培养航运人才作为自己的历史使命,遵循受教育者的身心发展规律和年龄特点,按照航运中心发展的要求,在航运人才的数量、质量、类型和层次等方面满足航运中心快速和可持续发展的需求。

航运人才在实践中具有如下的内涵:

(1)航运保险人才主要指通晓航运保险业法律和国际规则、惯例,从事国际海上航运保险(包括海上货物险及船舶险)业务的专业人才,以航运保险经纪人为代表,对于风险性较高,投资大的航运业来说,必须有海上保险业的支撑,而国际航运中心应该有发达的海上保险业,以提供良好的保险服务。

(2)海事法律(含仲裁)人才可定义为从事国际海商、海事和涉外经济法律与实务工作的专业律师、法官和仲裁员等高级法律人才。海事法律人才不仅需要海事和法律的知识背景,还需要经济、语言、文化、国际法等多重素养。海事法律与经济和国际事务的关系密不可分,国际航运中心是世界各国船东、商人、经纪人聚集的地方,他们之间产生利益的冲突在所难免。因此,完善的法律服务尤其是海事法律服务是非常必要的。海事法律行业在中国的起步就很晚,但国际航运企业、外贸运输企业、港务部门、代理公司、物流业、保险公司、海事司法部门、高等院校、科研院所等部门都需要海事法律人才。海事法律人才可以分为两类,一类是提供各类商业性法律服务的海事法律人才,还有一类是海事仲裁和审判的相关人才,而后者的人才缺乏现象尤为突出。

(3)船舶管理专业人才主要指在航运企业或船舶管理公司中从事船舶管理工作的管理人才。

(4)航运金融人才指的是从事船舶融资、航运金融衍生品交易、国际航运结算和投资等航运金融业务,通晓金融、航运业国际规则和法律知识的专业人才,是一种狭义的概念(广义上的航运金融人才包含航运保险人才)。

(5)船舶检验人才、验船师主要指从事船舶、海上设施和船运货物集装箱检验,具有验船师、高级验船师适任证书的验船人员。

(6)航运经济人才主要指从事国际船舶买卖、租赁的经纪业务,对航运、船舶市场及时、充分了解,具有很强的沟通能力的中间商,以船舶经纪人为代表。许多欧美国家,航运经纪人对于促进船舶买卖流通、带动航运产业发展起到了十分重要的作用,被称为航运产业的"润滑剂"。

(7)航运信息、咨询、研究、教育等人才主要指从事航运相关领域的咨询、研究与信息服务、海事教育与培训等方面的工作,具备国际化素质的人才。国际航运中心必须同时是一

个航运信息中心,应具有权威的咨询机构、航运信息库、航运出版物,也能发布航运指数,这就需要既懂得航运业务又擅长统计分析的人才。以培养航运人才为中心开展科学研究活动,是航运教育的重要职能之一。只有通过开展科学研究活动,既紧密关注航运科技的发展前沿,又紧密关注区域内、行业内技术和人才需求程度乃至行业经济和社会发展现状,既组织自主创新的科研攻关,又根据区域经济发展和行业产业升级需要的角度进行学科设置,培养高层次的航运专门人才,为航运中心与航运经济的发展提供坚强的智力支撑和人才保障。

二、教育为国际航运中心建设与发展服务

随着科技与社会的发展,教育的地位和作用愈加突出,它既能推动科技进步和经济增长,成为提升国家综合国力的重要基础,又能在新的经济结构中起到核心作用,在一定程度上,教育发展直接影响着经济社会发展趋势。航运教育对航运中心建设与发展中的地位和作用随着航运中心在国家战略发展中的影响力亦凸显出来,它与新时代的政治、经济、文化建设间紧密联系,在推动着科技发展、经济增长和社会进步的同时,孕育和催生航运新兴产业和新的经济增长点,为长三角、粤港澳大湾区、上海国际航运中心、广州国际航运中心等地方的经济与区域发展开辟广阔的前景。同时,航运教育汇聚了本行业大量具有较高技能和较强研发能力的各类专业技术人才,面向航运中心的发展需求,参与经济社会发展政策决策,积极主动地为政府机构和港航企事业单位提供技术、管理、决策、政策和法规等方面的咨询服务,形成推动区域经济社会发展的重要力量,为地方经济科学健康可持续发展提供有效的科技支撑。

三、航运教育的文化传承创新功能

国际航运中心的竞争归根结底是人才的竞争。伴随着国内航运中心的快速发展,出现了总量稳步增长、人才素质明显提高、人才结构和专业布局趋于合理、人才环境不断优化的良好局面,但是也应当看到,航运人才队伍建设与航运中心发展需求还存在相当差距。主要表现为:高层次人才短缺、创新能力不足、人才结构性矛盾仍然突出、航运基础教育和继续教育薄弱、航运人才发展环境尚不完善等。其中最为突出的问题则是航运文化的缺乏,航运教育要注重弘扬航运文化精华,这是建设航运中心增强民族的凝聚力与向心力的关键。航运教育要注重民族与地域传统文化中所蕴含的传统优秀思想与价值取向,这是新的历史时期社会主义核心价值体系中主要的组成部分,是文化软实力;航运教育要注重航运文化的传承与创新,这是为航运人才所做的素质贮备。总之,航运人才,尤其是航运领域的精英人才和领军人才无疑是航运中心建设的中坚力量,这部分人才拥有什么样的航运文化底蕴对于航运建设意义深远。

第三节　航运教育在国际航运
中心建设中问题与对策

一、主要问题

1. 航运教育服务于航运中心发展的意识不够清晰

航运教育只有准确定位,主动适应航运经济发展的需要,才能培养出高素质的航运人才。航运教育之所以区别于普通高等教育就在于航运教育要紧密联系航运中心的发展,并有服务航运中心发展的大局意识,不能单纯从经济效益角度追求办学规模,而应站在航运中心发展的最前沿思考航运教育的自身发展。航运教育没有清晰的明确服务于航运中心发展的意识,就会在办学理念上放弃自己的特色和优势,追求其他普通高等教育所追求的综合性大学或科研型大学,就会费尽心思提高办学层次,舍本逐末追求各类中专改高职、专科改学院、海运学院改海事大学之风;航运教育如果对服务航运中心的本质认识不到位、在服务航运中心发展上没有下真功夫、服务社会的责任感淡漠,就会导致从航运教育的顶层设计到航运教育的内涵建设到航运教育管理的组织架构、管理制度和规划举措等都会与航运中心的发展与地方经济社会发展需求严重脱节。

2. 航运教育与航运中心发展联系不够紧密

航运教育没有发挥专业优势,建立起与航运中心建设与发展的良性互动、共同发展的关系,在为航运中心发展提供科技和人才保障的同时为地方政府和企业提供决策咨询;没有加强产学研结合,主动承担起航运中心建设过程中地方政府交付的科研项目开发任务,或者直接参与到航运中心发展工作中去;缺乏将自身的科研优势、人才优势、教育优势转化为生产力,科技成果转化为有效措施和联合行动缓慢,造成航运教育为航运中心发展提供管理和决策咨询服务方面、在与航运中心需求方面内在的本质的联系不紧密。

3. 航运教育的专业设置不能满足航运中心以及区域经济发展的需要

主要体现在航运教育的专业设置与航运中心的发展联系不够紧密,不够及时了解和掌握市场需求和产业变化信息,不够及时调整专业结构的设置,不能根据航运中心的经济发展需要及时调整课程内容,缺乏对航运中心未来发展的把握,因而对高端人才培养上缺乏前期规划,缺乏自身特色和教育特长,无法为航运中心发展提供人才支撑和智力支持。

4. 航运教育无法满足社会对航运人才的需求

航运人才紧缺已是全国普遍现象,随着国际航运枢纽和国际航运中心的加快建设,广州国际航运中心的建设需要航运人才,既有传统领域的航海、轮机、电气、港口工程、机械等高级工程技术人才,也需要一大批熟悉国际贸易和国际运输业务的复合型交通运输高级专业人才,还需要新型市场需要的海事金融服务、航运保险服务、航运信息服务、航运政策与法律环境、航运人才等高端航运人才。例如深圳建设全球海洋中心城市需要航运人才,2017年,《全国海洋经济发展“十三五”规划》确定将建设深圳为全球海洋中心城市,随后在2019年8月份发布的《支持深圳建设中国特色社会主义先行示范区的意见》中也提到支持深圳加快建设成为全球海洋中心城市。全球海洋中心城市超越了传统的国际航运中心概念，它不仅具备国际航运中心在航运、贸易、物流以及航运相关服务业方面的优势，还必须是海洋金融、法律等高端海洋服务业的领导者、海洋科学技术和海洋发展体系的创新者和引领者。而深圳切实感受到自身高端领军人才不够，高层次人才密度低、历史积淀薄，基础研究、应用研究、复合型人才匮乏，在海洋科技研发方面实力不足，缺少足够的高水平海洋研究机构和高端领军人才，制约了海洋经济的转型升级发展。但政府尚未出台海洋领域人才认定标准，航运人才非常急需。

二、措施与对策

1. 借鉴国际航运教育的经验

英国许多大学开设了法律、经济、金融、设计和科学等航运服务课程，拥有广泛良好的航运服务教育。以伦敦城市大学卡斯商学院为例，其航运教育特点主要有：一是航运人才培养目标明确。二是航运服务学位类型层次分明，金融系、管理系、精算学与保险系根基牢固，航运服务研究水平高，航运服务教育培训灵活多样，充分满足伦敦国际航运服务集群各部门以及各层次的人才需求。三是航运服务教育项目能够预见商业环境的变化，调整各学位培养课程以确保其反映航运中心的需要。卡斯商学院本身师资力量雄厚，研究成果卓越，在业内享有盛誉，同时卡斯与伦敦金融城的多家企业和机构保持着密切的联系，经常邀请国际企业的管理人员担任外聘讲师或者顾问，如此一来，卡斯商学院的航运服务教育就能够及时的预见全球商业环境的变化以及航运服务业的动向，然后适时地调整各院系、各学位的培养体制，确保其真实反映业界的实际情况。

2. 优化航运人才培养

航运人才的培养要着眼于完整的学历教育与继续教育培训两个方面。在办学层次上，科学合理布局航运人才培养，构建研究生、本科生、大中专培养的不同此次。在学科专业建设上，系统设置涉海学科专业如操作、经营、管理、维护、设计、计算等方面的学科专业。在知识、能力、素质上，培养能从事传统航运业务运作、管理、运营与维护，能运用大数据分析、人工智能算法与创新思维从事智能航运背景下的船舶管理与系统优化等技术含量要求较高的工作，重视智能控制技术、人工智能算法、云计算理论以及大数据技术等最新知识的学习与应用；重视学生数据转换能力、协调、适应、组织、创新能力等培养；注重对航运人才的素质教育、航海文化教育、世界公民教育、国际礼仪、实践能力、心理健康素质、风俗文化的学习认同、跨文化适应等教育；重视相关的职业资格认证，职业资格认证是体现知识更新、能力与时俱进、综合素质适应行业发展必要的补充手段；重视合作办学的培养形式，学习研究国际一流航运企业的人才需求理念，学习利用和改造国际一流航运教育人才培养模式，形成多层次的体系化的教育培训模式。重视发挥网络教育，承担人才技术培训和知识更新的教育服务，加强在职人员的继续教育与培训。

3. 提升航运研究水平

加强航运教育研究和航运领域科学研究，以科研促进教育发展。无论国际航运中心建设还是不同层次类型人才培养都离不开高水平的研究，要通过提升科研能力主动为航运中心建设与发展提供技术、管理、决策、政策和法规等方面服务，要加大政校行企协同创新，深度开展产学研合作，服务航运业发展。

第二十章　文化与国际航运中心

本章介绍了航运文化的形成与发展、特征、价值理念，探讨了文化与航运中心建设的关系，梳理了航运中心文化建设的经验与启示。

第一节　文化与航运文化

一、文化的含义

文化可以定义为一种社会现象，它是由人类长期创造形成的产物，同时又是一种历史现象，是人类社会与历史的积淀物。确切地说，文化是凝结在物质之中又游离于物质之外的，能够被传承和传播的国家或民族的思维方式、价值观念、生活方式、行为规范、艺术文化、科学技术等，它是人类相互之间进行交流的普遍认可的一种能够传承的意识形态，是对客观世界感性上的知识与经验的升华。可以说文化是人类在社会历史实践过程中所创造的物质财富和精神财富的总和，内容包括有群族的历史、风土人情、传统习俗、生活方式、宗教信仰、艺术、伦理道德，法律制度、价值观念、审美情趣、精神图腾等等。人类社会发展的历史证明，一个民族、一个国家，物质上不能贫困，精神上也不能贫困，只有物质和精神都富有，才能自尊、自信、自强地屹立于世界民族之林。文化的影响是广泛和深远的，具有整合功能、导向功能、秩序功能和传续功能等。

文化影响的整合的功能。文化的整合功能是指它对于协调群体成员的行动所发挥的作用，就像大禹治水。社会群体中不同的成员都是独特的行动者，他们基于自己的需要、根据对情景的判断和理解采取行动。文化是他们之间沟通的中介，如果他们能够共享文化，那么他们就能够有效地沟通，消除隔阂、促成合作。

文化影响的导向的功能。文化的导向功能是指文化可以为人们的行动提供方向和可供选择的方式。通过共享文化，行动者可以知道自己的何种行为在对方看来是适宜的、可以引起积极回应的，并倾向于选择有效的行动，这就是文化对行为的导向作用。

文化影响的秩序的功能。文化是人们以往共同生活经验的积累，是人们通过比较和选择认为是合理并被普遍接受的东西。某种文化的形成和确立，就意味着某种价值观和行为规范的被认可和被遵从，这也意味着某种秩序的形成。而且只要这种文化在起作用，那么由这种文化所确立的社会秩序就会被维持下去，这就是文化维持社会秩序的功能。

文化影响的传续的功能。从世代的角度看，如果文化能向新的世代流传，即下一代也认同、共享上一代的文化，那么，文化就有了传续功能。

正如习近平总书记指出，一个国家，一个民族的强盛总是以文化兴盛为支撑的，没有文明的继承和发展，没有文化的弘扬和繁荣，就没有中国梦的实现。文化影响着每一个人，表层上体现着一个人的修养、面貌、精神和态度,根源上却是人生观和价值观的体现,从而影响和指引着各行各业实体生存、发展和创新的质量。因此,文化是极其重要的,继承和发扬传统文化,建立文化自信,尊重、欣赏、交流和吸收外来优秀文化,在文化自信的基础上,与时俱进、包容和创建出更优秀的文化。有了文化自信,才能文化兴国,最后成就文化强国。

二、航运文化

1. 航运文化的意义

回顾航海大发现之后航运业的蓬勃发展历程,就会发现在那个年代,航运文化是国家力量,一个国家的航运业就是一个航运城市的代名词,或者说整个国家就是航运王国,在皇权的支持下通过航运向海外殖民,成为日不落帝国,例如西班牙、葡萄牙,又如荷兰,即使是所谓的私人公司,如英国东印度公司,没有皇权和国家政府的支持,根本不可能在这个弱肉强食的丛林世界生存下来的。从这个意义上说,航运文化不能仅仅是一个小众的行业文化,只是航运人自娱自乐的高歌。世界近代历史反复证明了航运关系到国家的兴衰。最早的航运帝国葡萄牙、西班牙都是通过发展海运,立足于海上战略和海上霸主地位来成就强国。谁控制了海洋就控制了世界的贸易,谁控制了世界的贸易就控制了世界的财富。

航运文化本身就是中国传统文化重要的组成部分。指南针的发明服务了航海业,宋代的造船业在当时居世界之首,早在哥伦布发现新大陆的 84 年前,明朝郑和就率领庞大船队,历时 27 年七下西洋等等。这些都显示了中华民族在世界航运史中为航运文化做出的伟大贡献。

航运文化应该是整体性的。航运文化是航运事业历史发展过程中创造的物质与精神财富的总和,它包括水上贸易、水上捕捞、水上军事等活动中所形成的运输工具、设施装备、技术发明以及与之相关的思想观念、道德精神、宗教民俗、规则制度等诸多方面的内容。

航运文化建设的根本在于用文化促进整个航运事业的可持续发展。要做好文化建设,除了制度、体制建设,更关键的在于人的塑造,在于对全体航运人的素质、修养、情操、风貌的塑造。

航运文化首先是航运人的文化,广义地讲,海员、航运生产商、服务商、代理、船东、租家、海事、检验、经纪、保险等所有与船货有关,靠船货运生存的人员和团队组织,都可以称为航运人;狭义地说,离船货最近的,保护船货甚至和船货共荣共生的,是广大的海员,海员的从业人员基数最大,海运环节的安全风险的长期性和不确定性,要靠海员去操作和掌控;海员在拥有一定的航海历练后,特别是资深优秀海员,上岸发展,一般都能成长为各航运业的高级管理人才和企业核心员工,甚至自己成功创业的大有人在,因此,可以说经过航海历练的海员,这一航运人群体是航运人中最典型的,且具有最广泛的代表性。

没有文化支撑的航海人只能是一个船舶从业者,绝对不可能成为有担当的人才,而没有人才,航运发展只能是一句空话。航运关系着国家安全和经济命脉,在应对国际突发事件、维护国家权益等方面扮演着重要角色。这一价值认同一直在激励着青年一代投身航运,也令航运人充满自豪感和荣誉感。在航运强国的建设路径中,制度可以借鉴,体制可以学习,唯独人才只能依赖自身的努力去培养。航运人,特别是海员、船员,其工作环境异常艰辛,非常人可以想象。要保持航运队伍的稳定,不仅需要物质激励,更需要精神的力量,需要文化内涵的指引。

没有对航海事业执着的热爱及豪情壮志,没有奉献和爱国精神,没有不惧危难的品质,没有创新的理念、开放的心态,很难保证这个群体的巩固和健康成长,航运业的发展也就无从谈起。而要培养航运人的精神与品质、提高航运人的素质、修养等各个方面,都需要从文化入手,非文化建设无以树立。

数十年的改革开放,我国是从航运弱国向航运大国的建设一步一步走过来的,当代航海人更对实现航运强国有着殷切期盼。一个强者的问世固然需要相关物质要素的支撑,但更需要一种有成为强者、并为之奋斗的精神砥砺。国家战略与文化就是我国成为航运强国的精神支撑,是航运综合实力提升的重要前提。

2.航运文化的特征

从功用的维度,航运文化的内部结构可以粗分为四个部分:物质文化、制度文化、行为文化、心态文化。

物质文化是人类的物质生产活动方式和产品的总和,是可触知的具有物质实体的文化事物。例如航海文物,航运工具——船、机、桨,在各个时代的实物,通过实物能感受到航海技术文明发展的历史。船体、船体材料的发展和船体设计的稳性、抗沉能力、减少阻力等设计方面的不断进步;以前能量的来源有人力,风力,工业革命后,机械动力迅猛发展,蒸汽机、燃气轮机、核动力等技术发展层出不穷;桨的材料和设计发展;方向——舵;船舶内外的交流,海图、气象、通讯导航设备等的发展越来越专业和方便。这些工具,安全、可靠、节能、环保和人机友好等方面的优化发展和进步,都是航运工具的文化,也是航运文化的组成部分。

制度文化是人类在社会实践中组建的各种社会行为规范。例如以 IMO 国际海事组织为主制定的国际公约和法规,船旗国法律,港口国法律,船级社标准,行业要求等等制度文化。

行为文化是人际交往中约定俗成的以礼俗、民俗、风俗等形态表现出来的行为模式。行为就是个人、团体或组织的做人做事要合法合规、合情合理,并能尊重地方礼节、民俗即入乡随俗。

心态文化是人类在社会意识活动中孕育出来的价值观念、审美情趣、思维方式等主观因素,相当于通常所说的精神文化、社会意识等概念。心态文化就是个人、团体或组织的做人做事的态度、方法论、价值观和人生观。

有了好的心态——才会有好的文明行为;有了好的行为——才能形成好的规章制度;有了好的制度——才能创造和优化出更好的物质——即产品和服务,人们常说“态度决定一切”的这个态度,是内心的主要表现,因此,心态文化是文化的核心。

我国航运文化体现在航海人身上的特质包括:不谓风险,航运业者一定要有不畏风险的勇气和魄力;爱国爱家的品德,船舶就是漂浮的国土,船员代表着国家的形象;具备发明创造的精神,航运业需要在不停的创新中发展;具备开放的意识,产业的控制要依托人与人之间开放的精神来支撑;具备友好的胸怀,要与人为善,如果航运业在尔虞我诈、钩心斗角当中必定不会发展。

3.航运文化的价值理念

航运文化是经过实践和时间检验的,是取其精华,去除糟粕后获得的财富;是选优,是精益求精,是持续的提高和不断优化的过程,也是宝贵的结果。优秀航运人文化是航运文化的核心。优秀航运人需了解的三个主义:一是爱国主义;二是团队集体主义;三是个人英雄主义。这三个主义,各自表述,各自侧重,内在联系,相互作用,辩证统一。

爱国主义要放在第一位。人在国外,国家是你的依靠和标签,人将要上船,那条船将是你的团队和新家,人在岗位上,你的表现和绩效就是你的人品和信用;国家是你的大环境,是你走出国门的靠山,船舶是个局部的团队环境,是实现你价值,保证你人身安全的集体场所,岗位是展现你才华、能力、价值和品质的个人人生舞台。

航运活动,是个人和团队的合作活动,船上一个萝卜一个坑,每个人有严格的分工,但有分工不分家;每个人都是航运安全的某个环节,个人契约利益要得到团队保障,不仅要求个人强大能独当一面,而且要求个人利益要妥协于团队利益;国家和每个人是共生共荣的关系,团队和个人是包容和有条件妥协、同舟共济的关系;个人和团队的合作活动,展现了国家和民族的形象和气质,团队合法利益受到国家保护,团队局部利益服从国家利益。

具有优秀航运文化的区域、民族、国家和社会,体现在某个区域是否有流行航运文化的传统,某个民族是否有热爱和崇尚航运文化的习惯,某个国家是否有真正重视航运文化的制度,某个社会是否有认知航运文化的渠道和尊重、礼遇航运人的风气。

航运文化的先进性构成了国家文化的创新性。航运文化尽管有地域性和民族性,但就生成的角度来看,天然就是全球化的世界性的文化。故而,航海文化的先进性思想内涵包含近代的民主理念、平民意识与自由思想,外延涵盖着当代的科技发明、商业流通与社会进步,从根本上增强了民众的海洋意识,培养了航运文化自觉与自信,提高了民众的文化素质与精神境界。

厚重的航运文化是航运强国的软实力。航运强国的关键因素有两个方面:一方面应该体现国家海运总体的竞争能力,另一方面应该是综合影响力。从中国现有的航运实力看,应该说已经初步具备了在市场中的竞争能力,有了航运大国的基本地位。但是从影响力,特别是航运的软实力方面来说,还是有差距的,中国在制定国际规则上的参与权、话语权、决策权等方面还不充分。

航运人创造的航运历史、航运习俗等航运精神财富,需要从国家意志层面,给予肯定和弘扬,这将给予每个人以启迪和教育,这将表现为航运人精气神的改变和提高,这将给社会、企业、团队等层面更快、更优的发展,提供精神财富和源源动力。

<h2 style="text-align:center">第二节 国际航运中心航运
文化建设的经验与启示</h2>

一、航运文化与国际航运中心关系

在建设航运中心的过程中,当基础建设等硬条件发展到一定阶段时,精神层面的东西将显得更为重要,需要通过提升航运文化的软实力来推动航运中心的影响力和可持续发展。例如广州在建设国际航运中心建设行动计划中明确提出:弘扬南粤航海文化,发展航运文化产业,促进形成有利于建设广州国际航运中心的航运文化环境。借助黄埔老港、文冲船厂片区转型升级,提升滨江城市品质和功能,打造"三十公里精品珠江"的城市未来段。加强怀圣寺光塔、南海神庙及码头遗址等史迹点的保护,推进海上丝绸之路的申遗工作。

发掘"十三行海商文化"、黄埔古港、"妈祖文化""岭南水乡文化"等为依托的传统民俗文化精华,打造广州航运文化品牌。结合"中国航海日""波罗诞""妈祖诞"等,开展大型文化主题活动。开展航海知识培训,举办高水平的航海科普展会。积极筹建广州海事博物馆,全面提升广州航运文化影响力。如上海在建设国际航运中心发展规划时提出要积极培育航运文化,充分利用黄浦江两岸资源发展多种航运文化产业,发展航运会展业,打造世界一流的航海博物馆,发展航运文化旅游和娱乐项目。由此可见,发展航运文化既是国际航运中心建设的题中之义,也是航运强国建设的重要举措。新时代,航运文化是打响我国航运的大品牌,是提升我们国际航运中心的高端服务功能的战略资源。因此,我国建设国际航运中心必须做强航运文化这个软实力。

航运中心文化建设可以有以下几个着力点:一是将"诚信、绿色、创新"等航运文化优秀要素植入航运相关群体,渗透航运相关实践,形成并确立核心价值理念,提高我们国际航运中心的文化软实力;二是打造航运文化建设的载体和品牌,依托中国与各地航海博物馆,不断放大航海文化影响力,打造有影响、有品质、有内涵的国家和地方航海博物馆品牌,开辟滨海滨水、历史人文、品质商务等各具特色的航运文化旅游线路,发展航运文化旅游发展,形成世界级的高品质航运文化休闲品牌;三是提高航运文化建设的公众参与和国际影响力,在全社会形成航运文化建设氛围,以"中国航海日""世界海员日"以及各类展览会、国际会议等,建设具有全球影响力的国际航运文化盛会等。

二、国际航运中心航运文化建设的经验与启示

1. 重视航运文化建设

航运文化是经过长期实践和积累形成的,具有强大的凝聚力和影响力,是航运中心软实力的重要内容,航运中心建设与发展无论是规划还是实施,无论是理念还是操作,都必须重视航运文化建设。

2. 打造航运文化品牌

航运中心在形成发展过程中,因一国一地的政治经济文化社会以及对外交往的发展影响,会体现出独特的航运文化,侧重点各异。航运文化品牌是一座港口城市的金字招牌、重要标志,承载着城市精神品格和理想追求,是增强城市文化软实力的重要依托。航运中心建设中一定要结合历史、现实和未来发展,注重航运文化品牌打造,建设具有先进性、特色性和影响力的航运文化品牌,树立航运文化标杆。

3. 提升航运文化影响

航运文化作为航运中心软实力的一个方面,在一定程度上左右着航运的发展。通过加大航运文化培育力度,大力弘扬航海精神,传播航运文化,促进形成航运文化服务设施齐全、产品丰富、特色显著,航运知识普遍提高的航运文化环境,用提升航运文化影响力推动航运中心建设与发展。

4. 加强航运文化交流

航运文化既有纵向的传承与发展,又有横向的交流与合作。特别是随着经济全球化市场一体化进程加快,全球航运文化相互交流与影响日益加深,因此,在国际航运中心建设中,要加强航运文化交流,不断提升我国航运文化的影响力,为世界航运发展做出应有的贡献。

第二十一章　政府与国际航运中心

本章介绍了政府与市场的基本关系,通过典型国际航运中心建设分析,给出了发挥政府作用的若干经验与启示。

第一节　政府与市场

一、政府及其职能

(一)政府的含义

政府是指国家进行统治和社会管理的机关,是国家表示意志、发布命令和处理事务的机关。政府的概念一般有广义和狭义之分,广义的政府是指行使国家权力的所有机关,包括立法、行政和司法机关,代表着社会公共权力,从这个意义上说,政府就是国家的权威性的表现形式;狭义的政府是指国家权力的执行机关,即国家行政机关。"政府"的名称起源于唐宋时期的"政事堂"和宋朝的"二府"两名之合称。

(二)政府职能的含义

政府职能也叫行政职能,是指行政主体作为国家管理的执行机关,在依法对国家政治、经济和社会公共事务进行管理时应承担的职责和所具有的功能。政府职能包括以下四层意思:
(1)政府职能的实施主体是政府机构;
(2)政府职能的主要内容是管理国家和社会公共事务;
(3)政府职能的实施手段主要是依法行政;
(4)政府职能是完整统一的体系。
政府职能的基本内容包括政治职能、经济职能、文化职能及社会保障职能等。
(1)政治职能
主要体现为:军事保卫职能、外交职能、治安职能、民主政治建设职能。
(2)经济职能
主要体现为:宏观经济调控职能、提供公共产品和服务职能、市场监管职能。
(3)文化职能
主要体现为:发展科学技术、发展教育事业、发展文化事业、发展卫生体育事业。
(4)社会保障职能
主要体现为:调节社会分配和组织社会保障的职能、保护生态环境和自然资源的职能、促进社会化服务体系建立的职能、提高人口质量,实行计划生育的职能。

政府实现职能的主要手段有行政手段、经济手段、法律手段等。行政手段具有强制性、垂直性、无偿性、稳定性和具体性的特点,其优点是统一集中、迅速有效。经济手段具有间接性、有偿性、平等性和关联性的特点,最适于管理经济活动,但因其只能调节经济利益关系,不能靠它解决所有问题。法律手段具有严肃性、权威性、规范性的特点,使行政管理统一化和稳定化,但其只能在有限范围内发生作用,很多经济关系、社会关系需结合其他手段才能发挥作用。

二、市场经济

市场经济是指通过市场配置社会资源的经济形式。市场经济的特征是自主性、平等性、竞争性、开放性、有序性。市场经济一经产生,便成为最具效率和活力的经济运行载体。世界经济合作与发展组织在《转换到市场经济》的研究报告中提出了三种成功的市场经济的主要模式:美国的自由主义市场经济模式、德国和北欧一些国家的社会市场经济模式、法国、日本的行政管理导向型市场经济模式。美国、德国、日本市场经济体制是迄今世界各国中比较成熟的市场经济模式,它们各有特点,各具风格。市场经济模式的多样性、差异性,既是各国市场经济体制的特殊内容,也是各国相关经济政策、国情和文化历史传统差异的折射。现代市场经济存在以下特点:

(1)资源配置的市场化

资源配置是指为使经济行为达到最优和最适度的状态而对资源在社会经济的各个方面进行分配的手段和方法的总称。市场经济区中,市场成为整个社会经济联系的纽带,成为资源配置的主要方式。经济运行中社会各种资源都直接或间接地进入市场,由市场供求形成价格,引导资源在各个部门和企业之间自由流动,使社会资源得到合理配置。

(2)经济运行的基础是市场竞争

竞争的有效性和公平性是市场经济的普遍理念,为达到公平竞争的目的,政府从法律上创造出适宜的外部环境,为企业提供平等的竞争机会。成熟的市场经济表现为国家制定有相应的法律将各市场利益主体的活动都纳入法律的框架内,以此维护市场竞争的有序性和正常运行。

(3)经济行为主体的权、责、利界定分明

各种经济行为主体如家庭、企业和政府的经济行为,均受市场竞争法则制约和相关法律保障并赋予相应的权、责、利,成为具有明确收益与风险意识的不同利益主体。如果经济行为主体的权、责、利不清晰,就很难成为真正的自主性市场竞争主体。

(4)实行必要的、有效的宏观调控

市场在资源配置中起决定性作用,并不是起全部作用。一方面,市场机制的作用是有条件的,包括法律体系、竞争规则、宏观环境、社会保障等,这些条件无法依靠市场自身的作用形成;另一方面,市场经济存在局部失灵问题以及盲目性、自发性和滞后性的弊端,容易产生贫富分化和经济波动等问题。现代市场经济条件下,国家对经济的干预和调控便成为经常的、稳定的体制要求,政府能够运用经济计划、经济手段、法律手段以及必要的行政手段,对经济实行干预和调控,从而为经济的正常运转提供保证条件,弥补和纠正市场的缺陷。

(5)经济关系的国际化

经济关系的国际化已成为当代世界经济发展的最根本特征之一。现代市场经济是一种开放经济,它使各国经济本着互惠互利、扬长避短的原则进入国际大循环。经济活动的国际化不仅表现在国际进出口贸易、资金流动、技术转让和无形贸易的发展等方面,还表现为对协调国际利益的各种规则与惯例的普遍认同和参与。

三、政府与市场关系

政府和市场关系在不同的社会制度和不同的国家具有各不相同的情况。纵观西方资本主义国家市场经济体制演变发展的历史,国家干预主义和自由放任主义的经济理论交替占据主导地位。以亚当·斯密为代表的古典经济学派崇尚通过自由市场竞争的方式来配置资源,主张政府只充当"守夜人"的角色。20世纪30年代发生的经济大危机,彻底暴露了自由放任市场的严重弊端,这时凯恩斯主义主张用总需求管理为核心的政策对经济实行干预,但随着70年代严重"滞胀"现象的出现,否定政府作用的新自由主义经济学又重新兴起。2008年国际金融危机之后,对新自由主义的反思又成为经济学的潮流。可以说一部市场经济理论史就是一部政府和市场关系争论的历史。

处理好政府和市场关系也是我国经济体制改革的主线。经过40余年的改革开放,市场已在资源配置中起决定性作用。党的十九大为加快完善社会主义市场经济体制等重大问题,进一步理顺政府和市场的关系指明了方向。加快完善社会主义市场经济体制,必须通过科学、适度、有效的宏观调控,更好发挥政府作用,努力形成市场作用和政府作用有机统一、相互补充、相互协调、相互促进的格局,推动经济社会持续健康发展。例如遵循经济和社会发展规律,创新和完善宏观调控。要立足新的发展理念,创新监管和服务方式,发挥国家发展规划的战略导向作用,健全财政、货币、产业、区域等经济政策协调机制;建立健全重大问题研究、民主决策和政策评估调整机制,善于利用互联网、大数据等手段促进治理能力现代化。尊重市场作用和企业主体地位,全面正确履行政府职能;进一步简政放权,凡是市场机制可以有效调节的事项以及社会组织可以替代的事项,凡是公民法人在法律范围内能够自主决定的事项,原则上都不应设立行政许可;进一步深化行政体制改革,政府主要运用经济、法律、技术标准等手段引导调节经济社会活动,集中精力抓好宏观调控、市场监管、社会管理、公共服务和环境保护,减少行政干预;进一步健全监督机制,通过更充分的政务公开让人民群众更好地监督政府依法行政,政府要主动接受社会公众和新闻舆论的监督;完善绩效管理制度,加强对重大决策部署落实、依法履职尽责和实际效果等方面考核评估,不断提高政府公信力和执行力。

正确处理好政府与市场的关系,前提是明确界定政府作用的边界,在消除"政府万能或市场万能"等错误观念的同时,找准政府和市场相互补位、协调配合的结合点,实现"有效的市场"和"有为的政府"。一是要更好发挥政府作用,不是让政府更深地介入到资源配置活动中去,而是要在保证"使市场在资源配置中起决定性作用"的前提下,管理那些市场管不了或管不好的事情;二是政府要尽量减少对微观经济活动的直接干预。绝大部分微观经济活动,都可以交给市场这只"看不见的手"去完成;三是要按照社会主义市场经济的内在运行规律来界定政府职能,政府的职责和作用主要是保持宏观经济稳定,加强和优化公共服务,保障公平竞争,加强市场监管,维护市场秩序,推动可持续发展,促进共同富裕,弥补市场失灵。四是要选择最有效的方式来履行政府职能,发挥政府作用,不是简单下达行政命令,而要在尊重市场规律的基础上,用改革激发市场活力,用政策引导市场预期,用规划明确投资方向,用法治规范市场行为。

第二节　政府与国际航运中心建设
典型样本分析及其启示

一、上海国际航运中心建设内容与成效

上海国际航运中心的建设经历了一个较长的发展过程,从总体上看,可以把上海国际航运中心的建设分为三个阶段。第一阶段:从 20 世纪 90 年代初到 90 年代末,是上海国际航运中心建设的体制推动阶段。第二阶段:从中国"入世"前后到 2008 年金融危机全面爆发前,是上海国际航运中心建设的市场推动阶段。第三阶段:从 2008 年金融危机后到 2020 年,是上海国际航运中心建设的转型和升级阶段。

1996 年 1 月,国务院召开上海国际航运中心建设专题会议,会议决定加快推进以上海为中心、以江浙为两翼的上海国际航运中心建设。国家出台了《国务院关于推进上海加快发展现代服务业和先进制造业建设国际金融中心和国际航运中心的意见》(国发〔2009〕19 号),建设上海国际航运中心被列入国家"十五"(2001～2005 年)规划。二十多年来,特别是经过"十二五""十三五"的持续努力,上海国际航运中心建设取得了一系列重大成果,为上海加快"四个中心"和现代化国际大都市建设、带动长三角和整个长江流域地区经济发展发挥了重要作用。

"十二五"发展的总体目标是:重点提升和优化航运优势产业,建立较为完整的航运服务体系,形成有利于国际航运中心建设的政策环境,鼓励各类市场主体充分发挥作用,提高基于现代信息技术的现代物流服务效能,加强与江浙主要港口的互动协作,建成辐射长三角地区和长江流域的结构合理的集疏运体系。到 2015 年底,基本实现货物、船舶、企业、资金、人才、信息、技术等航运要素与资源全面集聚,初步具备全球航运资源配置能力,形成上海国际航运中心核心功能,为 2020 年具备全球航运资源配置能力打下框架基础。围绕国际航运业务发展目标、现代航运服务体系发展目标、航运金融发展目标、国际航运发展综合试验区发展目标、集疏运体系发展目标、邮轮产业发展目标、航运人才和文化建设目标等七个方面,推进重点任务有:

(1)提升船舶运输企业服务能级;

(2)增强港航装备制造业核心竞争力;

(3)发展航运经纪、船舶管理服务业;

(4)发展船舶交易市场;

(5)加强口岸联动,提高通关效率;

(6)规范代理服务市场;

(7)发展船舶供应市场;

(8)加强海事安全与技术服务;

（9）加强航运信息化建设；

（10）促进海事法律、仲裁服务机构的发展；

（11）加强航运咨询与研究；

（12）吸引各类航运服务机构和组织集聚上海；

（13）加强航空服务要素市场建设；

（14）推动航运文化建设；

（15）完善航运金融服务功能体系；

（16）发展多种航运融资方式；

（17）加快发展航运保险业务；

（18）探索发展航运指数衍生品市场；

（19）深化国际航运发展综合试验区突破性政策；

（20）创新国际航运船舶登记制度；

（21）加强海关特殊监管区域与产业腹地间联系；

（22）研究财税支持政策；

（23）加大对内对外开放力度；

（24）完善邮轮产业发展协调机制；

（25）鼓励本土邮轮产业发展；

（26）推进邮轮港口建设；

（27）推进港口基础设施建设；

（28）完善内河航运发展；

（29）完善货运道路网络；

（30）推进海铁联运发展；

（31）加强航空枢纽建设；

（32）拓展航运服务业的辐射范围；

（33）完善区域港口发展协调机制；

（34）配合国家有关部门协调建立华东机场群、长三角国际航空货运枢纽群的合作发展机制；

（35）推进跨区域口岸大通关合作；

（36）加强港航发展政策合作研究。

经过"十二五"建设，上海国际航运中心建设各方面成效明显，但还存在集疏运方式仍以公路为主、空域资源与机场地面保障能力发展不同步，关键服务要素的集聚程度和业务规模不高，影响航运资源配置的金融监管、税收支持、法律制度、人才政策因素有待提升等方面的不足。

为了迈向更高水平的国际航运中心，上海市政府举行的新闻发布会正式发布《"十三五"时期上海国际航运中心建设规划》，上海国际航运中心建设"十三五"发展总体目标是：到2020年，基本建成航运资源高度集聚、航运服务功能健全、航运市场环境优良、现代物流服务高效，具有全球航运资源配置能力的国际航运中心。《规划》提出十个方面的主要任务：

（1）进一步提升海空枢纽能力；

（2）继续完善集疏运体系；

（3）发挥航运服务集聚区的效应；

（4）做大做强现代航运服务业；

（5）发展航运金融业；

（6）促进邮轮产业发展；

（7）推动绿色、安全航运发展；

（8）推动智慧航运功能发展；

（9）培育航运文化；

（10）加强航运人才引进和培养。

经过"十三五"建设，上海国际航运中心建设成效显著。在航运机构方面，汇聚了综合运力规模排名世界第一的中远海运集团、全球最大的造船集团中国船舶集团、全球最大的港口机械重型装备制造商振华重工，以及国际海事组织亚洲海事技术合作中心、国际海上人命救助联盟亚太交流合作中心等国际性、国家级航运功能性机构。截至 2019 年底，全球排名前 100 位班轮公司中的 39 家、全球 5 大船舶管理机构中的 4 家、国际船级社协会正式成员中的 10 家、全球排名前 5 的邮轮企业均在沪设立区域总部或分支机构。在现代物流区位方面，上海港继续保持国际集装箱第一大港地位，港口连通度位列全球首位，航空旅客吞吐量名列全球第四，浦东机场货邮吞吐量全球第三，吴淞口国际邮轮母港成为亚洲第一、全球第四邮轮母港。在现代航运服务能级方面，上海的船舶险和货运险业务总量全国占比近四分之一，成为航运保险国内市场中心，国际市场份额名列前茅。航运信息服务发展迅速，集装箱运价指数成为全球集装箱运输市场风向标，基于"港航大数据实验室""中国航运数据库"的应用项目相继实施。在航运市场营商环境方面，上海港全面落实国家减税降费部署，降低港口使用成本，口岸进口整体通关时间压缩50%以上，航运服务业开放力度加大，除涉及国家主权和安全的国内水路运输业务，其他航运业务均已对外开放。

上海在航运硬件和软件建设上持续发力，供应链节点功能与高端航运服务功能加速融合，2020 年新华·波罗的海国际航运中心发展指数排名显示，上海国际航运中心综合排名首次位列前三名（见表 21.1）。

表 21.1　新华·波罗的海国际航运中心发展指数排名 TOP10

排名	2020 年	2019 年	2018 年	2017 年	2016 年	2015 年	2014 年
1	新加坡	新加坡	新加坡	新加坡	新加坡	新加坡	新加坡
2	伦敦	香港	香港	伦敦	伦敦	伦敦	伦敦
3	上海	伦敦	伦敦	香港	香港	香港	香港
4	香港	上海	上海	汉堡	汉堡	鹿特丹	鹿特丹
5	迪拜	迪拜	迪拜	上海	鹿特丹	汉堡	汉堡
6	鹿特丹	鹿特丹	鹿特丹	迪拜	上海	上海	迪拜
7	汉堡	汉堡	汉堡	纽约－新泽西	纽约－新泽西	迪拜	上海
8	雅典	纽约－新泽西	纽约－新泽西	鹿特丹	迪拜	纽约－新泽西	东京

表 21.1（续）

排名	2020 年	2019 年	2018 年	2017 年	2016 年	2015 年	2014 年
9	纽约－新泽西	休斯敦	东京	东京	东京	釜山	纽约－新泽西
10	东京	雅典	釜山	雅典	雅典	雅典	釜山

资料来源：2020 年新华·波罗的海国际航运中心发展指数报告

展望未来，"十四五"时期，上海将坚持区域协同和内涵提升，加快建设门户枢纽地位稳固、集疏运体系协调高效、航运服务品牌效应凸显、航运治理体系融入全球的国际航运中心。

二、广州国际航运中心建设内容与成效

广州是一座千年不衰的通商港口城市，一直是中国对外贸易的重要港口城市。汉武帝时期，中国船队从广州出发，远航至东南亚和南亚诸国通商贸易；唐代，广州发展成为世界著名的东方大港，是当时世界最长的海路航线"广州通海夷道"的起点；宋代，在广州首设全国第一个管理外贸机构市舶司；明清时期，广州是特殊开放的口岸，在较长一段时间里是全国唯一的对外贸易港口城市。

随着广州港南沙港区的投产使用，广州港完成了从"河港"到"海港"的转变，成为我国集海、河于一体的沿海港口，广州开启了迈向国际航运中心的建设目标。2014 年 8 月广州市政府出台《广州国际航运中心三年行动计划（2015－2017 年）》，指出建设国际航运中心是广州发挥国家中心城市功能的重要平台，是广州争当建设"21 世纪海上丝绸之路"排头兵的重大举措，是广州深化改革开放、增强经济可持续发展能力，建立与国际接轨营商规则的重要支撑，也是南沙自贸试验区建设的重要抓手。经过三年建设，发展环境迎来新机遇、门户枢纽增添新动能、港口生产实现新跨越、集聚辐射获得新拓展、口岸服务实现新便利、要素集聚取得新突破、航运服务得到新提升、安全绿色发展迈出新步伐、对外交流合作开创新局面。同时建设广州国际航运中心还面临不少困难和挑战，如港口结构性矛盾依然突出，港口基础设施结构性短板亟待补强，港口功能布局尚需进一步优化；现代航运物流业发展不充分，物流基础设施供给不足、能力不强，物流网络核心节点地位不突出；航运服务业发展不平衡，现代航运服务业尚不能满足航运国际化发展的需要，粤港澳大湾区现代航运服务融合发展有待加强；智慧港航建设步伐不够快，自动化、智能化等新技术应用须加快推进；口岸综合通关效率与国际先进航运中心相比尚存在差距；绿色平安港口建设须大力推进，循环低碳生态友好型港口建设任重道远。

2018 年 5 月广州市政府印发了《建设广州国际航运中心三年行动计划（2018—2020 年）》，指出广州国际航运中心建设是推动国家重要中心城市和枢纽型网络城市建设全面上升水平的重要支撑；是深化自由贸易试验区建设，探索建设自由贸易港，推动引领粤港澳大湾区融合发展，形成全面开放新格局的重大举措。发展目标是：到 2020 年，完成港航相关项目投资 1 000 亿元，新增港口通过能力 3 000 万 t、集装箱通过能力 500 万标箱；港口货物吞吐量达到 6.5 亿 t，集装箱占比力争达 60%；集装箱吞吐量力争达 2 500 万标箱，集装箱航线达到 250 条，其中国际班轮航线 120 条，力争每年新增 1~2 条欧美航线；集装箱吞吐量国

际排名力争提升 1~2 位;商品汽车运输完成 150 万辆;邮轮旅客吞吐量完成 75 万人次,力争达到 100 万人次;全市港航相关产业企业注册数超过 6 万家,本地航运企业经营船队规模超过 4 000 万载重吨;港口综合单位能耗下降到 2.96 吨标准煤/万吨吞吐量,节能减排建设达到国内领先水平。力争经过三年努力,广州港的综合实力、现代化建设水平走在全国港口前列,自由贸易港建设取得突破,在粤港澳大湾区世界级航运枢纽建设中发挥引领作用,广州国际航运中心建设再上新台阶。

三年行动计划推进重点任务有:

(1)加强规划引领,完善港口布局;

(2)加快基础设施建设,提升港口功能;

(3)巩固和提升国际枢纽港地位;

(4)提升集装箱枢纽港地位、巩固商品汽车枢纽港地位、强化粮食中转港地位、打造冷链物流"母港"、发展航运跨境电商;

(5)加快枢纽网络建设,如建设江海联运核心枢纽、建设铁水联运枢纽、优化公水联运网络、建设海空联运通道;

(6)培育航运要素集群;

(7)建立现代航运金融服务体系;

(8)发展水上休闲产业;

(9)拓展船舶产业链;

(10)鼓励发展航运创新产业;

(11)发展航运法律服务;

(12)优化口岸发展环境,提升口岸通关效率,推动口岸监管制度创新;

(13)推动重点口岸开放;

(14)加强调度引航服务能力建设,创新船舶调度管理机制,提升引航国际化服务水平;

(15)加强广州港区气象保障能力建设;

(16)优化信息基础应用体系;

(17)构建港航大数据应用生态;

(18)推进物流技术装备现代化;

(19)推进自由贸易港建设;

(20)加快港口资源整合;

(21)打造绿色生态港口;

(22)建设平安港航;

(23)推动国际合作;

(24)深化区域合作;

(25)鼓励企业"走出去";

(26)加强航运文化建设,传承南粤航海精神。

经过两个"三年行动计划",广州国际航运中心建设取得显著成绩。广州在 2020 年新华·波罗的海国际航运中心发展指数中的排名提升至 13 位,在"十三五"期间提升了 15 个位次,港口国际地位和影响力大幅提升,广州港正向世界级枢纽港发展。五年来,广州港全港货物吞吐量由 5.21 亿 t 增长至 6.36 亿 t,年均增长 4.08%,国际排名全球第四;集装箱吞吐量由 1 762.49 万标准箱增长至 2 351 万标准箱,年均增长 5.93%,国际排名全球第五。

广州港与世界 100 多个国家和地区的 400 多个港口有海运贸易往来,新增国际班轮航线 53 条,总数达到 120 条,非洲、东南亚航线优势进一步巩固,设立了 6 个海外办事处,内陆无水港数量翻一番,总数达到 30 个,海铁联运量增长 2.7 倍、穿梭巴士运量增长 58.4%,港口辐射能力显著增强。初步形成以广州港为核心,全面覆盖珠三角和粤东、粤西、粤北地区,区域港口协同发展的战略布局。

三、经验与启示

(1)规划引领

为了持续推动上海国际航运中心建设,在国家支持下上海市连续出台上海国际航运中心建设方面的规划,自从上海国际航运中心被列入国家"十五"规划后,上海制定了"十一五""十二五""十三五"规划,经过持续努力,上海国际航运中心 2014 年从未进入前 10 名到 2020 年入列前 3,规划起到了引领作用。广州也连续制定了两个"三年行动计划",全球排名提升至 13 位,国际地位和影响力大幅提升。

(2)法制保障

为了贯彻实施建设上海国际航运中心的国家战略,对接"丝绸之路经济带"和"21 世纪海上丝绸之路"建设,形成与中国(上海)自由贸易试验区建设的联动机制,营造具有国际竞争力的航运发展环境。2016 年 6 月 23 日上海市第十四届人民代表大会常务委员会第三十次会议通过了《上海市推进国际航运中心建设条例》,共 6 章 46 条,涉及立法定位、建设推进机制、航运发展扶持政策、海运领域创新措施、国际航空枢纽港建设、推进邮轮旅游发展实验区建设、航运交易和航运金融服务发展、科技创新与绿色航运发展、营造良好的航运营商环境等方面。

为营造具有国际竞争力的航运发展环境,促进广州国际航运中心的建设和发展,2017 年 9 月,广州市人大常委会通过了《广州市人民代表大会常务委员会关于促进广州国际航运中心建设的决定》,《决定》共二十一条,分别对促进国际航运中心建设的目标路径、保障措施、基础设施建设、航运服务体系完善与发展以及航运人才、航运文化等综合环境建设做了相应规定。其中认为建设广州国际航运中心是广州巩固国家重要中心城市、国际商贸中心和国际性综合交通枢纽地位,全面参与粤港澳大湾区建设,对接国家"一带一路"建设的重大部署。

(3)项目推进

《规划》或《行动计划》都强调用项目推进国际航运中心建设的落实。无论是上海还是广州,都将国际航运中心建设上升到战略高度,上海的"四个中心"、广州的"三中心一体系"或"三大枢纽"建设,都是国家或省市的重大战略部署,每一个目标和任务的落实都是以项目推进为抓手,通过一个个具体项目推进国际航运中心建设。

(4)创新驱动

创新始终是航运中心变革发展的核心驱动力。创新引领型的航运中心,例如上海、广州、迪拜、宁波–舟山等为代表的亚太地区国际航运中心,相比传统认知型航运中心,更加注重后发优势与累积效应带来的超越式发展轨迹。特别是伴随着科技创新不断深入与自贸区的开放合作政策快速推进,例如 2013 年 9 月成立的中国(上海)自由贸易试验区,2014 年 12 月设立的中国(广东)自由贸易试验区(广州南沙新区片区、深圳前海蛇口片区、珠海横琴新区片区),这些地方已逐步形成港城互通、湾区经济与城市组群深度融合的创新生态新模式。

（5）协同发展

协同发展指的是协调两个或者两个以上的不同资源或者个体,相互协作完成某一目标,达到共同发展的双赢效果。协同发展论已被当今世界许多国家和地区确定为实现社会可持续发展的基础。例如上海洋山港的开港,构建了以上海为中心、江浙为两翼、长江流域为腹地的发展格局,有力增强了海港的区域联动和辐射能力,引领区域港航业协同发展。各地港口群协同发展也是一个重要方面,政府主导型的股权式协同发展模式更加体现了政府作用,例如广东省明确提出要加快区域港口功能优化提升,以广州港、深圳港为核心加快港口整合,促进全省港口协同发展,形成分工合理的港口发展格局,构建对接港澳、联通西江、服务泛珠江三角洲的世界级港口群。无水港的出现也是国际航运中心实施协同发展的一个重要内容,共建"无水港"实现港口与腹地的"共赢"。

参 考 文 献

[1] 中国口岸协会. 中国口岸年鉴(2019年版)[M]. 北京:中国海关出版社有限公司, 2020.

[2] 蔡莉妍. 国际航运竞争法律规制研究[M]. 厦门:厦门大学出版社, 2020.

[3] 郑崇选. 国际文化大都市的多元内涵 上海探索与实践[M]. 上海:上海人民出版社, 2019.

[4] 袁炎清. 物流营销[M]. 北京:机械工业出版社, 2019.

[5] 丘引. 本来犹太人和你想的不一样[M]. 北京:中央文献出版社, 2019.

[6] 甘爱平, 曲林迟. 航运金融学[M]. 北京:格致出版社, 2019.

[7] 郑崇选. 国际文化大都市的多元内涵:上海探索与实践[M]. 上海:上海人民出版社, 2019.

[8] 马化腾, 王晓冰, 谈天. 粤港澳大湾区——数字化革命开启中国湾区时代[M]. 北京:中信出版社, 2018.

[9] 魏达志, 张显未, 裴茜. 未来之路——粤港澳大湾区发展研究[M]. 北京:中国经济科学出版社, 2018.

[10] 司玉琢. 海商法[M]. 4版. 北京:法律出版社, 2018.

[11] 李本乾、王大可. 推进上海国际文化大都市建设研究[M]. 上海:上海交通大学出版社, 2018.

[12] 朱妍. 城市学概论[M]. 广州:广东人民出版社, 2017.

[13] 颜玉凡. 大都市社区协同治理视域下的公共文化服务[M]. 北京:中国社会科学出版社, 2017.

[14] 张绍元, 李晓慧.《文化自信:中华优秀传统文化核心思想理念读本》[M]. 北京:中国言实出版社, 2017.

[15] 乔培华, 袁炎清. 21世纪海上丝绸之路与广东航运文化[M]. 广州:中山大学出版社, 2016.

[16] 吴国新. 国际贸易理论与实务[M]. 北京:机械工业出版社, 2016.

[17] 徐凯. 大数据时代的航运信息平台[M]. 北京:人民交通出版社, 2015.

[18] 曾庆成. 21世纪海上丝绸之路港口发展报告[M]. 大连:大连海事大学出版社, 2015.

[19] 姜伟. 蓝盔日记:在利比里亚维和的日子[M]. 广州:中国财富出版社, 2015.

[20] 李光荣, 王力. 中国融资租赁业发展报告(2014-2015)[M]. 北京:社会科学文献出版社, 2015.

[21] 孙晓东. 邮轮产业与邮轮经济[M]. 上海:上海交通大学出版社, 2014.

[22] 季明, 梁智勇, 杨金志. 中国金融信息中心. 上海国际航运中心建设蓝皮书(2014-2016)[M]. 上海人民出版社, 2017.

[23] 凯瑟琳·维尔－罗尚.特拉维夫百年建城史 1908－2008 年[M].王骏,张向荣,张照,译.上海:同济大学出版社,2014.

[24] 张倩红.犹太文化[M].北京:人民出版社,2013.

[25] 计小青.上海国际航运中心建设的金融引擎[M].上海:上海财经大学出版社,2012.

[26] 真虹,茅伯科.国际航运中心的形成与发展[M].上海:上海交通大学出版社,2012.

[27] 曹小曙等.珠江三角洲港口物流与城市发展[M].北京:商务印书馆,2011.

[28] 陈家源.港口企业管理学[M].大连:大连海事大学出版社,2011.

[29] 辛加和.航海文化[M].北京:人民交通出版社,2009.

[30] 黄强.长江航运文化[M].北京:人民交通出版社,2009.

[31] 王荣华,叶辛,蒯大申.上海文化发展报告 2009:文化大都市建设的理论与实[M].北京:社会科学文献出版社,2009.

[32] 胡美芬,王义源.远洋运输业务[M].北京:人民交通出版社.2006.

[33] 钟逸雯.上海国际航运中心竞争力分析与提升对策研究[D].大连:大连海事大学.2019.

[34] 李丛涛.大连国际航运中心临港工业园区布局评价研究[D].大连:大连海事大学,2014.

[35] 雅欣.南沙新区促进航运物流业发展的政府作用研究[D].广州:华南理工大学,2017.

[36] 蒋昌一.新加坡港港口发展及政策研究[D].上海:上海师范大学,2015.

[37] 温文华.港口与城市协同发展机理研究[D].大连:大连海事大学,2016.

[38] 张彬彬.战后美国海运政策与海运秩序的演变[D].南京:南京大学,2014.

[39] 刘爱民.大连国际航运中心与区域经济互动发展研究[D].大连:大连海事大学,2013.

[40] 王红伟.我国高等院校国际航运人才培养模式研究[D].上海:上海交通大学,2011.

[41] 张颖华.港航产业成长与上海国际航运中心建设[D].上海:上海社会科学院,2010.

[42] 秦丽静.基于集对分析的国际航运中心竞争力指标体系研究[D].大连:大连海事大学,2008.

[43] 武大顺.上海洋山深水港物流园区发展问题研究[D].大连:大连海事大学,2007.

[44] 段志强.大连国际航运中心发展模式研究[D].哈尔滨:哈尔滨工业大学,2006.

[45] 王营济.试论航运产业集群对上海国际航运中心建设的作用[D].大连:大连海事大学,2006.

[46] 於世成.美国航运法研究[D].大连:大连海事大学,2006.

[47] 迟超.租船经纪人的法律地位、作用及责任研究[D].上海:上海海事大学,2003.

[48] 徐杏.上海国际航运中心的竞争优势分析[D].南京:河海大学,2003.

[49] 孙家庆.我国租船经纪业发展的若干问题[J].水运管理,2000(6):4.

[50] 王泽宇,韩增林,李洋.现代物流业对大连建设东北亚航运中心的拉动效应分析[J].海洋开发与管理,2005,22(2):5.

[51] 茅伯科.上海国际航运中心建设进入发展新阶段[J].交通与港航,2020,7(01):1-4.

[52] 穆沙江·努热吉."一带一路"经济走廊陆路节点口岸产业发展潜力及路径[J].中国流通经济,2020,34(02):47-58.

[53] 白静.推动科技金融 做大做强海洋经济——国际港口航运贸易与金融分论坛[J].中国科技产业,2020(02):47-48.

[54] 吴鸣浩.航运物流与智能化管理[J].船舶物资与市场,2020(03):73-74.

[55] 高涛,曲林迟,唐韵捷,等.中国上市航运企业效率评价及影响因素测算[J].广西大学学报(自然科学版),2020(03):707-716.

[56] 刘伟华,张雅莉,胡振宇.国际航运中心发展经验及对深圳的启示[J].海洋开发与管理,2020(03):16-22.

[57] 谢洪彬,张显库,王洪贵.航海科学与技术学科高层次型人才培养探析[J].当代教育实践与教学研究,2020(03):75-76.

[58] 俞晓帆,杨露露,王佳.信息化技术在南京航运业的应用[J].中国水运,2020(05):54-56.

[59] 王丹,彭颖,柴慧,等."十四五"时期深化上海国际航运中心建设面临的挑战及对策[JD.科学发展,2020(06):50-55.

[60] 王翔.基于大数据分析云计算技术的航运电商平台[J].数字通信世界,2019(1):62-63.

[61] 马建文,李光正,王波.面向智能航运的应用型航海类人才培养[J].航海教育研究,2019,36(03):18-22.

[62] 杨素梅.打造南沙邮轮产业特色小镇的可行性及对策研究[J].产业创新研究,2019(08):10-12.

[63] 曾毅.粤港澳大湾区中广州国际航运中心的优化[J].中国港口,2019(08):60-64.

[64] 孔玫.关于智能航保建设的几点思考[J].珠江水运,2019(23):78-79.

[65] 胥苗苗.智能航运:未来已来[J].珠江水运,2019(22):66-69.

[66] 李琳.加速推进航运企业数字化转型[J].中国远洋海运,2019(12):72-73.

[67] 刘江,任席伟.浅析智能航海现状与趋势[J].科技与对策,2019(24):74-75+77.

[68] 宁波市发改委.国内外航运中心典型发展路径[J].宁波通讯,2018(09):29.

[69] 陈相.国外先进地区经验对粤港澳大湾区创新发展的启示[J].科技创业月刊,2018,31(03):117-120.

[70] 张海波,孙健慧.政府引导视角下航运金融发展的国际比较及启示[J].大连海事大学学报(社会科学版),2018,17(03):47-52.

[71] 徐凯.港航大数据的理论与应用[J].软件和集成电路,2018(08):84-85.

[72] 徐凯,郭胜童,彭宜蔷.港航信息化发展现状与趋势[J].中国远洋海运,2018(11):76-78.

[73] 高睿良.航运电子商务平台的研究与实现[J].无线互联科技,2018,15(13):46-49.

[74] 李贵良.国际航运中心的航运经纪业发展经验及启示[J].生产力研究,2018(09):110-113,118.

[75] 杨姝琴.广州建设国际航运枢纽的人才发展现状及对策[J].探求,2017(01):45-49.

[76] 徐凯,梁元卿,孙伟,等."互联网+"作用下航运要素传统业务模式转型升级[J].中国航海,2017,40(04):125-131.

[77] 张日新,谷卓桐.粤港澳大湾区的来龙去脉与下一步[J].改革,2017(05):64-73.

[78] 李治国,安晓黎.港城与物流中心、航运中心互动研究及对大连港的启示[J].港口经济,2017(07):47-50.

[79] 林贡钦,徐广林.国外著名湾区发展经验及对我国的启示[J].深圳大学学报(人文社会科学版),2017,34(05):25-31.

[80] 程紫来,王皓哲,张姝慧.中国航运电商发展模式和创新服务功能分析[J].世界海运,2017,40(10):1-5,51.

[81] 孙会娟.“大湾区”的来龙去脉及浙江的谋划[J].探索与路径,2017(20):58–59.

[82] 王旭阳,黄征学.湾区发展:全球经验及对我国的建议[J].经济研究参考,2017(24):5–10.

[83] 方砚.国际航运中心对比研究初探[J].中国水运,2016(2):22–24.

[84] 陈建,边春鹏.天津口岸对接中韩自贸区的战略研究[J].港口经济,2016(04):5–8.

[85] 冯扬文.“互联网＋航运”模式下航运电商平台建设思考[J].中国远洋航务,2016,(8):66–68.

[86] 马忠新,伍凤兰.湾区经济表征及其开放机理发凡[J].改革,2016(9):88–96.

[87] 金琳,王学锋,殷明.竞争型航运电子商务模式与客户行为研究[J].技术经济与管理研究,2016(10):56–60.

[88] 史婧力.上海与伦敦的东成西就[J].中国船检,2016(11):41–44.

[89] 徐凯.区块链技术在港口与航运领域的应用趋势研究[J].港口经济,2016(12):5–8.

[90] 申勇.海上丝绸之路背景下深圳湾区经济开放战略[J].特区实践与理论,2015(1):84–87.

[91] 高霏,宋炳良.新时期上海国际航运中心的发展策略[J].港口经济,2015(1):5–8.

[92] 雷佳.湾区经济的分析与研究[J].特区实践与理论,2015(2):101–104.

[93] HYUKSOO C ,SANGKYUN K . Examining container port Resources and environments to enhance competitiveness:a cross-country study from resource-based and institutional perspectives1[J]. Asian Journal of Shipping & Logistics,2015,31(3):341–362.

[94] LEE T W ,LAM J . Container port competition and competitiveness analysis:asian major ports[J].Springer International Publishing,2015.

[95] 鲁志国,潘凤,闫振坤.全球湾区经济比较与综合评价研究[J].科技进步与对策,2015,32(11):112–116.

[96] 谢志强.深圳湾区经济助推中国开放[J].人民论坛,2015(06):72.

[97] 李睿.国际著名“湾区”发展经验及启示[J].港口经济,2015(09):5–8.

[98] 杨素梅.广州加快发展邮轮经济的思路与对策[J].港口经济,2015(11):11–14.

[99] 黄永燊,蒋惠园.基于熵权 TOPSIS 的国际航运中心竞争力研究[J].物流技术,2015,34(13):126–129.

[100] 伍凤兰,陶一桃,申勇.湾区经济演进的动力机制研究——国际案例与启示[J].科技进步与对策,2015,32(23):31–35.

[101] JACOBS W,LAGENDIJK A. Strategic coupling as capacity:how seaports connect to global flows of containerized transport[J0].Global Networks,2014,14(1):44–62.

[102] 邱伟年,徐红雨,荆阳,等.以航交所为纽带建设广州国际航运服务中心战略研究[J].战略决策研究,2014,5(02):72–85.

[103] 刘艳霞.国内外湾区经济发展研究与启示[J].城市观察,2014,(3):155–163.

[104] 高娟,吕长红,李宝奕.上海国际航运中心信息服务建设现状及发展策略[J].港口经济,2014(03):16–18.

[105] 杜麒栋.建设国际航运中心背景下上海港的定位问题[J].交通与港航,2014,1(02):55–57,72.

[106] 周德全,乐美龙,李钢.上海知识型国际航运中心评价[JD].中国航海,2014,37(4):110–114.

[107] 石琼丹.国际贸易中心城市的共性特征[J].特区经济.2014(5):132–133.

[108] 陈瑞琦,杨丰强. 国际航运中心产业体系的构建及其启示[J]. 现代管理科学,2014, (10):49-51.

[109] 蔡娟娟:上海航运金融服务业发展现状及对策研究[J],经济论坛,2014(11):42-44.

[110] 刘小辰. 伦敦港航运服务中心发展经验对天津港的启示[J]. 城市住宅,2020,27 (01):185-186.

[111] 蒋元涛,陈震. 上海国际航运中心航运服务信息资源整合的体制设计[J]. 水运管理, 2013,35(01):23-25+29.

[112] 郭湖斌. 世界级国际航运中心形成和发展的经验与启示[J]. 中国经贸导刊,2013 (05):21-24.

[113] 陈祥燕,陈豪. 国际航运中心信息服务体系建设的现状与未来趋势[J]. 港口经济, 2013(12):10-12.

[114] 蒋元涛,汪传旭,梁绍连. 国际航运中心航运服务信息整合研究[J]. 科学发展,2012 (02):55-59.

[115] 马超群,蒋元涛. 整合港口信息服务资源的国外经验借鉴[J]. 物流科技,2012,35 (03):18-21.

[116] 李海舰. 中国高端服务业发展研究评介[J]. 中国工业经济,2012(04):160.

[117] 陈继红,韩玲冰,张明香. 上海航运金融服务发展现状与对策[J]. 水运管理,2012,34 (09):16-20.

[118] 任声策,宋炳良. 航运高端服务业的生成和演化:全球价值网视角[J]. 大连海事大学 学报(社会科学版),2012,11(1):27-29.

[119] 黄新. 上海国际航运中心"十二五"信息化建设思考[J]. 中国港口,2011(03):55-57.

[120] 郭永清. 从航运业的发展规律解读"国际航运中心"的内涵[J]. 大连海事大学学报 (社会科学版),2011,10(4):31-35.

[121] 王煜. 国际航运中心建设中的港口物流信息平台——洋山综合信息服务平台的实践 应用[J]. 世界海运,2010,33(03):36-39.

[122] 孙开钊,荆林波. 关于中国港口竞争国际航运中心的探讨[J]. 经济与管理,2010,24 (4):43-48.

[123] 马硕. 什么是国际航运中心?[J]. 水运管理,2010,32(7):1-5.

[124] 茅伯科. 关于国际航运中心定义的思考:国际航运中心建设需要从"港"本位转向 "航"本位[J]. 水运管理,2009(4):1-3.

[125] 刘重. 我国北方国际物流与航运中心的发展模式[J]. 交通企业管理,2009,24(05): 56-57.

[126] 任声策,宋炳良. 航运高端服务业的内涵及其发展启示[J]. 中国水运,2009,9(9):93-95.

[127] 陈静. 上海国际航运中心信息化建设思考[J]. 上海信息化,2009(12):90-93.

[128] 李辉民. 航运中心在国际物流中的地位与作用[J]. 集装箱化,2008(05):29-33.

[129] 沈玉良,高耀松. 上海现代国际贸易中心建设:内涵、利益和思路[J]. 国际贸易,2008 (5):30-34.

[130] 代晓松,韩增林. 大连市现代物流业发展与东北亚国际航运中心建设互动分析[J]. 环渤海经济瞭望,2006(06):3-6.

[131] 真虹. 中国海运类院校发展模式研究[J]. 航海教育研究,2006(01):1-6.

［132］赵肖峰.5G 赋能让智慧航运图景愈加清晰［N］.中国水运报,2020 – 04 – 12(001).

［133］张明进.以科技成就内河航运高质量发展［N］.中国交通报,2020 – 07 – 09(002).

［134］盛朝迅.推动湾区经济发展的思考与建议［N］.经济日报,2019 – 05 – 30(12).

［135］王国华.航运纠纷多元化解决机制的完善［N］.上海法治报,2018 – 03 – 16(B06).

［136］马得懿.历史上有过哪些国际航运中心［N］.解放日报,2017 – 01 – 03(012).

［137］邵海峰:大连向航运金融绿色金融持续发力［N］,大连日报,2014 – 05 – 03(A01).

［138］上海国际航运研究中心.全球港航信息化发展报告(2019 版)［J］.珠江水运,2019 (20):1.

［139］叶芳.从湾区经济视角解读粤港澳大湾区发展规划［EB/OL］.(2019 – 02 – 26) http://www. sohu. com/a/297682335_100122948.

［140］谢志强.深圳湾区经济助推中国开放［EB/OL］.(2019 – 02 – 26) http://politics. rmlt. com. cn/2015/0225/373694. shtml.

［141］亚洲金融智库.粤港澳大湾区金融发展报告［EB/OL］.(2019 – 04 – 19) https://mp. weixin. qq. com/s/9eDAGn8mzvMy5iT7bPBJLg.

［142］王宏彬.湾区经济与中国实践［EB/OL］.(2014 – 11 – 14) http://news. hexun. com/ 2014 – 11 – 14/170375360. html.